METRO
POLITAN

Gerd Gerken

TRANCE-MÄRKTE

Show statt Strategie

Kult-Management für
moderne Marken

Metropolitan Verlag
Düsseldorf · Regensburg

Die Deutsche Bibliothek – CIP-Einheitsaufnahme

Gerken, Gerd:
Trance-Märkte : Show statt Strategie /
Gerd Gerken. – Düsseldorf ; Regensburg : Metropolitan-
Verl., 1998
ISBN 3-89623-136-7

Umschlaggestaltung: Gruber + König, Augsburg
Printed in Germany
ISBN 3-89623-136-7

Verlagsverzeichnis schickt gerne:
Metropolitan Verlag
Uhlandstraße 44, 40237 Düsseldorf
metropolitan@walhalla.de
http://www.metropolitan.de

Inhalt

Vorwort

DAS NEUE GEHIRN
UND
DER WETTBEWERB

Der Philosoph Peter Sloterdijk hat in seinem Buch »Weltfremdheit« (Frankfurt 1993) beschrieben, daß sich die Wahrnehmung unserer Welt durch uns selbst offensichtlich sehr deutlich verändert. Und er hat dazu die wunderschöne Formulierung gefunden:

**»Die Welt ist alles, wovon auffällt,
daß es der Fall ist.«**

Die Welt ist also nicht als solche gegeben, sondern *sie muß auffallen*, damit sie als Realität erlebt werden kann. Die Welt ist also nur noch das, was die Kraft hat, sich so zu inszenieren, daß es erregt, um aufzufallen.

In diesem Buch werde ich analysieren, warum dieses »Auffallen« sehr viel mit Virtualität und neuem Schamanismus zu tun hat … wobei dieser neue Schamanismus ein *elektronischer Schamanismus* ist, also ein Schamanismus der neuen Datenräume … und ich werde aufzeigen, wie stark das moderne Erregungs-Gehirn eine *zeitgemäße Form von Trance* benötigt. Oder anders gesagt: Es kann nur das als Welt auffallen, was sich als Teil der Welt so darstellt und inszeniert, daß es dem modernen Erregungs-Gehirn zur Trance verhilft. Trance ist ganz offensichtlich derjenige Prozeß in unseren modernen Gehirnen, der uns hilft, die Inszenierungen der Welt wahrzunehmen, ja, sie zum Teil mitzugestalten, sie also mental von uns aus zu organisieren. Dahinter steht das folgende Konzept:

**Je mehr Trance im Gehirn,
um so erregender wird die Welt.**

Die Trance, die jetzt mit großer Vehemenz in die Märkte einzieht, und die damit neben Virtualität zum zweiten Attraktor der modernen Markt-Dynamik wird, ist also nichts anderes als »das Anders-Machen der Welt« durch das Gehirn. Und das eigentlich Neue liegt darin, daß das moderne Erregungs-Gehirn in zunehmendem Maße Virtualität, also Simulation und Künstlichkeit, benutzt, um diese Trance herzustellen.

**Das Gehirn benutzt das Künstliche,
um die Realität so zu verzaubern,
daß sie zur Erregung wird.**

So bilden Trance und Virtualität ein neues Paar, das immer mehr zum Fundament dessen wird, was man die *Attraktivität des modernen Produkts* nennen könnte. Wie ich später noch beschreiben werde, ist diese neue Attraktivität zugleich auch die Grundlage für das, was man seit längerer Zeit, beeinflußt von Richard D'Aveni, dem amerikanischen Management-Professor und Berater, »Hyper-Wettbewerb« nennt. Mit anderen Worten:

**Der Hyper-Wettbewerb,
den wir in fast allen Branchen jetzt beobachten,
beruht auf Produkten, deren Attraktivität hauptsächlich
durch Virtualität und Trance hergestellt werden.**

Der Hyper-Wettbewerb ist deshalb so hyper, weil seine Produkte auf so neuartigen und zugleich instabilen Fundamenten stehen. Und der Hyper-Wettbewerb ist deshalb für uns so eine große Herausforderung, weil sein oberstes Diktum letztlich die *Permanenz einer irrationalen Instabilität* ist. Mit anderen Worten:

**Hyper-Wettbewerb ist nur dann gegeben,
wenn die jeweils neuesten Instabilitäten
aus irrationalen Quellen kommen.**

**Hyper-Wettbewerb gestaltet Erregungen durch
das virtuelle Verhalten der Produkte.**

Bevor wir uns dem Hyper-Wettbewerb ein wenig genauer zuwenden, lohnt zuvor ein Blick in das Gehirn, das letztlich der Verursacher dieser »irrationalen Instabilitäten« ist.

Warum ist Trance plötzlich so wichtig? Und was erzeugt die irrationale Instabilität der Märkte? Beide Fragen haben letztlich die gleiche Antwort: Unsere Kultur entwickelt das *Erregungs-Gehirn*. Und eine der wichtigsten Konsequenzen daraus lautet:

Die Reizschwelle für die Wahrnehmung von Welt liegt jetzt höher als je zuvor.

Der Münchner Diplom-Psychologe Henner Ertel ist einer der führenden Wissenschaftler auf diesem Gebiet. Er analysiert seit zwei Jahrzehnten die Reizverarbeitung und die Wandlungen der Emotionen. Nach seinen ersten Untersuchungen, die *Anfang der 70er Jahre* durchgeführt wurden, konnte festgestellt werden, daß es im Sinnesbereich des *Riechens und des Schmeckens einen extremen Einbruch* gab. Das Gehirn hatte ein völlig neues Reiz-Limit gesetzt und sich geweigert, Reize zu verarbeiten, die unterhalb dieses neuen Limits lagen … obwohl diese früher anstandslos akzeptiert wurden.

Anfang der 80er Jahre gab es eine weitere Veränderung. »Plötzlich waren *alle Sinne beeinträchtigt*«, so Ertel. Das Gehirn weigerte sich, bei vielen Reizen überhaupt in Aktion zu treten. Es wurde somit immer schwieriger, die entsprechenden Zentren der Gehirnrinde (Cortex) zu stimulieren.

Spätestens zu diesem Zeitpunkt wurden auch konservative Wissenschaftler hellhörig. *Offenkundig hatte sich die Organisation des Gehirns verändert.* Um im Gehirn eine Reaktion hervorzurufen, wurden jetzt auf einmal Salven von Aktions-Potentialen (elektrische Spannungsänderungen mit Aktionsströmen bei Erregung von Nerven) notwendig, die vor wenigen Jahren noch zu einem kleinen Schock geführt hätten.

Nach Ertels Untersuchungen hat sich also die *Sensibilität* des menschlichen Gehirns erheblich verändert … und besonders das Reiz-Bewußtsein der Jugend ist offensichtlich anders programmiert.

Unsere Sensibilität für Reize reduziert sich jährlich um etwa 1 Prozent.

Feine Empfindungen werden aus unserem Bewußtsein vollständig herausgefiltert, dadurch entsteht Platz für eine Vielzahl von groben Thrills.

Auch der Psycho-Physiologe Dr. Harald Rau vom Institut für medizinische Psychologie an der Universität Tübingen ist zu dem gleichen Ergebnis wie Ertel gekommen. Immer mehr Indizien deuten darauf hin, daß die neuen starken Reize im menschlichen Gehirn anders verarbeitet werden. *»Es liegt auf der Hand, daß Vernetzungen reduziert und die Kapazität durch parallel geschaltete direkte Reizleitungen enorm erhöht wurde«* (Rau).

Dieses Phänomen erläutert Ertel wie folgt: »Früher wurde ein optischer Reiz durch diverse Gehirnzentren geleitet und hat so beispielsweise auch das Geruchszentrum aktiviert. Heute scheint es so zu sein, daß *ganze Gehirnareale übersprungen werden ... der optische Reiz geht direkt und ausschließlich an das Sehzentrum.«*

Diese veränderte Arbeitstechnik des menschlichen Gehirns hat den eminent wichtigen Vorteil, daß die anderen Areale des Cortex für die Bearbeitung von spezifischen Reizen frei bleiben, während beispielsweise der optische Reiz mit hoher Geschwindigkeit sein Endziel erreichen kann.

Ertel ist Leiter der Gesellschaft für Rationelle Psychologie (GRP) in München, mit der er diese Entwicklung auf umfangreiche Art und Weise dokumentiert. Er konnte z. B. feststellen, *daß optische Informationen im heutigen Erregungs-Gehirn der Jugend so verarbeitet werden, daß keine Bewertungen initiiert werden.* Also *Wahrnehmung mit minimaler Emotion.* Viele Ereignisse, die bei älteren Menschen Abscheu und Ekel hervorrufen, lösen bei den Kids keinerlei Erregung mehr aus.

Was Ertel ebenfalls nachweisen konnte, ist eine Art *Generations-Kluft in der Veränderung des menschlichen Bewußtseins.* Das Gehirn der Menschen, die vor 1949 geboren wurden, besitzt ein altes, linear arbeitendes Gehirn mit einer niedrigen Reizschwelle. Die Menschen, die zwischen 1949 und 1969 geboren wurden, besitzen ein modifiziertes, ein sogenanntes Interims-Gehirn. Die jungen Menschen, die nach 1969 geboren wurden, besitzen bereits das neuartige Erregungs-Gehirn mit sehr hoher Reizschwelle. Wichtig ist hierbei die Tatsache, daß *der materielle Bauplan des Gehirns bei allen drei Generations-Gruppen gleichgeblieben ist.* Auch die Intensität der Eingangs-Impulse wird neuronal völlig gleich erlebt.

Reduziert hat sich lediglich die Sensibilität der zuständigen Gehirn-Areale.

Was sich also verändert hat, ist die spezifische Verarbeitung der Impulse im Gehirn. Durch die verstärkte *Parallelisierung von Gehirn-Aktivitäten* kann das Erregungs-Gehirn im Gegensatz zu den älteren Gehirn-Modellen gleichzeitig und unabhängig voneinander unterschiedliche Reize aufnehmen und abspeichern. Und hier liegt der entscheidende Unterschied:

Das alte Gehirn basiert auf dem Grundmodell der Linearität.

Das neue Erregungs-Gehirn ist auf dem massivster Parallelität aufgebaut.

Diese Veränderung des Gehirns hat Ertel kontinuierlich alle fünf Jahre an einer standardisierten Testsituation kontrolliert. Ermittelt wurde dabei der sogenannte Erregungswert-Index. Mit diesem Erregungswert-Index (EWI) messen die Psycho-Physiologen den Arbeitsbereich des Gehirns. Die Grenzen liegen bei einem Minimalwert von 120 Erregungspunkten und bei einem Maximum von 200 Punkten. Hier nun einige Beispiele für diese Veränderungen:

- Der Erregungswert-Index (EWI) beim *Orgasmus* lag 1981 bei 190 Punkten und 1989 nur noch bei 170. Früher genügte das Wäschebild im Versandhaus-Katalog als Auslöser für sexuelle Programme im menschlichen Gehirn. Heute kommen viele Deutsche noch nicht einmal bei harten Pornos in Stimmung.

- Bei *Nahrungsmitteln* ist der EWI im gleichen Zeitraum von 150 auf 143 gefallen. Beispiel: Um süß zu schmecken, war 1986 ein 29 Prozent stärkerer Reiz notwendig als 1971; um salzig zu schmecken, lag die Reizschwelle 44 Prozent höher, bei sauer sogar um 60 Prozent, und bei bitter wurde sogar eine 100 Prozent höhere Reizschwelle festgestellt.

- Auch beim Hören hat sich eine ähnliche Entwicklung eingestellt. Das Gehirn beginnt jetzt damit, *laute Töne zu akzeptieren*, dafür werden immer häufiger leise Töne ignoriert. Vor 15 Jahren konnten die Deutschen 300 000 Klänge unterscheiden, heute liegt die Differenzierungs-Quote nur noch bei 180 000. Bei den Kids stagniert sie sogar schon bei 100 000 ... das reicht gerade für Hip-Hop und Rap-Musik, es reicht aber nicht mehr für die Feinheiten klassischer Sinfonien.

- Das Gehirn bewertet *Geruchs-Erlebnisse* heute vollkommen anders als vor 20 Jahren. Noch vor einigen Jahren galt z. B. Kastanien-Duft als positiv, da dieser Duft ein Geruchsverwandter von frischem Sperma ist. Heiratsanträge machte man in ländlichen Regionen unter blühenden Kastanien. Das neue Erregungs-Gehirn findet diesen Duft ekelerregend. Bei vielen Probanden sank der EWI unter die 100 Punkte-Grenze.

- Die einfachste und vermutlich älteste *geometrische Figur* ist die senkrecht stehende Linie. Sie ist in der Wissenschaft die Verlängerung des Punktes, um eine ästhetische Größe festzulegen. Bis 1986 erreichte sie stets 106 Punkte, doch danach sank sie stark ab.

Generell kann man festhalten, daß 1971 der durchschnittliche Erregungswert-Index bei 154 Punkten lag. 1981 lag er bei 150, und heute ist er weiter abgesunken auf 143. Bei Frauen liegt er in der Regel um 5 Punkte höher als bei den Männern. Bei Personen über 40 ist diese Veränderung geringer als bei denen unter 40.

Die GRP hat die Ergebnisse dieser Messungen kontinuierlich in diversen Produkt-Feldern überprüft. Dabei hat man festgestellt, *daß z. B. das menschliche Gehirn für jegliche Geschmacks-Dimensionen völlig neuartige Grenzwerte festgelegt hat.*

»Das Ergebnis ist eindeutig«, so Ertel, »die Entwicklung zur Veränderung des Gehirns hat vor rund 25 Jahren angefangen und hat jetzt alle Sinnes-Organe erreicht«. Ertel und seine Kollegen erklären dieses Phänomen der Gehirn-Veränderung mit der *zunehmenden Reizüberflutung* ... sie nennen es den Schlaraffenland-Effekt. Das menschliche Gehirn wird mit einem immer breiter gefächerten Spektrum an Sinnesreizen konfrontiert.

Es entsteht das Phänomen der Maximal-Ideale: Man sucht permanent den maximalen Thrill.

Im Moment hat sich das Gehirn nur in seiner inneren mentalen Arbeitsweise, nicht aber in seiner materiellen Struktur verändert, doch die ersten Entdeckungen zeigen in die Richtung einer *wirklichen materiellen Gehirnveränderung* ... die Wissenschaftler nennen dies *die Plastizität des Gehirns*. Prof. Dr. Heinz Wässle vom Max-Planck-Institut für Hirnforschung hat z. B. bestätigt, daß verschiedene Informationen an anderen Cortex-Stellen verarbeitet werden, daß sich die rhythmischen Muster verändern und daß Informationen im Gehirn derzeit anders abgespeichert werden als vor 20 Jahren.

Für Wässle ist es nur noch eine Frage der Zeit, bis sich eine strukturelle Veränderung des Gehirns vollzieht.

Diese könnte, so eine Hochrechnung von Ertel, bereits in der *ersten Hälfte des nächsten Jahrhunderts* stattfinden, wenn sich das neuartige Erregungs-Gehirn auf voller Breite durchgesetzt hat.

Die ersten praktischen Auswirkungen dieser Entwicklung zeigen sich bereits. So kam Joseph Chilton Pearce in seinem Buch »Evolution's End; Claiming the Potential of our Intelligence« (New York 1993) zu dem Schluß, daß unser Schul- und Bildungssystem nicht an einem schlechten System krankt, sondern an den *Reizschwellen-Veränderungen der Gehirne* unserer Kinder ... sie verarbeiten die Informationen mittlerweile ganz anders. Sie lernen die Welt inzwischen ganz anders: nicht mehr logisch und strukturell, sondern eher zufällig, in einem *spontanen Erregungs-Flow*.

Alles in allem: Das Erregungs-Gehirn der Jugend wird sich immer weiter durchsetzen … alle Bereiche des Business werden in Zukunft davon betroffen sein, von der Personalführung bis zum Product-Management. Die neue Dynamik des Gehirns braucht *immer mehr künstliche Realitäten* (Virtualität), und es distanziert sich immer stärker von der linearen Ordnung, also von seiner ehemals literalen Programmierung. Deshalb braucht es Trance, und zwar als erhöhte Wahrnehmungs-Fitneß für die Komplexität unseres Lebens. Die Konsequenz:

Virtualität und Trance werden zum Rohstoff des Erregungs-Gehirns.

Deshalb werden die modernen Märkte nicht mehr durch Bedürfnisse gestaltet, sondern durch Virtualitäten, die Trancen erzeugen.

Die modernen Märkte stehen also nicht mehr auf den Säulen von kalkulierbarem Bedarf, und damit funktioniert auch nicht mehr das Instrumentarium des interpretierten Nutzens (Added Value). Das Ergebnis dieser Entwicklung wird sein, daß das Marketing mehr und mehr dysfunktional wird, denn Marketing ist ja nichts anderes als die Anpassung der unternehmerischen Absatz-Bemühungen an den Faktor des Bedarfs. Wenn nun aber die modernen Hyper-Märkte gekennzeichnet sind durch irrationale Instabilitäten, und wenn diese Instabilitäten hauptsächlich durch die Verbindung von Virtualität und Trance aufgebaut werden, dann brauchen wir ganz offensichtlich ein Vermarktungs-Instrumentarium, das mit Trance und Virtualität arbeitet und nicht mit der üblichen Nutzen-Logik.

Und genau diese Entwicklung führt uns zum Hyper-Wettbewerb. Es war Richard D'Aveni, der als erster in seinem Buch »Hyper-Wettbewerb« (Frankfurt 1995) dessen Grundlagen beschrieben hat. Ich bin zwar der Meinung, daß das, was er in seinem Buch analysiert hat, noch nicht den letzten Stand der rasanten Entwicklung repräsentiert, so fehlen z. B. viele Aspekte der Nicht-Linearität (Chaos) und es fehlen auch viele Aspekte der modernen Komplexitäts-Forschung, z. B. die Tendenz der Selbst-Verstärkung, und es fehlt insbesondere die Analyse, inwieweit Multimedia, WWW und Internet unsere Kultur kommunikationsunfähig machen. Es fehlt also das ganze Spektrum der Exformation und der Codierung. Aber, in der Grund-Richtung stimme ich ihm zu:

Der Hyper-Wettbewerb wird den Markt zum Ort multipler Erregungen machen.

D'Aveni beschreibt in eindrücklicher Form, was neu ist an diesem Wettbewerb, und das läßt sich folgendermaßen zusammenfassen:

1. Das neue Credo des Wettbewerbs lautet nicht mehr die Umwandlung von Bedarf in Wettbewerbsvorteile.
2. Damit sterben die klassischen Wettbewerbsregeln, so z. B. Kostenführerschaft.
3. Das neue Credo lautet:

Markt-Erschütterung als Dauerinitiative.

Markt-Erschütterung: Darum geht es letztlich. Den Markt ständig in einer Unlogik halten, ihn zur Erregung zwingen: das ist Hyper-Wettbewerb. Also *nicht mehr strukturell arbeiten*, z. B. durch Bedarfs-Strukturen, Marktanteils-Ziele und positionelle Alleinstellungen (Nischen). Nein, ganz im Gegenteil: *fluktuativ arbeiten*, d. h. den Markt so behandeln, daß er immerzu in einer *Instabilität* bleibt.

Warum sollte ein Unternehmen das tun? Warum sollte es z. B. seine eigenen Vorsprünge, seine eigenen Positionen, seine eigenen Domänen und auch Nischen immer wieder zerstören? Es sollte das tun, weil nach D'Aveni und nach meinen eigenen Analysen das, was ein Produkt attraktiv macht, sich total verwandelt hat. Es hat sich also *die Haltung gegenüber dem Produkt gewandelt*. Nach D'Aveni hat sich z. B. eine deutliche Verlagerung von der empirisch-objektiven Seite des Produkts zur subjektiv-interpretierenden Seite ergeben. Nun war ja der Nutzen vordergründig immer schon sehr emotional und subjektiv, aber er war eben letztlich doch logisch. Alles das, was die Werbeleute unter USP und Positioning so betreiben, ist letztlich nichts anderes als »emotionale Logik«.

Jetzt wird das Spiel plötzlich ganz anders gespielt. Denn wenn es stimmt, daß nur das in der Welt ist, das die Kraft hat, so aufzufallen, »daß es der Fall ist« (Peter Sloterdijk), dann wird die Attraktivität des Produkts abhängig von Erregung und nicht mehr von Logik. Anders gesagt:

Erregung ist der Attraktor für Produkt-Qualität:

Erregung löst damit den Nutzen ab.

Nun ist Erregung überhaupt nicht logisch zu planen. Man kann Erregungen auch nicht in Strategien pressen wollen. Jede Erregung lebt davon, daß sich die Prozesse immer wieder selbst widersprechen, weil sie immer dann, wenn sie in eine bestimmte Prozeß-Logik hineinkommen, nicht mehr erregend sind. Erregung kann also mit Erwartung, Penetration und Konstanz überhaupt nichts anfangen. Erregung stirbt, wenn Konstanz und Penetration eingesetzt werden. Deshalb löst sich im Hyper-Wettbewerb auch das Basis-Konzept aller Werbeleute auf, nämlich *das Credo der Profilierung*.

Wenn die Attraktivität des Produkts abhängig wird von der augenblicklichen Qualität der Erregung, und wenn Erregung sich nur immer dort aufbaut und hochschaukelt, wo keine Logik und keine Erwartbarkeit ist ... ja, dann hat man den Hyper-Wettbewerb. Und nach D'Aveni ist dieser Hyper-Wettbewerb inzwischen dabei, die allermeisten Branchen der Wirtschaft umzukrempeln. Dieser Wettbewerb gilt also nicht nur für »verrückte Marken-Artikel«, sondern er dominiert inzwischen in fast allen Produkt-Bereichen und Branchen.

Genau das war auch zu erwarten, denn das Erregungs-Gehirn ist ja nicht etwas, was man nur bei Jugendlichen und Szene-Typen findet, sondern dieses Erregungs-Gehirn hat ein 50-jähriger Einkäufer in einem Großunternehmen ebenso wie ein 45-jähriger Ingenieur. Und alle, die Waren bestellen und die Produkte kaufen, sind mehr oder weniger mit diesem Erregungs-Gehirn ausgestattet. Wenn sich dieses Erregungs-Gehirn so flächendeckend durchgesetzt hat, dann war zu erwarten, daß sich der Hyper-Wettbewerb ebenfalls flächendeckend durchsetzen würde.

Und so ist es auch. Die bisher vorliegenden Analysen zeigen, daß die objektiven Kriterien eines Produkt-Vorteils, so z. B. Leistung (Wert) und Preis, immer unwichtiger werden, und daß die *Erregungs-Attraktoren*, die das eigentliche Produkt situativ und spontan herstellen, immer wichtiger werden.

Der Trick, den D'Aveni nun gefunden hat, ist der, daß er sagt, wenn der Markt letztlich dem Attraktor der Dauer-Erregung folge, muß der Anbieter die Initiative ergreifen und *den Markt dauernd erschüttern*. Dahinter steht das Modell:

Einen Erregungs-Markt muß man dauernd als erster erregen.

Dieser Gedanke ist sicher richtig, und es ist interessant, wie D'Aveni in diesem Zusammenhang den *Faktor des Preises* beurteilt. Für ihn sind Preis-Kämpfe und Preis-Differenzierungen nicht mehr in direkter und damit in linearer Form Maßnahmen zur Produkt-Qualifizierung, sondern sie *bekommen eine symbolische Kraft*. Der Preis wird ganz bewußt eingesetzt für positionelle Unlogik. Und unter dem Stichwort »simultane und sequentielle strategische Vorstöße« bekommen preispolitische Maßnahmen die Aufgabe, die *irrationale Erregungs-Seite des Produkts* zu inszenieren und zu symbolisieren.

Was ist nun diese irrationale Seite des Produkts? Was macht das Produkt attraktiv? Hier kann man von D'Aveni einiges übernehmen und lernen. Ich habe seine Ansätze ein wenig weiterentwickelt, und zwar aufgrund der europäischen Konstellation, die meiner Meinung nach in einigen Bereichen deutlich evolutionärer ist als die in Amerika. Eine Dimension ist z. B. die der Show. Das ist das, was ich unter dem Stichwort *»angewandte Spiritualität«* in meinen letzten Büchern beschrieben habe (siehe z. B. »Multimedia. Das Ende der Information«, Düsseldorf 1996). Dahinter steht die Frage: Wie intensiv ist die Magie des Produkts erlebbar? Und der zentrale Faktor, um diese Dimension zu gestalten, ist der des Mythos. Anders gesagt:

Nur Mythen können Produkte zur Magie führen.

Über dieses Konzept werde ich in diesem Buch ausführlicher berichten.

Die zweite Seite, die zur gewollten irrationalen Instabilität führt (also zu einer konstruktiven Erregung und Erschütterung), ist die der Evolution. Das ist die Dimension der Zeit. Und dahinter steht die Frage: Wer definiert als erster, was die Produkt-Gattung als »evolutionäre Idee« repräsentiert, oder anders gesagt, wer führt als erster den Zustandsraum der Produkt-Gattung in einen neuen Zustand?

Hier hat D'Aveni einige sehr weitreichende Erkenntnisse gesammelt, so z. B. ist es immer wichtig, daß man die Gattung, zu der das eigene Produkt oder die eigene Marke gehört, inhaltlich, d. h. kulturell, führt. Derjenige, der z. B. den Zustandsraum dessen, was ein Auto in unserer Kultur jetzt ist, verwandelt, hat es mit seinen einzelnen Produkten immer viel leichter als der Rest der Anbieter.

Das, was er unter »Markt-Erschütterung« beschreibt, bezieht sich also ganz konkret auf das *Herstellen neuer Zustandsräume* für die Produkt-Gattung und somit auch für die einzelnen Produkte. Das ist in meinem Sprach-System die Dimension von Logos. Anders gesagt:

Nur ein neuer Logos kann dem Produkt eine höhere Autorität geben.

Und auch darüber werde ich in diesem Buch ausführlich berichten.

Und dann gibt es noch eine dritte Dimension, nämlich die der irrationalen Instabilität, die wiederum Erregung aufbaut. Das ist die Dimension des Zeitgeistes. Und hier lautet die Frage: Wie sehr ist das Produkt in der Lage, *zur Mode des Augenblicks* zu werden? Der Faktor ist also Bewußtseins-Mode, und in meinem Sprach-System ist das die Dimension des Kairos. Kairos ist ja nichts anderes als eine spontan-situative Prozeß-Zeit, und damit letztlich Zeitgeist. Anders gesagt:

Nur Kairos kann dem Produkt eine höhere Aktualität geben.

Also kann man sagen, daß Spiritualität (Mythos), Evolution (Logos) und Zeitgeist (Kairos) so gemanagt und inszeniert werden sollten, daß die Produkte die Kraft bekommen, permanent zu erregen. Und der dahinterliegende Attraktor ist der einer *stabilen Selbst-Verstärkung*. D'Aveni weist mehrfach daraufhin, daß den meisten Produkten im Zeitalter des Hyper-Wettbewerbs negative »*Abwärts-Spiralen*« drohen. Es wird also darum gehen, diese Spirale umzudrehen und damit zur Aufwärts-Spirale zu kommen. Die Aufwärts-Spirale kann man aber nur mit dem Gehirn der Menschen zusammen initiieren, d. h., man muß mit dem Erregungs-Gehirn mitgehen, und das bedeutet letztlich:

Nur derjenige, der mit seinem Produkt kulturelle und öffentliche Erregungen aufbauen kann, kann sein Produkt in die Dynamik der Aufwärts-Spirale hineintragen.

Der Hyper-Wettbewerb braucht also Produkte, die die Kraft haben, sich selbst und den Markt immer wieder zu erschüttern. Damit *fol-*

gen die Produkte exakt der Erregungs-Dynamik des Gehirns. Das neue Gehirn der Konsumenten hat also längst begonnen, die Dynamik des Wettbewerbs zu gestalten. Wie ich in diesem Buch ausführlich darlegen werde, sind deshalb alle Versuche, den Markt mit positionell-logischen Strategien zu bearbeiten, letztlich dysfunktional. Sie gehen am Gehirn vorbei, und sie mißachten den Wettbewerb, der inzwischen längst stattfindet.

Das Vermarkten der Produkte braucht somit mehr Show denn je, und das wird über die neue Dimension der *Virtualität* möglich werden, verbunden mit einem Zugang zur verdichteten Zeit (condensed time) … und das ist Trance. Und über diese Verbindung von Absatz-Management und Trance, die ja für viele auf den ersten Blick völlig obskur ist, möchte ich in diesem Buch berichten, ausgehend von der These:

Trance ersetzt den Nutzen.

It's show time. Die Märkte folgen dem Erregungs-Muster der Trance. Lassen Sie uns deshalb beginnen, den Hyper-Wettbewerb durch Trancen zu gestalten, denn es gilt in Abwandlung des Zitats von Sloterdijk:

Der Markt ist alles,
was als erregende Trance der Fall ist.

Teil 1

DIE NEUEN MÄRKTE LIEBEN DIE SHOW

Die Evolution benutzt Show, um besser zu werden

Die meisten Manager erkennen recht deutlich, daß die *Chip-Revolution* unsere Kultur immer heftiger verändert. Aber insgeheim hoffen oder glauben die meisten, daß sich Business und Management im Prinzip nicht verändern werden, zumindest was die Erfolgs-Parameter betrifft. Man will »business as usual«, trotz der elektronischen Revolution.

Aber die Entwicklung scheint offensichtlich ganz anders zu laufen: Je mehr Chip-Dynamik in unsere Kultur hineingetragen wird, desto grundsätzlicher verändern sich auch die *Attraktoren des Erfolgs*. Die elektronischen Medien bauen nämlich in einem rasanten Tempo eine neuartige *Komputations-Kultur* auf. Und in ihr dominiert eindeutig die fraktale Dynamik, die in den nächsten Jahrzehnten immer deutlicher auf eine neue geschichtliche Epoche hinauslaufen wird: Es entsteht ein chaotischer Futurismus, der unsere Kultur umkrempeln wird, und zwar von einer literalen zu einer *fiktionalen Kultur*.

Schon heute kann man sehr deutlich erkennen, daß unsere Kultur auf dem Sprung dorthin ist ... auf dem Sprung in eine *neue Epoche der Welt-Erklärung*. Es verwandeln sich nämlich schon jetzt die Mythen, die Ideologien und die kulturellen Dogmen. Und ihr gemeinsamer Nenner ist letztlich der *Fiktionalismus*.

Lassen Sie mich diese Entwicklung etwas genauer beschreiben, weil sie außerordentlich spannend und zugleich grundsätzlich wichtig ist für das *Selbstbild des Managers* und für das Erfolgs-Konzept des Managements:

Bis ca. 1500 vor Christi war unsere Kultur mehr oder weniger deutlich *mythisch*. Und die Mythen wurden mündlich weitererzählt. Es war die Zeit der Mythagogen … es war eine *orale Kultur mit vielen Märchen* und mit unzähligen festen, sozialen Ritualen.

In dieser Epoche dominierte das Modell der kreisenden Zeit. Darunter verstehen Historiker eine Zeit, die immer wiederkehrt, also die Wiederholung des Gleichen in scheinbar anderen Formen … und das erzeugte das Gefühl einer *schwebenden Zeitlosigkeit*.

Etwa 1500 vor Christi entwickelte sich dann diejenige Kultur, die uns heute noch prägt und trägt, nämlich die geschichtliche Kultur mit ihrer eindeutigen Ausrichtung auf *Literalität.* Kurz: Die Schriftkultur wurde erfunden und damit die lineare und abstrakte Kommunikation.

Diese literale Kultur formte relativ schnell eine *eigenständige Mind-Konzeption*, nämlich die, die wir heute als kausal und rational erkennen. Typisch dafür war das Diktum von René Descartes: »Ich denke, also bin ich«.

In dieser Epoche gab es keine kreisende mythische Zeit mehr, sondern das, was wir heute als unsere Zeit erleben, nämlich den *Zeitpfeil.* Und das bedeutet: Die Unterschiede der Ereignisse reißen den Menschen immer wieder in eine neue Zukunft.

Während wir uns heute emotional immer noch in der literalen Kultur befinden, entwickelt sich durch die Chip-Revolution ziemlich schnell die *Komputations-Kultur,* also eine völlig andere Kultur, die uns wegführt von der Linearität der Schrift und die uns auch wegführt von der Kausalität des Zeitpfeils.

Was wir durch Computer, Cyber-Simulation und Multimedia derzeit aufbauen, ist eine Kultur der permanenten Komputationen, in der *fluktuierende Codierungen* ständig neue Welten herstellen, die nicht mehr geordnet (linear) erlebbar sind, sondern zeitgleich, kontrovers und deshalb fraktal.

Es ist die *Epoche der Digitalisierung*, und an die Stelle des kausalen Denkens, das in Strukturen denkt, wird ein fraktales Denken gestellt, das in Bewegungen denkt.

Aber die wichtigste Neuerung dieses kommenden Fiktionalismus ist eine völlig neuartige Auffassung von Zeit, nämlich:

Zeit als Show.

Was heißt das ... Zeit als Show? *Nur das findet seine Zeit, was sich inszenieren kann.* Nur das ist in unserer Welt, was die Kraft hat, zur Inszenierung des Augenblicks zu werden. Nur das wird zur Realität, was den Zeitgeist vorantreiben kann. Nur das, was die augenblickliche Grenze des veröffentlichten Bewußtseins überschreiten kann, erhält »seine Zeit«. Damit programmieren zwei neue Sozial-Techniken unsere Kultur, nämlich *Simulation und Erfindung*. Oder anders ausgedrückt:

Nur diejenigen Ereignisse bekommen ihre Zeit, die ihren eigenen Zeit-Geist durchsetzen können.

Damit verändert sich der kulturelle Habitus dramatisch, denn jetzt wird es darum gehen, in einem Umfang wie nie zuvor zu inszenieren. Denn in Zukunft gilt: *Nur das Inszenierte ist in der Welt.* Das, was nicht die Kraft hat, sich immer wieder aktuell neu, und somit als Evolution zu inszenieren, hat keine Chance, in die Welt zu kommen.

Damit wird die Welt nicht mehr abhängig von den Ereignissen, sondern jedes Ereignis muß seine eigene Welt herstellen ... durch Virtualität. Die virtuellen Inszenierungen müssen also Zukünfte herstellen können. Nur dann können sie ihren eigenen Zeit-Geist herstellen.

Dieses Inszenieren von Zukünften ist »*praktizierte Show*«. In der Komputations-Kultur wird dadurch alles zur Simulation, weil die Simulation die Realität real machen kann, die noch nicht Realität ist. Das bedeutet:

Simulationen formen diejenigen Hypothesen der Zukunft, die als öffentliche Show inszeniert werden können.

Die Komputations-Kultur, die sich jetzt entfaltet, ist also eine Simulations-Kultur, und die Simulationen erzeugen eine eigenartige *Trance der Gesellschaft*, nämlich die Trance des Augenblicks, immer wieder hergestellt durch die *Mystik des Gleichzeitigen.*

Warum Mystik? Es ist die fraktale Mystik, die jetzt entsteht, und sie ist nicht vergleichbar mit der oralen Mystik, die in der Epoche der Vorgeschichte dominierte. Die fraktale Mystik ist *die Mystik des fraktalen Archivs*, in dem sich unendlich viele Unterschiede gleichzeitig bewegen. Die fraktale Dynamik lebt also von der Erfindung neuartiger Bilder und von der Inszenierung von Zukünften durch Show und Simulation. Die so erfundenen Bilder (virtuelle Märchen) erzeugen damit eine Realität der Zukunft, die *vor* der Realität erlebbar wird. Das bedeutet: Die erfundenen Bilder (Simulationen) sind vor der Welt da, oder anders ausgedrückt:

Die virtuellen Märchen der Komputation verwandeln unsere wohlstrukturierte Gesellschaft in unzählige, rivalisierende Show-Prozesse.

Die folgende Übersicht zeigt noch einmal die Wandlung von einer oralen Kultur zur literalen Kultur und den jetzigen Sprung von der literalen Kultur zur digitalen Kultur:

Diese enorme Veränderung unserer Kultur wird viel mehr bringen als nur den Wechsel vom Füllhalter zum Computer. Sie wird auch die *Eigendynamik der Märkte* grundsätzlich verändern. Und das ist eminent wichtig für Manager und Unternehmer:

Märkte zerfallen in spontane Show-Prozesse.

Aus den berechenbaren und stabilen Zielgruppen werden fraktale Archive. Aus dem logisch-rationalen Konsum wird ein Konsum, der den unkalkulierbaren Pfaden der *Trend*-Verbrennung folgt. Die

Komputations-Kultur wird die Erfolgs-Prinzipien der Märkte grundsätzlich umpolen:

**Die Märkte verlieren ihre Logik,
weil sie durch Virtualität geformt werden.**

Das ist ein höchst bedeutsamer Trend, den ich etwas ausführlicher beschreiben möchte.

Im Grunde erleben wir gerade jetzt einen spezifischen Übergang von der literalen Kultur zur Komputations-Kultur. Wir leben derzeit also in einer *Interims-Phase*, die eine Sonderform von Kultur entwickelt hat, nämlich die *integrale Kultur*. Diese integrale Kultur ist sozusagen die letzte Etappe vor dem kommenden, endgültigen Fiktionalismus. Die integrale Kultur ist – typisch für ihre Interims-Rolle – eine Art vermittelnder *Kompromiß zwischen alter Literalität und neuer Komputation.*

Die literale Kultur war ganz *eindeutig auf Logik ausgerichtet.* In ihr dominiert deshalb das Dogma der Nur-so-Wahrheit. Die integrale Kultur hat dagegen viel mit dem *Hyper-Realismus* zu tun, der Anfang der 80er Jahre durch die Jugend-Szenen entfaltet wurde. Es dominiert in ihr das *Sowohl-als-auch-Paradox.*

Die integrale Kultur, wie sie zuerst von Sorokin analysiert und beschrieben wurde, ist also eine Kultur, die zum ersten Mal die Kraft hatte, *Widersprüche und Unterschiede* gleichermaßen zu lieben und zu pflegen. Sie mixt das Alte mit dem Neuen.

Aber diese Kultur ist, wie gesagt, nur eine Zwischen-Etappe. Sie hat hauptsächlich die 80er Jahre geprägt, wird auch die 90er Jahre stark beeinflussen. Für das Markt-Management bedeutete das eine intensive Auseinandersetzung mit *Fragmentierung, Nischen-Bildung* und erste Fraktalisierung. Somit war der Sprung von der literalen Kultur zur integralen Kultur auch zugleich ein Wechsel von der Zielgruppen-Strategie zur evolutionären Prozeß-Strategie.

Aber in der bald kommenden Komputations-Kultur, die dem Attraktor des Fiktionalismus folgen wird, gibt es überhaupt *keine Strategie mehr*. Denn die Komputations-Kultur ist gekennzeichnet durch *Zukunfts-Erfindung* (Invention). Und diese Invention ersetzt immer mehr die klassische Strategie, die mit Logik arbeitet.

Das Erfinden (Simulieren) von Zukünften ist kein logischer Prozeß, also kann es auch nicht strategisch geplant werden. Das bedeutet:

Das Markt-Management wird den Gesetzen der spontanen Simulation folgen und nicht mehr den Regeln der Vernunft.

In einer Komputations-Kultur zerfallen die Nischen des Marktes, weil sich die Ordnungskräfte des Marktes auflösen zugunsten einer fraktalen Dynamik. Jede Nische ist im Grunde immer noch eine Form von Struktur-Ordnung. Aber die fraktale Dynamik bringt die Gleichzeitigkeit von sehr ungleichen Inhalten und Bewegungen. Und das ist das fraktale Archiv, das nur noch aus Bewegungen besteht. Damit erkennen wir an dieser Stelle:

Je virtueller unsere Kultur wird, um so mehr wird der Markt zu einem komplexen fraktalen Archiv.

Das fraktale Archiv tritt somit auch an die Stelle dessen, was man früher den *»Massen-Markt«* genannt hatte. Aber es ist nicht der alte Massen-Markt mit seiner Passivität und Stabilität, sondern es ist *»das Ganze, das sich permanent bewegt«*. Das fraktale Archiv ist also ein Massen-Markt, der *nicht mehr aus Durchschnittlichkeit* geformt wird, sondern durch die bewegte *Gleichzeitigkeit von Ungleichem*. Der neue Massen-Markt ist somit ein Kaleidoskop von unstrukturierten Bewegungen zur gleichen Zeit. Das ist eine völlig neue Dynamik, für die sich inzwischen der Begriff des »Rhizoms« (Gilles Deleuze) durchgesetzt hat.

Der alte Massen-Markt war also gekennzeichnet durch *Homogenität* in Struktur und Inhalt. Der jetzt kommende neue Massen-Markt wird durch die *Inhomogenität* gekennzeichnet sein: die Gleichheit rivalisierender Unterschiede.

Die Idee des Rhizoms beschreibt dieses Phänomen wie folgt: Je mehr Ungleiches sich gleichzeitig präsentiert, um so mehr Masse.

Aber es ist die Masse eines permanent bewegten Kaleidoskops ... alles ist immer total vorhanden, aber dieses »alles« ist immer wieder anders. Und die wenigen Konstanten repräsentieren nicht das System, sondern verweisen auf den Prozeß der »unendlichen Bewegungen« in dem System, das vorrangig aus Brechungen, Überraschungen und Moden besteht.

Insofern kann man sagen, daß die neue Komputations-Kultur einen Massen-Markt bringen wird, der keine strukturierte Masse beinhaltet, sondern eine *rhizomische Masse* (siehe hierzu mein Buch »Magische Masse«, Düsseldorf 1996). Daraus können wir an dieser Stelle folgende Konsequenzen ziehen:

- *Das Markt-Management der Zukunft muß auf Virtualität und Komputation* umgeschaltet werden, um den Produkten und Marken wieder Breite zu geben: Das fraktale Archiv ist der neuartige Weg zu großen Umsätzen und breiten Märkten, weil es an die Stelle des klassischen Massen-Marktes tritt.
- *Wer das fraktale Archiv nutzen will, muß sich von der Logik der Strategie trennen* und Virtualitäten planen, also Als-ob-Erfindungen, d. h. Invention und Simulation managen können. Eine neue Form der Planung ist deshalb erforderlich, nämlich die Planung von Erfindungen. Und zugleich ist auch eine neue Qualität der Entscheidungs-Findung erforderlich.

Die jetzt übliche *Top-Down-Kausalität* ist aus dieser Sicht mehr als problematisch. Sie müßte ersetzt werden durch *strukturelle Kopplungen* zwischen den Entscheidern und dem fraktalen Archiv: Es kann nur derjenige gut entscheiden, der sich in den Bewegungen des fraktalen Archivs mitbewegt. Oder noch deutlicher:

**Es kann nur derjenige richtig entscheiden,
der im Prozeß der Simulationen lebt.**

Das folgende Schaubild zeigt noch einmal das Nebeneinander dieser drei Kulturen, wobei darauf hinzuweisen ist, daß alle drei Kulturen jetzt noch gleichzeitig in der Welt sind. Die literale Kultur verblaßt aber immer schneller, während die Komputations-Kultur sich durch die zunehmende Elektronifizierung unserer Bewußtseins-Prozesse mehr und mehr durchsetzt. Und die integrale Kultur steht als vermittelnde Energie zwischen diesen beiden Entwicklungen. Aber auch sie verliert in den 90er Jahren mehr und mehr an Bedeutung, je selbstverständlicher und kraftvoller sich die Komputations-Kultur durchsetzt:

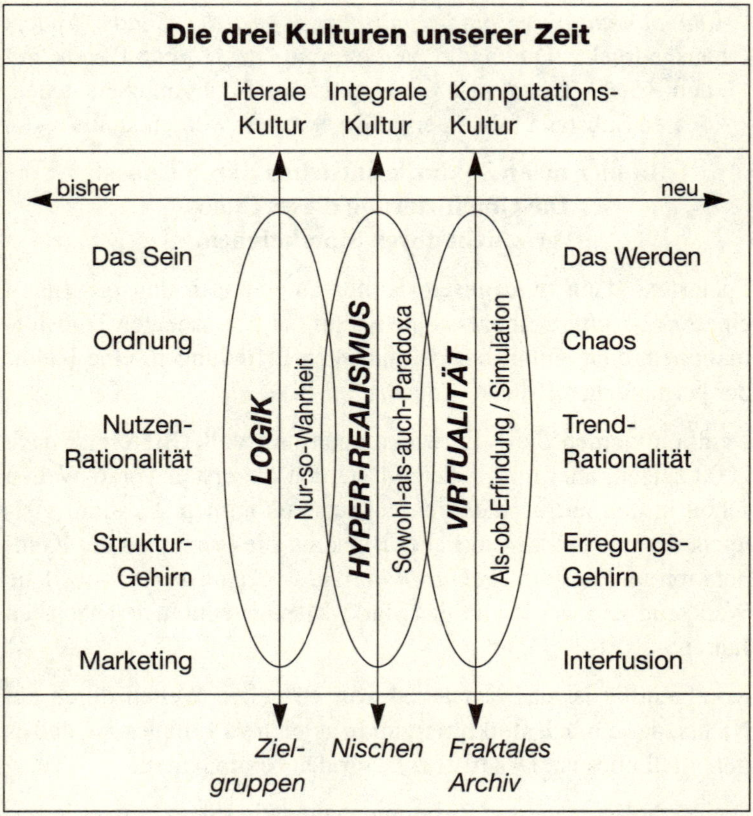

Lassen Sie uns nun einen Blick auf die weitere Entwicklung werfen. Hier läßt sich folgendes prognostizieren:

- *Die Komputations-Kultur wird beginnen, sich in der zweiten Hälfte der 90er Jahre durchzusetzen ... und zwar als Leitkultur.* Damit wird die literale Kultur immer mehr gezwungen, in die fraktale Dynamik einzusteigen, was wiederum dazu führen wird, daß sich viele Facetten der literalen Kultur (z. B. Bücher oder Strategie-Planung) mehr und mehr abnutzen und auflösen werden.

- *In den nächsten fünf bis fünfzehn Jahren wird sich der Aspekt der Simulation verbinden mit dem Aspekt des Chaos.* Anders ausgedrückt: Durch die Verheiratung des Cyber-Trends mit dem Chaos-Trend wird ein chaotischer Futurismus entstehen, dessen Substanz folgendermaßen skizziert werden kann:

**Immer mehr Zukünfte entstehen durch Chaos.
Die Qualifizierung dieses Chaos
geschieht durch Simulationen.**

Spätestens dann wird unsere Kultur automatisch und prinzipiell eine *Edge-Kultur* sein, also eine Kultur der permanenten Transformationen, eine Kultur der permanenten Erfindungen, eine Kultur der permanenten Brüche (Edges).

Deutlich werden diese Entwicklungen ihre volle Blüte erst nach 2000 zeigen, aber mit Sicherheit werden die ersten Vorab-Wellen schon in den nächsten Jahren auf uns zukommen. Es lohnt vielleicht deshalb ein ausführlicher Blick auf die Prinzipien der Komputation und auf die *Techniken der Edge-Codierungen* – weil sie Werkzeug sein werden für das Markt-Management in den nächsten Jahren:

Komputation ist das Herstellen von virtuellen Welten durch ein Nichts, das einfach strukturiert und zugleich so komplex ist, daß es potentiell alles ist. Das trifft z. B. für den Computer zu.

Das Nichts ist in diesem Zusammenhang, wie Vilém Flusser in seinem Buch »Lob der Oberflächlichkeit« (Bensheim 1993) beschrieben hat, ein Objekt oder ein Prozeß, der keine Realität als Inhalt hat, sondern nur die *Summe aller Möglichkeiten*.

Aus dieser Sicht kann man sagen, daß die kommende Komputations-Epoche zum ersten Mal eine Epoche der permanenten Produktion von »*unmöglichen Möglichkeiten*« ist. Damit wird auch deutlich, wie grundsätzlich sich schon in den nächsten Jahren das Instrumentarium des Managements verändern wird:

Von der Beherrschung des Seins (Ontologie) zur Stimulation des Werdens (Autopoiese).

Komputation wird seinen Schwerpunkt vorrangig im elektronischen Datenraum haben, weil Komputation das »Universum der Punkte« (Vilém Flusser) ausnutzt. Es benötigt die Simulation, weil Komputation kein eigenes Sein repräsentiert. Es enthält nichts außer allen Möglichkeiten, in diesem Sinne ist es ein *volles Universum*.

Komputation ist deshalb auch a-kausal: Es ist *pure Potentialität,* und es organisiert die Umwandlung dieser Potentialität in eine neue Realität. Und genau diese Umwandlung ist letztlich Simulation.

Die Konsequenz daraus: *Die Komputations-Epoche ist eine Epoche der Simulations-Märchen*. Die Welt wird zu einem großen Marktplatz aktueller Simulationen, die sich ohne Ende erneuern. Damit verläßt unsere Kultur die Prinzipien der Logik und »die Realität der Wahrheit«. Sie verläßt damit auch die bisher dominierenden Prinzipien der Abbildung (z. B. die These: Nur Fotos zeigen die Wahrheit), ebenso wie das Prinzip der Voraussage (Empirie).

Die Komputation annulliert auch die Sehnsucht nach Tiefe und konzentriert sich auf die *Oberflächen*. Damit ändert sich in grundsätzlicher Form der Charakter unserer Diskurse:

»Wir suchen nach Wahrscheinlichkeiten und finden nur Möglichkeiten« (Flusser).

In der Komputations-Epoche wird die Menschheit also von Oberflächen (Bildern) programmiert, die überwiegend Möglichkeiten inszenieren statt reale Welten. Diese Oberflächen sind Show … inszenierte Zukünfte.

Damit wird das Leben grundsätzlich zu einer Erfindungs-Kunst, die mit wechselnden, fluktuierenden Codes arbeitet:

Codes organisieren die Bedeutungen des Augenblicks durch vereinbarte Symbole.

Was heißt das für das Management und insbesondere für die Werbung und die Markt-Bearbeitung? *Trends und Szenen* sind die eigentlichen Symbole für die Komputation. Deshalb ist schon heute absehbar, daß es zwei grundsätzliche Entwicklungen geben wird:

- **Trends beschreiben nicht mehr reale Entwicklungen im Markt, sondern Trends werden benutzt, um als kollektive Rituale die Show des Augenblicks zu organisieren. Aus dem jetzigen Product-Management wird schon bald ein kreatives Trend-Management für virtuelle Inszenierungen werden.**
- **Szenen sind nicht etwa »innovative Zielgruppen«, sondern sind vereinbarte, kollektive Symbole, durch die magische Bedeutungen codiert werden können. Die Bewegungen der Szenen ersetzen die klassische Nutzen-Interpretation der Produkte (z. B. Positioning).**

In der kommenden Komputations-Epoche wird die Welt zerteilt in *viele zufällige Welten*, die vorübergehen. Und damit erkennen wir an dieser Stelle auch die Grund-Richtung der Kultur, die auf uns zukommt:

Das Vorübergehende ist die Welt.

Wenn Bilder, Oberflächen und komputierte Simulationen (die Show der erfundenen Zukünfte) immer häufiger und konsequenter die literale Logik mit ihren Texten und Strategien ersetzen, dann *hört auch die geschichtliche Zeit auf*: Ein post-historisches Bewußtsein wird sich entfalten.

In diesem post-historischen Bewußtsein, das schon jetzt in der Jugend-Kultur mehr und mehr dominiert, bestimmen die Oberflächen die Zeiten. Eine Untersuchung aus dem Jahre 1992 zeigt, daß rund 20 Prozent der Jugendlichen *sich schon heute als Künstler erleben*, ebenso wie sie das moderne Leben in Analogie zur künstlerischen Produktion setzen.

Diese Elite der Jugendlichen (immerhin jeder Fünfte!) erlebt sich schon voll integriert im Spiel der Komputation, und das bedeutet: Nur das Inszenierte ist Leben … Leben ist die Kunst, immer wieder neue Überraschungen herzustellen.

Was also nicht in der Zeit der Inszenierung ist, der verläßt das Bewußtsein. Das bedeutet für Produkte und Marken: Wer nicht die Kraft hat, seinen eigenen Zeit-Geist herzustellen, ist nicht im Markt … auch dann, wenn er physisch im Markt ist. Oder anders gesagt:

Die Qualität eines Produkts entsteht aus der Fähigkeit des Produkts, einen exklusiven Zeit-Geist zu erfinden.

Eine der wichtigsten Konsequenzen aus dieser Entwicklung ist die *Werte-Verbrennung*. In unserer Kultur gibt es seit Ende der 80er Jahre *keinen Werte-Wandel mehr*, sondern eine permanente Werte-Verbrennung. Warum? Weil dadurch fluktuierende Codes hergestellt werden. Und diese fluktuierenden Codes steuern die Inszenierungen im Zeitgeist. Mit anderen Worten:

- **Machen Sie sich frei von der Vorstellung, daß der Zeitgeist nur eine unwichtige Begleiterscheinung unserer Kultur ist. Genau das Gegenteil ist richtig: Der Zeitgeist ist das eigentliche Medium für die Inszenierung der jeweils aktuellsten Welt im fraktalen Archiv.**
- **Produkte und Marken, die nicht in der Lage sind, Zeitgeist zu erfinden und zu codieren, wandern immer schneller aus der realen Welt heraus ... sie verblassen im Markt.**
- **Der Zeitgeist arbeitet mit fluktuierenden Codes. Es gibt hier also keine Penetrations-Techniken mehr à la USP, wie ihn die Werbeagenturen bevorzugen, und es gibt auch keine Verfestigungs-Techniken mehr à la »Core-Competence«, wie es in der Marketing-Welt überall vertreten wird.**
- **Die fluktuierenden Codes benötigen völlig neuartige Techniken, die eine Verbindung darstellen aus Flow einerseits und Simulation andererseits, denn die fluktuierenden Codes verwandeln unsere »reale Realität« immer konsequenter in**

eine imaginäre Welt der Modelle.

Imaginationen sind es also, die den Rohstoff herstellen für Produkt-Entwicklung, Vertrieb und Vermarktung. Vorrangig Imaginationen können in der jetzt kommenden Komputations-Kultur *die Moden des Augenblicks* so mit dem Produkt oder mit der Marke verbinden, daß sie zur Realität im Zeitgeist werden.

Komputation codiert also in diesem Sinne modische Imaginationen und verzichtet auf die Vermittlung einer strukturierten und prinzipiell feststehenden Welt. Und damit wird auch das Gedächtnis (= Historie) aufgelöst zugunsten eines fraktalen Archivs, das sich permanent bewegt und in dem unterschiedliche Möglichkeiten (= inszenierte Simulationen) tanzen.

In diesem fraktalen Archiv sind also alle Unterschiede gespeichert … nebeneinander und parallel gespeichert als Möglichkeiten zur Simulation. Und es ist die Aufgabe der spontanen Codes und der Codierung, diejenigen Unterschiede zu speichern und zu nutzen, die Menschen als Unterschiede vereinbart haben. Damit wird deutlich:

Die Welt wird zur spontanen Vereinbarung:
Die Welt der Marken muß gemeinsam mit den Evolutionen im Zeitgeist hergestellt werden.
Das ist die Technik des Syncodings.

Nur das Vereinbarte ist in der kommenden Komputations-Kultur wirklich aktiv in der Welt. Das Nicht-Vereinbarte liegt im fraktalen Archiv in der *passiven Wartezone.* Und was im fraktalen Archiv passiv ruht, das ist keine Information. Information ist, wie Gregory Bateson definiert hat, »derjenige Unterschied, der einen Unterschied macht«.

Nur durch Codierungs-Prozesse kann es den Herstellern und Produkten gelingen, aus *passiven Informationen bewußte Informationen zu machen.* Aber dieses Codieren hat überhaupt nichts zu tun mit der klassischen Kommunikation. Die klassische Kommunikation folgt, wie ich bereits beschrieben habe, der alten, literalen Logik, oder anders ausgedrückt:

Die klassische Kommunikation ist das Kind der literalen Rationalität.

Deshalb kann man mit der klassischen Kommunikation – auch dann, wenn sie sehr kreativ gestaltet wird – im Grunde keine Informationen mehr herstellen. Um es noch mal ganz deutlich zu sagen:

In einer Komputations-Epoche dominiert die fraktale Dynamik.

Die fraktale Dynamik organisiert ein permanent wachsendes fraktales Archiv, in dem Informations-Möglichkeiten passiv warten.

Es ist die Aufgabe des Markt-Managements, aus diesen passiven Info-Möglichkeiten aktive Informationen herzustellen, und das geht nur durch Codierung:

Codierung erzeugt die exklusive Welt der Marken.

Die klassische Kommunikation kann nur Info-Möglichkeiten transportieren, sie hat aber nicht die Techniken, um spontane Simulationen zu erfinden.

Die Erfindung von spontanen Simulationen ist ein *syn-referentieller Prozeß* des Inszenierens, also ein Prozeß, den nur die beiden Beteiligten gemeinsam vollziehen können, also der Anbieter (Marke) zusammen mit der Gesellschaft. Dieser Prozeß ist *Syncoding*. Kurz:

Syncoding erzeugt exklusive Welten durch die evolutionäre und kooperative Mitgestaltung von neuen Welten.

Die klassische Kommunikation versagt also beim Simulations-Spiel der kommenden Kultur, sie ist nicht in der Lage, die Inszenierung der Augenblicks-Realität zu organisieren. Literale Kommunikation (z. B. Werbung) ist weitestgehend unfähig zur Simulation. Und was nicht simuliert, erhält kaum noch Wirkung.

Damit wird sichtbar, daß die Zeit zu Ende geht, in der Kommunikation im Mittelpunkt des Markt-Managements steht. Man wird nach wie vor Kommunikation brauchen, hauptsächlich um das fraktale Archiv immer wieder mit Info-Möglichkeiten zu versorgen. Aber die klassische Kommunikation, wie sie heute in der Werbung dominiert, wird nicht mehr in der Lage sein, ein »*Universum der Szenen*« (Flusser) aufzubauen und diejenigen Simulationen zu inszenieren, die den Produkten ihren Zeit-Geist vermitteln, also ihre augenblickliche Realität.

Die Komputations-Kultur braucht deshalb fluktuierende Codes und neuartige Techniken des Syncodings … braucht somit auch ein völlig anderes Markt-Management, das in der Lage ist, *paradox-pulsierende Zeiten* parallel im fraktalen Archiv zu inszenieren. Das kommende Markt-Management muß also in der Lage sein, Codierungs-Prozesse zu managen, und neue, spontane Codes zu stimulieren. Die gesuchten Codes sind aber

Bilder-Codes,
jenseits der abgebildeten Realität.

Sie sind also Bilder-Erfindungen, kreative Simulationen, so wie wir sie bei den *Video-Clips* bereits kennen, sind fraktale Bild-Collagen, weit entfernt von den Prinzipien der linearen Kommunikation, wie sie typisch für die Marketing-Welt sind.

Die neuen Komputations-Instrumente unserer Kultur (z. B. Video-Clips, Cyber- und Computer-Spiele) erfinden demnach das, was Flusser einmal eine »*para-objektive Welt*« genannt hat. Aber diese Welt besteht aus vielen Welten, die gleichzeitig da sind, sich *wie ein Kaleidoskop* ineinander verschränken und sich durch ihre Wechselbewegungen immer wieder verändern, sowohl im Inhalt als auch in der Plazierung, ebenso wie in ihrer augenblicklichen Aktualität:

Die konkrete Welt wird hergestellt
durch permanente Bewegungen.

In der jetzt kommenden Komputations-Kultur gibt es damit keine feststehende Realität mehr, also die »Realität« an sich, ebenso wie es keine Wahrheit mehr gibt. Es gibt auch keine verbindliche Ordnung mehr und keine Struktur, sondern nur noch eine fraktale Dynamik, die aus unterschiedlichen Prozessen stimuliert wird. So entstehen vielfältige paradoxe Welten, die virtuell sind, obwohl man sie real sehen und erleben kann.

Und diese Virtualitäten ersetzen die fertigen Zukünfte. Es gibt somit also auch *keine fertigen Zukünfte mehr*, sondern nur noch Erfindungen. Damit wird das Virtuelle zur entscheidenden Schaltzentrale, zum absolut dominierenden Faktor.

Das Virtuelle organisiert die Kooperation zwischen Zukunft und Gegenwart. Das Virtuelle koordiniert das gemeinsame Handeln zwischen Hersteller und Konsument:

Durch das Virtuelle wird der Kunde zum Co-Produzenten.

Das ist auch die neuartige Konzeption des »virtuellen Unternehmens« (William H. Davidow und Michael S. Malone, Frankfurt 1993), wie es jetzt in den USA und Japan immer ernsthafter diskutiert wird.

Das Virtuelle. Woraus besteht es? Es sind simulierte Welten, die sich im fraktalen Archiv kreuzen, und damit ersetzen diese simulierten Welten die Objektivität und auch die klassische Logik.

Die simulierten Welten verlangen vom Manager ein völlig neues Rollenkonzept und fordern von ihm auch eine *neue Box-of-Instruments*: Er muß zum Erfinder, zum Simulator werden. Er muß den logischen Strategen in sich überwinden. Er muß vom rationalen Denken zum *expansiven Denken* überwechseln.

Warum? Die spontanen Simulationen gibt es ja nicht als Realität, die man durch *Marktforschung* oder Statistik erkennen kann. Man kann sie auch *nicht intuitiv* (»aus dem Bauch«) fühlen, sondern es sind Erfindungs-Prozesse auf Basis von Prä-Kognitionen. Damit wird an dieser Stelle sichtbar:

Prä-Kognition wird schon bald die Intuition ersetzen.

Der Komputations-Code wird unsere Kultur also zu einer *Kultur der permanenten Expansionen* umformen, permanente Expansionen durch Erfindungen. Damit verändert sich der grundsätzliche Fokus des Managements gewaltig:

Von der Kampf-Dynamik zur Self-fulfilling-Prophecy-Dynamik.

Die Komputations-Kultur braucht also nicht den Krieger, der sich mit anderen Kriegern prügelt, sondern den Erfinder von virtuellen

Märchen (Simulationen) und den Inszenierer von »ungesehenen Welten«.

Diese Achsenverlagerung wird besonders für alle Markt-Manager wichtig sein, also für alle, die im Vertrieb oder Marketing arbeiten. Es entsteht in den Märkten, wie Flusser einmal gesagt hat, eine »*Magie zweiten Grades, ein abstraktes Gaukeln*«. Dieses »abstrakte Gaukeln« ist Virtualität, repräsentiert als Show des Augenblicks. Und das »Gaukeln« wird durch *Trends und Codes* organisiert und nicht mehr durch Nutzen und Rationalität.

Aus dem Product-Management wird deshalb eine Art Trend-Management, aber es ist ein *Management der Trend-Erfindung* und der raffinierten Inszenierung dieser Erfindungen im fraktalen Archiv. Und dieses ist im Prinzip ein *Neo-Schamanismus*, der sich durch folgende drei Ziele beschreiben läßt:

- **Befreiung vom begrifflichen Denken und vom Dogma der Logik.**
- **Vervielfachung der Welten und der persönlichen Identitäten.**
- **Provokation von Zukünften und ihren Zeiten.**

Die Komputations-Epoche verlangt also Markt-Manager, die in der Lage sind, aus Möglichkeiten neue Unwahrscheinlichkeiten zu machen. Doch dieser Prozeß ist ein eigenartiger Prozeß. Einerseits ist er *sehr willkürlich*, weil es ja die Erfindung von etwas ist, was noch nicht vorhanden ist.

Auf der anderen Seite ist er *sehr kooperativ*, denn diese Möglichkeiten können nur durch den Komputations-Code in die Welt gebracht werden (d. h. im fraktalen Archiv inszeniert werden), und dieser Komputations-Code ist immer *ein zweidimensionaler Code*, also der Prozeß des Syncoding.

Lassen Sie mich an dieser Stelle die Wichtigkeit des Syncoding noch einmal genauer beschreiben. Die syn-referentielle Codierung arbeitet mit einem zweidimensionalen Code, den es im Sinne eines fertigen Codes nicht gibt. Ganz im Gegenteil, er entsteht als ein spontaner Code, er wird also innerhalb eines realen oder imaginären Dialoges erfunden. Das ist eine ganz wichtige Neuerung in Bezug auf Werbung, Verkaufsförderung und PR:

Die Komputation der Marktangebote (Marken) erfolgt durch einen Code, der nur durch Kooperation gemeinsam hergestellt werden kann:

Es ist der Code des Augenblicks, gemeinsam erfunden von den Szenen und dem Hersteller.

An dieser Stelle wird wiederum deutlich, wie wenig die Prinzipien der klassischen Werbung zu der fraktalen Dynamik passen, die in der Komputations-Kultur vorherrschen.

Die klassische Werbung arbeitet mit dem literalen Code, und das ist ein eindimensionaler Code, also einer, der mit dem Modell von *Sender und Empfänger* arbeitet. Es ist der klassische literale Code, der sich folgendermaßen beschreiben läßt: Durch die Decodierung kann der Empfänger die konzeptuelle Botschaft verstehen. Es ist das Modell des *Nachrichten-Transports*.

Mit diesem Modell lassen sich aber Märkte in Zukunft nicht mehr gestalten. Mit dieser klassischen Kommunikation lassen sich auch Marken nicht mehr im fraktalen Archiv inszenieren, weil das Virtuelle nicht durch Nachrichten-Transport entsteht. Die Konsequenz daraus:

Mit dem literalen Code der Werbung verlieren die Marken an Bedeutung.

Warum? Der eindimensionale, literale Code negiert die spontanen und syn-referentiellen Codierungen. Es ist so, als ob der Hersteller seine Ware in einer Sprache anpreisen würde, die zwar jeder kennt, aber die im Moment aus der Mode gekommen ist. Man kann diese Sprache zwar verstehen, aber man spricht sie nicht. Das ist der Grund dafür, daß so viele Marken im Augenblick *drastisch an Be-*

deutsamkeit verlieren, wie es die Brand-Parity-Studie II vor einiger Zeit so eindrucksvoll nachgewiesen hat.

Was ist zu tun? Der Trend geht eindeutig zum spontanen Code, und damit zum virtuellen Code, also zu einer zweidimensionalen Codierung der Produkte und Marken. Syn-Referentialität ist die einzige Dynamik, die dem neuen Dogma der Komputations-Kultur entspricht, nämlich Zeit als Show.

Und das bedeutet: Nur durch den zweidimensionalen Code kann das Produkt, das verkauft werden soll, seine eigene Welt herstellen.

Syncoding ist also das Werkzeug, das der Markt-Manager der Zukunft braucht. Syncoding ist das Instrument für das neue Spiel der Märkte, das darin besteht, Szenen und Trends einzusetzen als »vereinbarte Symbole«. Und Syncoding arbeitet tatsächlich anders als die klassische Kommunikation (Werbung): *Durch die Decodierung können sich die Beteiligten gegenseitig erkennen.* Syncoding organisiert also den Aufbau von Identität durch den Anderen.

Damit ändert sich auch die grundsätzliche Ausrichtung der Instrumente. Die Zeit geht zu Ende, in der man mit dem erfolgreich sein konnte, was Niklas Luhmann die *»stratifizierte Differenzierung«* nennt, also das, was heute unter *Positionierung* und *USP* läuft: die Entwicklung einer besonders prägnanten und einzigartigen Kern-Kompetenz und die Distanzierung dieser Kern-Kompetenz gegenüber den Wettbewerbs-Produkten.

Auch die *Image-Techniken,* die ja lange Zeit sehr erfolgreich waren, gehören zu dieser stratifizierten Differenzierung. Hier versucht man über Stereotypen-Bildung einen möglichst optimalen Unterschied zu den Wettbewerbs-Marken herzustellen.

Aber, wie gesagt, diese Art der Differenzierung geht jetzt ihrem Ende entgegen, weil sie ganz typisch für die literale Kultur war, die Logik und Rollenspiel miteinander verbunden hatte. Vielleicht lohnt an dieser Stelle ein Blick auf die Analysen von Luhmann, gerade unter dem Aspekt der Differenzierungs-Techniken der unterschiedlichen Kulturen.

Kultur und Differenzierung		
Orale Kultur	**Literale Kultur**	**Komputations-Kultur**
Segmentäre Differenzierung	***Stratifizierte Differenzierung***	***Evolutionäre Differenzierung***
Stämme	Stände	Szenen
Fusionen	Logik	Simulationen
Rituale	***Rollen***	***fluktuierende Beziehungen/Netze***

Dieses Schaubild zeigt, daß in der oralen Kultur, die längst hinter uns liegt, mit *segmentären Differenzierungen* gearbeitet worden ist, also mit Fusionen und Ritualen. In der Schrift-Kultur, die heute noch beim Marketing den Ton angibt, arbeitet man dagegen mit der *stratifizierten Differenzierung*.

Das ist die typische Technik, die sich auf Stände zurückführen läßt. Deshalb gibt es im Marketing auch die fast doktrinäre Bevorzugung von Zielgruppen, Clustern und Typologien. Das sind letztlich alles Ordnungs-Prinzipien einer Kultur, die aus Ständen und Klassifizierungen besteht. Und typisch für diese Differenzierung ist auch die *Bevorzugung von Strategien*, also von Kampf-Differenzierungen auf der Basis von Logik und Rollenspiel.

Aber in der Komputations-Kultur verändert sich die Technik der Differenzierung. Sie wandert von der stratifizierten zur *evolutionären Differenzierung*.

Evolutionäre Differenzierung. Das ist also die neue Grund-Ausrichtung für das Markt-Management. Sie bedeutet, daß man sein Handeln weder auf Stämme, Stände oder Klassen ausrichtet – also auch nicht auf Zielgruppen oder Typologien – sondern auf *Szenen, die in der Lage sind, Simulationen zu inszenieren.* Und an die

Stelle der typischen Rollen treten fluktuierende Beziehungen – also Networking.

In der Komputations-Kultur wird dementsprechend auch nicht mehr das Hohelied der Positionierung gesungen. Der neue Fokus liegt auf Szenen, die aber nicht als Trend-Zielgruppen verstanden werden. Es sind überhaupt keine Gruppen mehr. Claus Offe hat sie einmal wie folgt beschrieben:

»Inhalte ohne Formen.«

Es sind Trend-Inhalte, es sind Erfindungen von möglichen Sehnsüchten, es sind neue Orientierungs-Moden, es sind mentale oder emotionale Trends, es sind also *kulturelle Bewegungen und keine sozialen Gruppierungen.* Vielleicht illustriert ein Text des Philosophen Sloterdijk diese eigenartige Verbindung von Simulation, Szene und Trends:

»Die Trends schaffen atmosphärische Gemeinschaften zwischen den Unzähligen, die sich nicht kennen und die doch alle auf ihre eigene Art dasselbe tun: sich inszenieren, sich reproduzieren, sich zieren, sich zitieren, sich kopieren, sich kopulieren.«

Die Szenen bedeuten also nicht nur das Ende der stratifizierten Differenzierung, sondern auch das *Ende aller Schichtungen und Gruppierungen.* Und was an die Stelle tritt, ist eine neuartige fraktale Dynamik … die Bewegungen von Shows in dem Kaleidoskop … das Aufleuchten von Aktualitäten im fraktalen Archiv. Mit anderen Worten:

Der Tanz der Streams ersetzt die Kalkulierbarkeit des Main-Streams.

Die Inszenierungen, die entstehen, kann man also nicht alleine planen, sie sind auch *nicht strategisch vorplanbar.* Sie entstehen immer nur im Zusammenhang mit den anderen Inszenierungen. Und der aktuelle Code für die Inszenierungen muß permanent neu verhandelt werden. Das ist Syncoding.

Dieses Syncoding folgt damit den Moden der Telematik, also den Moden der Selbststeuerung. Thomas H. Macho schrieb kürzlich, diese telematischen Moden seien in unserer Zeit deshalb so wichtig, weil sie die »Sichtbarkeits-Verhältnisse in unserer Welt ordnen«:

Komputations-Inszenierung ist deshalb immer die Herstellung von Realität durch Moden.

Wie Martin Seel analysiert hat, formen die telematischen Moden aus Individuen »*Scheinwerfer des Zeitgeistes*«, das bedeutet, daß durch telematische Moden die ehemals passiven Konsumenten umgewandelt werden zu *aktiven Selbst-Herstellern ihrer eigenen Wirklichkeit*. Das Ich der Konsumenten in der Komputations-Epoche ernährt sich aus dem »*digitalen Schein*«, aus dem Virtuellen.

Das Spiel der Szenen und der telematischen Moden ist also ein Spiel, das darauf ausgerichtet ist, Schein zur aktuellen Realität zu überführen. Dazu Dietmar Kamper:

»Der Unterschied zwischen Realität und Fiktion wird selbst zum fiktionalen Unterschied.«

Alles in allem: Die Komputations-Epoche ist eine Epoche der Oberflächen, eine Epoche der Bilder, eine Epoche der neuen Märchen »und dementsprechend eine Epoche des Scheins« (Kamper).

Dieser Schein kann nicht klassisch, d. h. linear kommuniziert werden, denn es ist ein *magischer Schein,* der durch Selbst-Verstärkung (W. Brian Arthur in dem Buch »Inseln im Chaos« von M. Mitchell Waldrop, Reinbek 1993) aufgebaut wird. Deshalb versagt hier die normale Werbung, die mit einem feststehenden, einseitigen Code arbeitet.

Wer den *magischen Schein* aufbauen will, muß Komputation betreiben, also Codierungen gestalten jenseits der statischen oder endgültigen Chiffren. Die Codes der Magie werden *spontan ausgehandelt,* und sie entstehen durch gemeinsames Verhalten, also durch die Kooperation zwischen Hersteller (Produkt) und Konsumenten (Szenen). Und diese Kooperation wird in der »Welt 3« (Karl Popper) durchgeführt, also in der Welt der fluktuierenden neuen Ideen.

Deshalb steht Syncoding im Mittelpunkt des Markt-Managements. Syncoding hat also gar nichts mehr mit Nachrichten-Transport zu tun. Syncoding will auch keine Botschaft rüberbringen. Ganz im Gegenteil: Syncoding organisiert *zweiseitige Verpflichtungen.* Syncoding organisiert die Bindung der Konsumenten und der Hersteller an einen gemeinsam hergestellten Code, der ein innovativer Code im evolutionären Neuland ist. Oder anders ausgedrückt:

Syncoding ist die Leit-Technik für Interfusion.

Syncoding stellt das gemeinsame Geistige her: das Virtuelle.

Nun stellt sich an dieser Stelle die Frage, ob alle Produkte und Branchen in etwa zum gleichen Zeitpunkt in diese Komputations-Kultur hineinwandern. Das ist nicht so. Analog den Forschungen von Arthur kann man sagen, daß es immer einige Produkt-Bereiche oder Branchen geben wird, die sich ausschließlich in der literalen Kultur plazieren werden.

Nach Arthur gehören Bergbau, Landwirtschaft und *unprofilierte Massengüter* dazu. Sie werden sich der fraktalen Dynamik der Komputations-Kultur wohl für immer entziehen.

Die meisten Markenartikel sind aber inzwischen voll in der integralen Kultur angelangt, d. h., sie operieren bereits mit dem paradoxen Spiel des Hyper-Realismus.

Aber viele Produkt-Bereiche eilen schon mit schnellen Schritten in die virtuelle und fraktale Dynamik der Komputations-Kultur, so z. B. Computer, Mode, Sport-Produkte, Alkoholika, Zigaretten, Video-Games. Auf dem Sprung in die Komputations-Kultur sind auch die Food-Branche, die Auto-Industrie und die Medien (das ist

z. B. ein Grund für die ungeheure Fragmentierung, die seit Jahren in der Zeitschriften-Branche stattfindet).

Generell kann man sagen, daß zwar die meisten Produkte und Marken noch in der integralen Kultur plaziert sind, aber die Entwicklung ist deutlich:

**Die meisten Produkte und Marken,
die ein attraktives und modernes Profil haben,
werden in den nächsten Jahren
in die Komputations-Kultur eintreten.**

Schon heute kann man erkennen, daß die *Auflösungskraft des Virtuellen* mehr und mehr dominiert. Auch diejenigen Produkte und Marken, die noch in der integralen Kultur – die ja nur eine Interims-Etappe darstellt – plaziert sind, spüren schon diese Auflösungskraft der Komputation.

Mit anderen Worten: Es wird für alle profilierten Produkte ratsam sein, ihre Vermarktungs-Mechanismen von der Struktur-Dynamik auf die Fraktal-Dynamik umzuschalten, d. h. Instrumente zu entwickeln für das Syncoding.

Wie wir beschrieben haben, wird damit die Technik der stratifizierten Differenzierung (also z. B. das Positioning-Modell) immer dysfunktionaler. Es ist deshalb dringend anzuraten, so früh wie möglich auf die *evolutionäre Differenzierung* umzuschalten. Und dafür lassen sich folgende Prinzipien ableiten:

- Um ein Produkt evolutionär zu differenzieren, muß es durch Komputations-Codes aufgebaut und permanent neu codiert werden. Die Arbeit mit Komputations-Codes verlangt einen grundsätzlich anderen Fokus: In Zukunft wird die *Dynamik der Jugend-Kultur* dominieren, entsprechend dem Credo:

  Erregung durch Bewegungen.

- Die Jugend-Kultur wird damit zum Sollwert-Geber für die angestrebte evolutionäre Differenzierung … und das gilt auch dann, wenn die Jugendlichen nicht das größte Quantum der derzeitigen Konsumenten stellen. Mit anderen Worten:

Die Jugend-Kultur ist der Partner für das Syncoding.

- Wenn ein Produkt in der Komputations-Zone angelangt ist, aber immer noch profiliert wird wie ein Produkt aus der literalen oder integralen Kultur, dann zerstört es seine eigene Zukunft.

Warum? Die Jugend-Kultur erlebt ein Komputations-Produkt, das literal-logisch (= strategisch) profiliert wird, als ein Produkt mit einer »*autoritären Marke*«.

Wie die YOYO-Studie kürzlich ermittelt hat, versuchen aber immer mehr Jugendliche, diese autoritären Marken zu umgehen. Sie verweigern ihnen ihre Zustimmung und Gefolgschaft.

Mit anderen Worten: Wer sein Produkt oder seine Marke durch Penetration (stratifizierte Differenzierung) profiliert, obwohl es in der Komputations-Phase plaziert ist, verliert die Jugend als Konsumenten, während zugleich *die Älteren negativ selektiert werden.*

Was heißt das? Es bleiben dann bevorzugt diejenigen älteren Konsumenten gebunden, die für die Jugend-Kultur zum Symbol für »out« werden. Mit anderen Worten:

Durch die klassische USP-Kommunikation werden die Marken zu einem künstlichen Tod geführt.

- Wenn eine moderne Komputations-Marke nicht fraktal geführt wird, weil sie sich den Techniken des Syncodings verschließt, würgt sie ihren eigenen Markt ab. Sie drosselt den Zustrom der Jugend (neue Konsumenten). Zugleich bindet sie einseitig diejenigen konservativen und älteren Konsumenten, die *zum öffentlichen Symbol für die Veralterung dieser Marke* werden, während sie zugleich immer mehr Ältere als Konsumenten verliert durch das Wachstum an Ambivalenz, weil die Marke an Bedeutsamkeit verliert. Mit anderen Worten:

**Wenn das Produkt-Management sich nicht in ein Trend-Management verwandelt,
wird die Hinwendung zum Syncoding blockiert.**

**Ohne Syncoding verlieren die Produkte und
Marken ihre Show des Augenblicks …
sie wandern ab in die passiven Wartezonen
des fraktalen Archivs.**

Wie baut man ein Trend-Management auf? Das ist die neue, zentrale Frage für die Praxis. Zuerst einmal muß man sehen, daß jedes Trend-Management abhängig davon ist, wie qualifiziert das *evolutionäre Bewußtsein* eines Unternehmens ist. Trend-Management funktioniert nur durch ein permanentes Plazieren des Managements an die *Kante der Evolutionen* (Edge). Diese Edge-Position bedeutet ein permanentes Lernen und Ent-Lernen. Es gibt also *keine Gewißheiten und Sicherheiten*. Mit anderen Worten:

**Trend-Management zerstört
die Sicherheits-Rituale der Unternehmen.**

Damit wird an dieser Stelle deutlich, daß ein wirklich gutes Trend-Management entscheidend davon abhängt, ob ein Unternehmen eine *Offene Kultur* aufbauen kann … also eine Kultur, die ganz bewußt auf Experimentalität und »*Belohnung für Wagnis*« ausgerichtet ist.

Erst in einer derartigen Kultur kann dann das Edge-Bewußtsein gemanagt werden. Und das bedeutet für die Praxis den Einsatz von zwei neuartigen Instrumenten: Monitoring wird Statistik und Markt-Forschung ergänzen. Unter Monitoring versteht man die kontinuierliche und methodische Sammlung von Trend-Signalen, kulturellen Brüchen und neuen Orientierungs-Moden.

Das zweite Instrument besteht aus *Trend-Szenarien*. Hier handelt es sich um eine spezifische Form von Trend-Futurologie. Man erstellt alternative Trend-Landschaften, um die kontinuierlich einfließenden Monitoring-Informationen in einem globalen Kontext einordnen zu können.

Das Trend-Management ist also in erster Linie eine *Bewußtseins-Organisation*, die möglichst zeitgleich mit den Streams der Gesellschaft mitfließen kann. Im Ideal spiegelt es alle wichtigen Evolutionen des Umfeldes. Alles in allem:

**Wer Syncoding managen will,
muß sein Eigenverhalten so verändern,
daß er zum Schnittpunkt der Trend-Zeiten wird.**

Oder anders formuliert:

**Nur dasjenige Unternehmen,
das zum Summativ von Trends geworden ist,
kann den Märkten diejenige Show bieten,
die die Märkte verlangen.**

Teil 2

MULTIMEDIA ERZEUGT DEN SCHAMANISMUS DER DATENRÄUME

Die Evolution der Kultur wandert in den Computer

Es geschieht etwas Ungeheures in unserer Kultur. Vordergründig wird es Multimedia genannt. Für viele Skeptiker ist es lediglich die *Vermehrung von Nachrichten-Systemen.* Aber es ist eigentlich etwas ganz anderes: die Verlagerung unserer Evolution in den elektronischen Daten-Raum.

Das wird epochale Konsequenzen haben. Es wird z. B. ein neuer Massen-Schamanismus entstehen, der die literale Kultur ablösen wird, an die wir uns so sehr gewöhnt haben. Und wenn das *literale Dogma* fällt, dann purzelt alles munter durcheinander: Die alten Techniken von Werbung, Marketing und Verkauf stimmen dann nicht mehr. Aus dem *System der Nachrichten* wird nämlich ein *System der Codierungen.*

Es lohnt also, diese gewaltige Umwälzung unserer kulturellen Basis frühzeitig und gründlich zu analysieren. Das soll hier geschehen. Womit beginnen wir? Vielleicht mit dem MIT.

Dieses berühmte Forschungsinstitut hat ein eigenes MediaLab. Dort erforscht man die neuesten Möglichkeiten und Auswirkungen der elektronischen *Informations-Revolution.* Der Leiter dieses Laboratoriums, *Nicholas Negroponte*, hat auf der Multimedia-Konferenz »TED 5« vier Haupt-Trends beschrieben, durch die Multimedia immer stärker unser tägliches Leben und unsere kulturelle Evolution beeinflussen wird.

Der erste Trend ist die *Miniaturisierung* der Kommunikations-Geräte, und zwar in einem Umfang, wie wir uns das heute kaum vorstellen können. Der zweite Trend wird die *Loslösung der Arbeitswelt von Schreibtisch und Büro* bringen. Das elektronische

Arbeiten wird schon bald effizienter sein als das normale Arbeiten am Schreibtisch. Der dritte Haupt-Trend beschreibt die *Verlagerung der Information vom Äther zum Kabel.* Und der vierte Haupt-Trend, so Negroponte, bringt die *Erweiterung der Kommunikation* durch eine radikale und komplexe Digitalisierung und Computerisierung.

Also, ganz schön viel los in Sachen Information. Noch vor kurzem hatten viele Skeptiker geunkt, die ganze Informations-Revolution würde nur in den Büchern stattfinden. Es gäbe überhaupt keine Revolution. Jetzt ist sie aber plötzlich da. Seit der Verkündung der *Informations-Highway-Vision* durch die Clinton-Administration, entwickeln sich fast wöchentlich neue Perspektiven. Die westliche, kapitalistische Welt ist plötzlich in einem aufregenden und teuren Rennen verstrickt:

Wer wird als erster die Macht über die elektronischen Autobahnen besitzen?

So wie es aussieht, wird Singapur mit Sicherheit ganz vorn sein, ein Land, an das fast keiner denkt, wenn man von Computern und Elektronik spricht. Aber schon in den nächsten vier Jahren werden fast 100 Prozent aller Haushalte in Singapur verkabelt sein, und jeder Haushalt kann dann einsteigen in die *neue Ära der interaktiven Medien.* Und schon ein, zwei Jahre später wird das gesamte Videovolumen *on demand konsumierbar sein*, d. h. auf Abruf. Und noch in diesem Jahrzehnt werden alle Haushalte *Home-Shopping* betreiben können.

Singapur wird also nicht nur einen Daten-Highway haben, sondern, so Phil Overmyer von AT&T, Singapur wird auch der Leader in Sachen »Super-Highway« sein. Auf jeden Fall wird das Land der absolute, neue Maßstab für die elektronische Revolution werden. Singapur wird, das sagen mehrere unabhängige Prognosen, so eine Art Test-Feld für die kommende Revolution sein. Und dort wird man früher als in jedem anderen Industrieland beobachten können, wie schnell und wie radikal sich eine Kultur durch Elektronik verändert:

Singapur wird zum Experimental-Labor für die Beschleunigung der kulturellen Evolution durch technische Evolution.

Lassen Sie uns zuerst einige wesentliche Aspekte dieser Revolution beschreiben, um ein Gefühl dafür zu bekommen, wie grundsätzlich die *evolutionäre Drift* sein wird, die durch Multimedia und Skyways ausgelöst werden wird.

- Zuerst einmal muß man sehen, daß wir noch in den 90er Jahren in die Epoche eintreten, in der *die bisherige Trennung einzelner Medien* immer konsequenter aufgehoben wird. Schon in den nächsten zehn bis fünfzehn Jahren wird es durch Multimedia nur noch ein zentrales Medium geben, in dem alle anderen Medien leben. Das bedeutet:

Die Geburt des fraktalen Archivs.

- Es wird innerhalb des fraktalen Archivs zur Ausbildung von *Hyper-Informationen* kommen. Die Menschen werden mit Sicherheit dennoch nicht in einer Datenflut ertrinken. Negroponte dazu: »Die in letzter Zeit vielerorts propagierten 500 Fernsehprogramme sind schlichtweg lächerlich.« Was kommen wird, ist eine *Verbindung von künstlicher Intelligenz und Daten-Highways* im Sinne von Selektions-Programmen. Es wird zwar immer mehr Informationen geben, aber für den Konsumenten wird es ein *hochintelligentes Auswahl-System* geben. Die Computer werden lernen, welche Themen-Bereiche ein Mensch besonders bevorzugt oder spontan-aktiv sucht. Mit anderen Worten:

Die Informationen werden so verarbeitet, daß der Mensch nur noch die für ihn wichtigsten Informationen verarbeiten muß.

- Eine extreme Individualisierung und »Maßschneiderei der Informationen« kündigt sich an, weil die Informations-Kanäle immer eindeutiger und konsequenter in die Computer hineinlaufen. Und der Computer wird eine Art *Zwillingsbruder des Menschen*, der ihn benutzt. Er beobachtet das Medien-Verhalten des Konsumenten und wird dadurch zu einem »*persönlichen Agenten*« (Walter Bender).

Diese Neuerung wird zu einer extremen Personalisierung aller Nachrichten und Singularisierung von Informationen führen. Die Konsumenten und die User werden diejenigen Informationen bevorzugen, die für sie einen wichtigen Unterschied machen.

Damit stirbt die berühmt gewordene These von Marshall McLuhan, daß das *Medium die Botschaft* sei. Genau das wird in der jetzt beginnenden Epoche nicht mehr der Fall sein. Die Botschaft ist ausschließlich diejenige Botschaft, die der Konsument durch seine Interaktivität herstellt. Das Medium ist nicht mehr die Botschaft. *Der Empfänger ist die Botschaft*:

Der Empfänger wird zum Produzenten seiner Botschaft:

Der Empfänger codiert seine Nachrichten.

- Für die Medien beginnt damit eine neue *Epoche der kreativen Oberflächlichkeit.* Es gibt keinen kritischen Auftrag der Journalisten mehr, sondern es geht darum, die Informationen so zusammenzustellen, daß gerade möglichst nicht selektiert wird. Es gibt also *keinen offiziellen kritischen Zensor* mehr, seien es Intellektuelle oder Redakteure. Ganz im Gegenteil. Zeitschriften und Zeitungen verstehen sich als ein Oberflächensystem, in dem möglichst viele unterschiedliche Informationen ihr unterschiedlich langes oder unterschiedlich kurzes Leben leben können. Die Medien folgen deshalb nicht mehr dem linearen Konzept von Sender und Empfänger:

Die Medien werden zu einem dynamischen Rhizom: Die Medien archivieren die Gleichzeitigkeit von ungleichen Inhalten.

- Völlig neue Berufe werden dafür sorgen, daß diese Oberflächlichkeit permanent optimiert wird. Es wird *Informations-Desi-*

gner geben, die die Medien-Inhalte so gestalten, daß jeder Konsument von allen Seiten spontanen Zugang zu den Inhalten hat. Es wird keine klassischen Rubriken, Themenblöcke und Kategorien mehr geben. Damit zerfällt in einem Umfang wie nie zuvor der literale Code der Information:

Die Informationen werden designt wie ein Video-Clip.

- Am Schluß der Entwicklungen wird das bisher dominierende »Fernseh-Paradigma« durch das *Computer-Switch-Paradigma* ersetzt werden. Aus der bisherigen Passivität der Fernseh-Epoche wird eine *Eigen-Dynamik des Users* und des Konsumenten. Kommunikationswege und Programm-Produktion vereinen sich ebenso, wie sich der Konsument und die Informations-Herstellung vereinen: Die eigendynamische Innenwelt der Konsumenten wird zum Sender, der aus dem fraktalen Archiv der Informationen diejenigen Nachrichten herstellt, die er spontan braucht:

Aus Nachrichten werden fluktuierende Prozesse, die völlig singulär sind.

Es ist mit hoher Wahrscheinlichkeit zu erwarten, daß eines der ersten Opfer das klassische Fernsehen sein wird, besonders diejenigen Sender, die ausschließlich von Fernseh-Einnahmen leben. Zwar sagt der RTL-Chef Helmut Thoma in den Interviews in letzter Zeit immer wieder, daß er »keine dramatischen Veränderungen« im Hinblick auf die Fernseh-Zukunft erwartet. Und er hält auch nicht viel von Interaktivität. Typisches Zitat von ihm: »Die beste Interaktivität ist für die meisten der Ein- und Ausschaltknopf.«

Aber das ist sicher zu kurz gedacht. Da folge ich eher dem PRO-7-Chef Georg Kofler, der in einem Interview kürzlich betont hat, daß es nur wenige Sender geben wird, die sich halten können. Große Probleme, so meint auch Kofler, werden die werbefinanzierten TV-Sender bekommen, und die meisten Spartenprogramme werden seiner Meinung nach nur durch *»eine Mischform von Abo-Ge-*

bühren und Werbung zu finanzieren sein«. Die Zukunft des Fernsehens wird also immer stärker davon abhängig, ob es den Sendern gelingt, rechtzeitig *in die interaktiven Netzwerke einzudringen.* Anders gesagt:

Es können nur diejenigen TV-Sender überleben, die sich zum Lebens-Dienstleister transformieren können.

Inzwischen war der erste deutsche Privat-TV-Sender so gut wie pleite, nämlich VOX. Und die Marktanteile der Öffentlich-Rechtlichen und der Privaten haben sich nivelliert. Alle sind in einem Kopf-an-Kopf-Rennen plaziert. Das wird zu einer *weiteren Fragmentierung des Nutzungs-Verhaltens* führen, d. h., die Sprunghaftigkeit und Zappeligkeit der Medien-Konsumenten wird zunehmen. Es wird immer schwieriger, stabile Seher-Beteiligungen zu managen. Und durch die neue Digital-Technik (Digital-Video-Compression) wird es schon bald 200 Programme geben, also eine Flut von Special-Interest-Sendern.

Das Fernsehen wird damit zu einem Kiosk. Kofler beschreibt diese Entwicklung als einen Trend zum »*Außen-Pluralismus*«. Das bedeutet, daß es so viele Fernsehsender und Programme gibt, daß im Grunde das ganze Leben im Fernsehen widergespiegelt wird, und zwar in unterschiedlichen Stilformen mit unterschiedlichen Ambitionen und Verpackungen:

Das Fernsehen wird zu einem Kaleidoskop.

Es wird so bunt wie unsere Welt und damit gleichzeitig *auch so uninteressant wie unsere Welt.* Immer weniger Konsumenten werden bereit sein, für dieses Kaleidoskop Zeit und Geld zu investieren. Vermutlich wird es so kommen, wie es Frank J. Biondi, Chef von Viacom, vorhergesagt hat: Das Fernsehen wird sich – bis auf wenige Ausnahmen – *integrieren in das Multimedia-Geschäft.* Die Konsumenten zahlen 20 bis 60 US-Dollar pro Monat und können sich dann durch elektronische Informations-Agenten das heraussuchen lassen, was sie wirklich interessiert. Die Multimedia-Revolution zerstört die Vorherrschaft des Berichtens:

Es gibt bald nur noch Fernsehen auf Abruf.

Damit wird ein wesentlicher Aspekt der neuen Evolution an dieser Stelle sichtbar. Wenn die Welt zum Kaleidoskop wird, repräsentiert sie die Gleichzeitigkeit von allem, und damit zerfallen nicht nur Strukturen und lösen sich nicht nur *künstliche Dramatisierungen* auf, sondern eine *einzigartige Belanglosigkeit* setzt sich durch. Die bisherigen Testversuche im Bereich Multivision haben diese Entwicklung deutlich aufgezeigt:

**Je komplexer die Information wird,
um so weniger spannend ist sie.**

Die kulturelle Evolution läuft deshalb nicht in die Richtung »Infotainment«, obwohl das alle Trend-Prognostiker und Medien-Experten immer wieder betonen. Die Entwicklung läuft genau andersherum: in Richtung Infoware und *Life-Service*. Man kann es als Gesetz folgendermaßen definieren:

**Je komplexer das Informations-Potential ist
(fraktales Archiv) und je eigen-initiativer (interaktiver)
die Medien-Prozesse organisiert werden können,
um so mehr zerstört sich die Information
durch Information:**

**Multimedia wird zu einem gigantischen Geschäft der
Lebens-Beratung innerhalb von
virtuellen Gemeinschaften und spontanen Netzen.**

Das bedeutet, daß sich in einer einzigartigen Form das private Leben der Menschen verbindet mit den Moden, die im fraktalen Archiv entstehen, die wiederum durch die Dynamik der virtuellen Gemeinschaften stimuliert werden.

Es handelt sich also um eine wichtige Achsenverlagerung, die sich jetzt in unserer Kultur durchsetzt: *Von der Information zur Evolution.* Das meiste von dem, was bisher über die Informations-Technologie verkündet wurde, ist aus dieser Sicht zwar richtig, greift aber zu kurz. Natürlich wird es eine extreme Vervielfachung der Medien-Inhalte geben. Natürlich wird es eine Pluralisierung und

Fragmentierung der Medien geben. Natürlich wird, wie Neil Postman oft beschrieben hat, eine ungeheure Show und Entertainment-Stilistik in die Medienwelt einziehen, natürlich wird dadurch auch alles oberflächlicher und modischer – aber das alles beschreibt nicht die wirkliche Entwicklung:

Es entsteht eine neuartige Form von elektronischem Massen-Schamanismus, der in Form einer komplexen Lebens-Beratung realisiert wird:

Schamanismus als Lebens-Hilfe.

Multimedia ist also viel mehr als nur eine neue Informations-Technologie, obwohl sie auf den ersten Blick so aussieht. Multimedia ist der Beginn einer neuen Epoche, in der *die Gestaltung der nächsten Evolution zum Inhalt des offiziellen Bewußtseins einer Kultur wird*. Durch Multimedia wird die Kultur grundsätzlich umprogrammiert:

Von der Tragik und vom Ernst des Schicksals zum Spiel des Virtuellen.

Man kann heute schon erkennen, daß das »Spiel des Virtuellen« eine neue Partitur des persönlichen Lebens einbringen wird. Und ich möchte heute schon prognostizieren – dabei auf Peter Sloterdijk verweisend –, daß sich *die Idee des reichen Lebens* mehr und mehr in unserer Kultur durchsetzt. Die jetzt zu beobachtende Multimedia-Revolution ist nichts anderes als der Türöffner zu diesem reichen Leben, das durch Spiel, Spontanität und kollektive *Zukunfts-Erfindung* gekennzeichnet ist.

Durch Multimedia entsteht eine Art *Überbewußtsein* im Hinblick auf Zukunft und Autopoiese. Unsere Kultur lernt durch die Verbindung von Multimedia und Virtualität, daß sie sich, analog des berühmten Münchhausen-Zopfs, dorthin entwickeln kann, wo sie ihre Erfindungen (Virtualitäten) plaziert:

Multimedia wird zum Instrument der Self-fulfilling-Society.

Evolution ist also der eigentliche Rohstoff der elektronischen Medien und nicht etwa, wie die meisten Journalisten und auch viele Wissenschaftler immer wieder behaupten, Information. Information ist lediglich das Gefäß, aber die Strategie und der Effekt von Multimedia ist *pure Evolution*.

Inzwischen setzt sich auch eine neuartige Sicht der Evolution im wissenschaftlichen Bereich durch. Und es lohnt an dieser Stelle, den neuesten Stand der Evolutions-Theorie kurz zu skizzieren. Wenn es stimmt, daß Multimedia in erster Linie ein Evolutions-Instrument ist, dann ist es zugleich auch wichtig zu wissen, wie die neue *Dynamik der Evolution* aussieht.

Nach Prof. Fritz-Albert Popp (»Die Botschaft der Nahrung«, Frankfurt 1993) glauben die meisten Evolutions-Forscher heute, daß ein universales »*Evolutions-Feld*« (Friedrich Cramer) existiert, das als »kosmische Absicht« (Ferdinand Schmidt) auf alles, was lebt, einwirkt:

Die neue Form der Evolution wird von globalen Feldern gesteuert.

Es ist das Kennzeichen der Evolution, daß jedes Leben so lebt, daß es sich immer mehr in das Evolutions-Feld integriert und daß es somit zum Qualifizierer dieses Evolutions-Feldes wird. Damit folgt auch das Leben der Menschen der kosmischen Absicht. Oder anders ausgedrückt: Es wird immer mehr die Aufgabe der Kultur, sich dem Evolutions-Feld so anzugleichen, daß die Kultur zum Mitgestalter und Qualifizierer des Evolutions-Feldes wird:

Die Kultur erfindet diejenigen Evolutionen, die in der Lage sind, das Evolutions-Feld zu verbessern.

Multimedia ist so eine Evolution: Eine Evolution zur Verbesserung der Evolutions-Fähigkeit. Die Wissenschaftler nennen das »*Inclusive Fitness*«. Wie Popp beschreibt, bekommt damit die Evolution eine Art »*Selbst-Wahrnehmung*«, was bedeutet, daß unsere Kultur jetzt eine Ebene erreicht hat, in der sie sich selbst beobachten und damit ihre eigene Evolution verbessern kann. Anders gesagt: Seitdem die westliche Kultur weiß, daß sie ein Evolutions-Spiel spielt, wird sie immer fähiger, dieses Spiel besser zu spielen.

Es ist also der Sinn und die Zielrichtung der aktuellen kulturellen Evolution, unsere Kultur letztlich umzuwandeln zu einem globalen Evolutions-Feld. Deshalb sagt Popp, daß es die Absicht des menschlichen Lebens und der Kultur ist, *»ein Feld der Möglichkeiten«* aufzubauen.

Die Tatsache, daß wir jetzt plötzlich so viel von *Virtualität* und *Self-fulfilling-Dynamik* sprechen, bestätigt diese Entwicklung. Unsere Kultur hat offensichtlich begriffen, was sie eigentlich tut. Und nun beginnt sie, bewußter als noch vor einigen Jahrzehnten, immer mehr Möglichkeiten in den Evolutions-Prozeß hineinzutragen. Damit wird die Evolution intelligenter, schneller, mutiger und auch effizienter:

Multimedia wird zur globalen Maschine, die das Feld der Möglichkeiten organisiert.

Ich habe in meinen Büchern des öfteren auf den *Trend zur Telematik* hingewiesen, der letztlich nichts anderes ist als ein grundsätzlicher Switch von der Vergangenheits-Sucht unserer Kultur zur Perspektive des »Offenen Werdens«. Ebenso habe ich auch auf den *Trend zum Optionalismus* hingewiesen, der sich jetzt mehr und mehr in unserer Kultur breitmacht. Der Optionalismus will nichts anderes, als immer mehr Möglichkeiten ins aktuelle Bewußtsein einer Kultur hineinzutragen, als möglich zu sein scheinen. Ebenso habe ich auf den Trend zur *Edge-Romantik* hingewiesen, also auf die Tatsache, daß sich die augenblickliche Identität unserer Kultur immer deutlicher verlagert:

Vom statischen Historismus zur Kraft des Augenblicks.

Die kulturelle Evolution, die sich jetzt durch Multimedia *immer mehr selbst beobachtet* und damit auch selbst qualifiziert, ist nichts anderes als das Aufbauen des globalen Evolutions-Feldes. Das, was die Natur als Evolutions-Feld hat, das wird jetzt sozusagen spiegelbildlich dazu durch die Kultur aufgebaut. *Zwei Evolutions-*

Felder beginnen, sich wechselseitig zu beeinflussen. Genau das ist die Aufgabe von Multimedia. Das ist der eigentliche höhere Sinn der elektronischen Revolution.

Nun stellt sich die Frage, wie es unsere Kultur schaffen kann, dieses evolutionäre »Feld der Möglichkeiten« aufzubauen. Nach Popp gelingt das unserer Kultur nur dann, wenn sie sich mehr und mehr von den *darwinistischen Prinzipien* trennt, so z. B. von der These, daß nur der Beste überlebt. Nachdem die elektronische Revolution begonnen hat, bemerken immer mehr Wissenschaftler, wie z. B. Jonas Salk, daß sich *die Kriterien für das Überleben* deutlich verändert haben. Diejenige Kultur scheint sich im Wettstreit mit anderen Kulturen durchzusetzen, die fähig ist, sich selbst auf das zu programmieren, was Salk »*kollektive Weisheit*« nennt. Und diese Form von Weisheit entsteht, wenn es einer Kultur gelingt, zwei Entwicklungen miteinander zu verbinden:

1. **Das Wachstum an Individualität.**

2. **Das Wachstum an Vernetzung.**

Wie Popp analysiert hat, bringt das Wachstum an Individualität der Gesellschaft ein *Bewußtsein für Komplexität*, durch das die Gesellschaft wiederum neue, komplexere Bewußtseine organisieren kann. Je mehr Individualität eine Gesellschaft also zulassen und fördern kann, um so mehr Varietäten kann diese Kultur gleichzeitig repräsentieren. Sie erzeugt dadurch ein Optimum an Komplexität.

Die andere Entwicklung ist aber genauso wichtig, nämlich das Wachstum an Vernetzung. Das wird in unserer Kultur hauptsächlich durch Multimedia und durch Komputations-Technologien verwirklicht. Es ist einsichtig, daß dadurch nicht nur die Komplexität steigt, sondern auch *die Chance für spontane Vernetzungen.* Es erhöht sich aber auch die *Qualität für das Gemeinsame.* Unsere Gesellschaft wird interaktiver als jede Gesellschaft zuvor. Wenn man nun diese beiden Entwicklungslinien zusammenbringt, dann erhält man die alles entscheidende Formel:

Mehr Individualität durch mehr Vernetzung.

Das ist genau das, was Popp als Aufbau des evolutionären »Feldes der Möglichkeiten« bezeichnet. Physiker nennen diese Entwicklung *Kohärenz*, definiert als Phasengleichheit. Was wir also jetzt beobachten, ist, daß die Kohärenz unserer Gesellschaft enorm zunimmt durch das Wachstum an Unterschieden. Offensichtlich organisieren die neuen Medien eine ungeheure Verbesserung der Phasengleichheit:

Wir werden immer individueller,
weil wir uns immer mehr miteinander vernetzen.

Aus der wissenschaftlichen Sicht kann man sagen, daß Kohärenz immer dann entsteht, wenn *Polaritäten,* also Gegensätze, zu einer *kreativen Einheit* geführt werden. Genau das ist die Vision von Multimedia. Und genau das können wir jetzt im Ansatz beobachten. In der Kohärenz entfalten sich die Gegensätze und die Widersprüche und werden zu einer Gemeinsamkeit an der jeweils aktuellsten Kante (Edge) der Evolution. Mit anderen Worten:

Es entsteht eine neuartige Fitneß unserer Kultur:

Die Verbesserung der Evolution
durch die Evolution des Möglichkeits-Feldes.

Wir organisieren also durch die technischen Revolutionen diejenigen Verbesserungen, die uns helfen, die nächsten Verbesserungen noch effektiver zu machen. Voraussetzung dafür ist, daß immer mehr Gemeinsamkeit im Sinne einer kreativen Einheit entsteht und daß diese kreative Einheit nicht auf *alten Normen* und historischen Strukturen beruht, sondern daß sich eine spontane *Edge-Gemeinsamkeit* ausbildet, also eine Gemeinsamkeit für Wagnis (Kontingenz) und »unlogische Erfindungen« (Emergenz).

George Spencer-Brown hat ebenfalls darauf hingewiesen, daß jeder Evolutions-Prozeß die *permanente Produktion von Unterschieden* und Brüchen braucht. Offensichtlich ist unsere Kultur jetzt an dem Punkt angelangt, an dem sie fähig wird, diese Produktion von Unterschieden drastisch zu verbessern, ohne daß wir alle im Chaos landen und uns im Streit auseinanderdividieren. Das *Zusammenspiel von Gegensätzen* wird durch die elektronische Vernetzung, also durch elektronische Gemeinschaftlichkeit, organisiert. Dadurch wird unsere Kultur fähig, wesentlich gezielter und auch wesentlich qualitativer als je zuvor *Bewußtsein herzustellen*.

Bisher war es so, daß die Gesellschaften ihr *Bewußtsein aus Krisen und Leiden* entwickelten. Diese Phase scheint jetzt auszulaufen. Durch die Multimedia-Revolution befähigt sich unsere Gesellschaft, unerwartete und überraschende Bewußtseine zu produzieren durch das Aufeinanderprallen von *virtuellen Gegensätzen innerhalb einer kreativen Einheit*.

Popp hat darauf hingewiesen, daß Bewußtsein prinzipiell nur dann entsteht, wenn es einer Kultur gelingt, *»das Gehirn anzukoppeln an die Prozesse der Vermehrung von Potentialen«*. Durch Multimedia wird dieser Prozeß jetzt in großem Umfang möglich: Es entsteht ein global-kollektives Bewußtsein, also eine elektronische Homogenität, die aber allseitig offen ist und sich nicht zur Norm und zur Struktur verfestigt.

Es ist ja das Kennzeichen der elektronischen Netzwerke, daß sie in einer *fast anarchistischen Form hierarchielos und unlogisch operieren*. Die Gesellschaften, die durch eine elektronische Revolution vorangetrieben werden, werden damit immer *zielloser und fraktaler*. Sie folgen damit der Idee des »Chaotischen Futurismus«.

Der Effekt von Multimedia wird also darin liegen, daß immer mehr Unterschiede (Fraktale) zu immer mehr Einheitlichkeit führen. Und es ist eine kreative Einheit, also keine, die Bewegungen verhindert und Entwicklungen blockiert. Es ist so eine Art Quadratur des Kreises:

Mehr Wagnis durch mehr Gemeinsamkeit.

Der klassische Darwinismus mit seiner These »the survival of the fittest« galt, wie Popp ausführte, nur für die Situation von »strong distinctions«. Also: Überleben konnte nur der, wo es nur ums Überleben ging. Eine lange Zeit hat dieser Rivalitäts-Charakter der Evolution unsere Gesellschaft geprägt. Krisen, Kriege und permanente Auseinandersetzungen zeugen davon. Durch Multimedia entwickelt sich jetzt aber eine neue Evolutions-Praxis:

Die Entwicklung eines evolutionären Feldes, das allen gehört, durch die Synthese von Differenzen.

Es ist also die Aufgabe der Elektronik, diejenigen Differenzen herzustellen, die nicht wirklich wehtun, weil sie virtuell sind, also diejenigen *Differenzen zu vermehren, die im Als-ob-Raum stattfinden.* Deshalb gibt es jetzt so viel Gerede um Cyberspace und Virtualität:

Die Simulationen übernehmen die Rolle der Krisen.

Die elektronische Revolution dient somit dem Aufbau desjenigen Evolutions-Feldes, das die Kultur immer näher zum kosmischen Feld heranführt. *Virtualität wird damit zur neuen Identität der Kultur.* Das Künstliche, das Scheinbare, also alles das, was eine Als-ob-Qualität hat, rückt immer mehr in den Mittelpunkt des alltäglichen Selbstverständnisses. Der *klassische Humanismus* kann diese neue Epoche unserer Evolution nicht mehr anerkennen und auch nicht mehr mit-organisieren. Deshalb stirbt der Humanismus in den Armen von Multimedia. Und mit ihm stirbt die Sucht der Menschen nach Negation und Leid. Zur Virtualität gehört die »*heitere Zukunft*«.

Was jetzt angesagt ist, ist eine Evolution unserer eigenen Evolutions-Fähigkeit durch Elektronik. Und der Humanismus, der in seinem tiefsten Kern fortschritts- und technikfeindlich ist, versagt hier immer mehr. Deshalb kann man seit einiger Zeit beobachten, wie sich der Humanismus und mit ihm auch die »*alteuropäischen Ideale*« (Niklas Luhmann) auflösen:

Eine permanente Werteverbrennung findet statt.

Dadurch bekommt das »Feld der Möglichkeiten« immer mehr Raum, um sich auszuweiten, und Multimedia erhält – obwohl selbst noch ganz am Anfang seiner Entwicklung – immer mehr

Kraft, die positive *Phasengleichheit* herzustellen. Es ist die Aufgabe von Multimedia und Cyber, die Kohärenz für das Wachstum an Unterschieden zu organisieren. Mit anderen Worten:

Alle Menschen werden durch Multimedia zum Planer eines unsichtbaren Plans.

Das folgende Schaubild zeigt noch einmal diese Zusammenhänge:

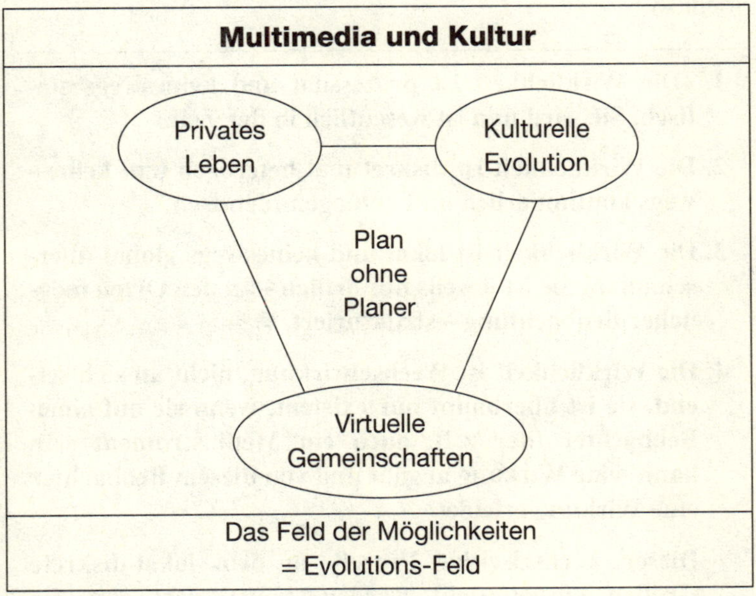

Der Effekt von Multimedia liegt also darin, daß unser *Glaubens-Modell* von Wirklichkeit zutiefst erschüttert und vermutlich auch grundsätzlich verwandelt wird. In dem Buch von Peter Eisenhardt, Dan Kurth und Horst Stiehl (»Du steigst nie zweimal in denselben Fluß«, Reinbek 1988) wurde sehr ausführlich beschrieben, daß die westliche Zivilisation bisher immer geglaubt hat, daß die Wirklichkeit eine *ganz feststehende Sache* sei, also statisch. Man hat auch geglaubt, daß die Wirklichkeit absolut *identisch* ist, d. h., jeder sieht die gleiche Wirklichkeit und das, was Wirklichkeit ist, kehrt immer wieder als die gleiche Wirklichkeit zurück. Insofern glaubte man auch, daß die Wirklichkeit in ihrer Grundstruktur *prinzipiell zeitlos* und auch völlig *autonom* sei (»an sich strukturiert«).

Durch Virtualität und Multimedia kommt es nun zu einem grundsätzlich anderen Konzept von Wirklichkeit. Multimedia revolutioniert unser Erlebnis von Wirklichkeit. Multimedia verändert die *Ideologie der Realität.* Und wie wird nun die neue Sicht der Realität aussehen? In den Worten von Eisenhardt, Kurth und Stiehl so:

1. »Die Wirklichkeit ist prozessual und keineswegs statisch. Sie wird und ist wesentlich in der Zeit.

2. Die Wirklichkeit ist diskret und heterogen und keineswegs kontinuierlich und homogen-identisch.

3. Die Wirklichkeit ist lokal und keineswegs global überschaubar. Sie ist jeweils nur örtlich – an den Orten möglicher Beobachtung – strukturiert.

4. Die Wirklichkeit ist Wechselwirkung, nicht an sich seiend, sie ist überhaupt nur existent, wenn sie auf einen Beobachter (der z.B. auch ein Meßinstrument sein kann) eine Wirkung ausübt und von diesem Beobachter eine Wirkung erleidet.

Dieser wechselseitige Prozeß, in dem lokal-diskrete Größen ausgetauscht werden, konstituiert erst die Wirklichkeit.«

Es ist also ein eigenartiger Effekt, der durch Multimedia jetzt in unsere Kultur hineingetragen wird: *Die Wirklichkeit wird völlig singulär.* Sie gibt es nur noch dann, wenn ein Prozeß stattfindet. Außerhalb von Prozessen gibt es bald keine Wirklichkeit mehr. Und gleichzeitig wird die Wirklichkeit immer kollektiver, weil die Prozesse, die die Wirklichkeit zur Singularität führen, kollektive

Prozesse sind, nämlich die Prozesse, die in Cybernetzen und *virtuellen Gemeinschaften* stattfinden. Was wir also vor uns haben, ist eine einzigartige Verheiratung von Dingen, die bisher nie zusammenkamen:

1. **Unterschiede, die zu immer mehr Gemeinsamkeit führen.**
2. **Kollektiv-Prozesse, die zu immer mehr Singularität führen.**

Es sind somit *paradoxe Effekte*, die durch die elektronische Revolution erzeugt werden. Und man kann das heute schon in Ansätzen erkennen. Werfen wir vielleicht einen Blick auf das Thema »interaktive Medien«. Was man dort erkennen kann, ist folgendes Gesetz: Je besser die Interaktivität organisiert wird, um so privater und singulärer werden die Informationen. Interaktive Medien organisieren letztlich nichts anderes als maßgeschneiderte Bewußtseine:

**Je besser der Austausch funktioniert,
um so privater wird die Welt.**

Typisch dafür sind die Trends, die in Richtung *elektronischer Bildschirm-Zeitungen* laufen. Die amerikanische Fernsehanstalt ABC will in Kooperation mit der Telefongesellschaft Bell Atlantic jetzt einen Nachrichten-Service bieten, der jedem User die Möglichkeit gibt, diejenigen Nachrichten und Berichte zu einer beliebigen Zeit und in jeder gewünschten Reihenfolge abzurufen, wie er es gerade aufgrund seiner subjektiven Befindlichkeit will.

Die »*Zeitung aus der Steckdose*« wird aber nicht nur eine einzigartige Singularität bringen, sondern auch eine ungeheure Verlagerung der Information in Richtung *Echt-Zeit.* Bisher war es so, daß das, was wir morgens in der Zeitung gelesen haben, prinzipiell immer die Nachrichten von gestern waren. Im MediaLab des MIT ist aber gerade ein ehrgeiziges Projekt in der Entwicklung, nämlich ein Computer-Programm für eine *personalisierte Zeitung* mit dem Titel »The Daily Me«.

Diese elektronische Zeitung soll schon Anfang des nächsten Jahrtausends funktionieren und ist im Grunde eine Art *Selektor-Programm*: Alle Informationen werden sofort in den Computer hineingetragen, und jeder Konsument hat seinen eigenen Such-Agenten. Und immer dann, wenn eine Nachricht auftaucht, landet sie sofort in dem persönlichen Computer des Konsumenten, und zwar in der Struktur-Gewichtung und mit dem Fokus, wie er seine Welt organisiert haben möchte.

Was also passieren wird, ist, daß das »*Zeitalter der Massen-Audienz*« (Jim Rocco) zu Ende geht:

Die Singularität der Welt entsteht durch Freiheit der Informations-Ströme im fraktalen Archiv.

Werfen wir nun einen Blick auf die andere Seite dieser Entwicklung, nämlich auf die *Kollektivität durch Vernetzung*. Hier ist Bill Gates, der Gründer von Microsoft, dem größten Software-Hersteller der Welt, vielleicht wieder mal am weitesten vorn. Seine Visionen, die er zusammen mit Craig O. McCaw verwirklichen will, zielen auf das größte und *perfekteste Datennetz der Welt*. Die beiden Pioniere, beide Milliardäre, haben Ende März 1994 die Kommunikationsfirma Teledisc gegründet. Es ist die Aufgabe dieses Unternehmens, die erste Stufe der *Cyber-Community* aufzubauen.

Wie soll das funktionieren? Teledisc will 9 Mrd. US-Dollar in den nächsten sieben Jahren investieren. Also eine riesige Summe. 840 Satelliten sollen ins All geschossen werden, die als Hochgeschwindigkeits-Leitstellen alles das miteinander verbinden, was an Telefonaten, Computerdaten, Video-Konferenzen, digitalen Fernsehbildern und virtuellen Ensembles in Umlauf gebracht wird. Die 840 Satelliten sollen dafür sorgen, daß alles, aber auch alles, was *elektronisch transportiert* werden soll, an jeden Punkt der Erde hingebracht werden kann.

Inzwischen haben Gates und McCaw bereits Konkurrenz bekommen. Motorola, weltweit führender Hersteller von Funktelefonen, hat sein Iridium-Projekt ebenfalls gestartet. Man will 3,4 Mrd. US-Dollar investieren für 66 Satelliten, die ebenfalls für ein weltweit lückenloses Funktelefon-Netz sorgen sollen. Man wird schon 1998 damit starten können. Teledisc wird erst 2001 ans Netz gehen.

Das Interessante an diesen Konzeptionen ist die Tatsache, daß sich die Software-Häuser immer stärker mit den Telefon-Konzernen zusammentun. Bill Gates verhandelt gerade jetzt mit AT&T, die sich ihrerseits wiederum kürzlich an dem Unternehmen von McCaw beteiligt haben. Sichtbar ist folgendes:

1. Es entsteht eine erdumspannende Vernetzungs-Technologie.

2. Sie wird aufgebaut durch ein Wachstum an Kooperationen, Joint-Ventures und Wechselbeziehungen.

Durch vernetztes Unternehmertum werden die Netze der Multimedia-Gesellschaft entwickelt.

Die *Flut der Kooperationen* findet aber nicht nur im Satelliten-Bereich statt, sondern auch dort, wo z. B. interaktives Fernsehen vorbereitet wird. Bill Gates' Firma Microsoft hat sich kürzlich mit dem Unternehmen Tele-Communications Inc. (TCI) zusammengetan. In einem großangelegten Feldversuch installiert man bereits Soft- und Hardware für interaktives Fernsehen, das ab Herbst 1994 in dem Digitalnetz von TCI getestet werden soll, und zwar auf Basis einer Vor-Version der Betriebssystem-Software von Microsoft. Der Testraum ist Seattle.

Was soll dieses interaktive Fernsehen alles können? Zuerst einmal soll es alles das, was »on demand« laufen kann, auch wirklich abrufbereit machen, d. h., es wird *keine festen Sendezeiten* mehr geben, keine starren Programm-Planungen. Die Menschen können das auf dem TV-Schirm sehen, was sie gerade sehen wollen. *Es gibt keinen Videorecorder mehr.* Alles ist in den Zentralcomputern gespeichert und wird digital nach Hause geliefert. Eine ungeheure *Befreiung von zeit-rhythmischen Strukturen* wird also stattfinden. Die Konsumenten werden in einem Umfang wie nie zuvor ihre Spontanität zum Instrument der Unterhaltung und Lebensplanung machen. Das neue Programm:

Realität wird durch Spontanität gestaltet.

Der Inhalt der Realität wird durch Virtualität erzeugt.

Ein anderer Aspekt des interaktiven Fernsehens ist die Möglichkeit der Konsumenten, *in das Geschehen direkt einzugreifen.* Wem z. B. das Ende des Kultfilmes »Casablanca« zu traurig ist, der kann per Knopfdruck dafür sorgen, daß sich Bogart und Bergman doch noch kriegen.

Ein anderer Aspekt ist das *TV-Shopping.* Interaktives Fernsehen ist in der Lage, individuelles Verhalten und virtuelle Welt so zusammenzubringen, daß das *elektronische Kaufhaus ins Wohnzimmer kommt.*

Eine fernere Vision des interaktiven Fernsehens arbeitet mit *»digitalisierten Doubles«*, das sind persönliche Informations-Agenten, die jeder Konsument für sich aufbauen kann. Die erledigen diejenigen Such-Arbeiten, zu denen man keine Lust hat, oder die elektronische Agenten viel besser können, z. B. den Gang zur Bibliothek oder das Besuchen eines Reisebüros oder das Handeln an der Börse.

Diese Agenten erledigen alle Aufträge, die der Konsument an sie überträgt, und zwar an simulierten Schaltern. Im Grunde ist das eine Idee, die man aus der Science-Fiction-Literatur schon kennt. Die Konsumenten digitalisieren sich selbst und schicken sich dann als beauftragte Agenten in die Computer-Welten, während sie privat schlafen, essen, arbeiten oder irgend etwas völlig anderes tun. Die Vision:

Man handelt,
ohne zu handeln.

Im Moment ist vieles davon noch reinste Fiktion, aber im Prinzip laufen die technischen Entwicklungen genau in diese Richtung. Aus den ehemals passiven Konsumenten und Fernsehzuschauern werden entweder aktiv eingreifende Regisseure oder autonom handelnde, virtuelle Agenten im Cyber-Raum. Man wird in Zukunft also nicht mehr im klassischen Sinne fernsehen, sondern, wie Peter Kabel kürzlich schrieb, *»fern-agieren«*.

Zu diesem Fern-Agieren gehört auch der Trend, daß die Electronic-Games immer mehr ins Fernsehen einwandern. Einer der weltweit führenden Hersteller, Sega, hat jetzt kürzlich bekanntgegeben, eigene *Video-Spiel-Kanäle* aufzubauen. Ganz im Gegensatz zu dem großen Konkurrenten Nintendo geht Sega davon aus, daß die Video-Games nur dann überleben können, wenn sie sich vollständig und mühelos in die kommende Multimedia-Kultur integrieren können: Die interaktive Unterhaltung wird damit Teil des interaktiven Fernsehens werden. Gleichzeitig will Sega *Themen-Parks* aufbauen. Darunter versteht man eine Mischung aus traditionellem Vergnügungspark und High-Tech-Video-Arkaden, also Virtual Reality.

Man will in Japan starten. Dort sollen jetzt mehrere dieser Themenparks gebaut werden. Jeder wird rund 80 bis 90 Mio. DM kosten. Und es ist geplant, daß später in allen Industrieländern derartige Themenparks existieren, so daß der Sega-Game-Sender weltweit seine eigenen Nachrichten herstellt. Er berichtet dann ausschließlich aus den Themenparks und von den elektronischen Spielen und Wettkämpfen. Mit anderen Worten:

Durch das interaktive Fernsehen entsteht eine vollständig künstliche Eigenwelt, deren innere Dynamik zum Inhalt von TV-Sendern wird.

Eine ganz ähnliche Entwicklung plant Viacom zusammen mit Blockbuster. Man hat ganz in der Nähe von Miami eine riesige Fläche Land gekauft und wird hier den ersten von mehreren geplanten Entertainment-Parks aufbauen. Das Konzept ähnelt ein wenig der Idee der Sega-Parks. Aber es wird nicht so virtuell sein. Es wird eine Mischung aus *Sport und Entertainment* sein. Für jede wichtige und populäre Sportart wird es ein eigenes Stadion geben. Die Mannschaften werden dem Konzern Viacom gehören, und man wird völlig unabhängig von den klassischen Sport- und Entertainment-Strukturen und auch völlig unabhängig von nationalen Sportereignissen eine eigenständige Ereigniswelt aufbauen. Es wird ein *permanentes Fest* von sportlichen Höhepunkten und von spannenden, rivalisierenden Wettkämpfen geben. Und man wird dann dafür eigene Fernsehsender aufbauen, die nichts anderes tun, als über diese halb virtuelle, halb reale Welt zu berichten. Mit anderen Worten:

Im interaktiven Fernsehen wird nicht mehr die Welt zur Nachricht, sondern die Welt wird zur künstlichen Inszenierung.

Das interaktive Fernsehen wird also nicht nur die bisherige Passivität der Menschen umwandeln zu einer Regie-Aktivität, sondern wird in erster Linie diejenigen Medieninhalte produzieren, die man besonders gut interaktiv nutzen kann. Dieser Aspekt wird von den meisten Experten noch nicht deutlich genug gesehen: Es geht nicht nur darum, daß die Menschen, die vor dem Bildschirm sitzen, stärker mitbestimmen können, was sie wollen und wann sie was wollen, sondern es geht vielmehr darum, daß die Interaktivität das ganze System von Unterhaltung und Nachrichten durcheinanderwirbeln wird. Es wird zunehmend bedeutungslos, in linearer Form Nachrichten zusammenzutragen, vielmehr wird man diejenige Welt aufbauen, die man später so inszenieren kann, daß sie im interaktiven Fernsehen attraktiv wird:

Die künstlichen Ereignisse bauen eine Welt jenseits der Nachrichten auf.

Natürlich sind gerade die Bosse der bisher dominierenden Fernsehanstalten überhaupt nicht erfreut von dieser Vision. RTL-Boß Thoma hat, als er zum Thema interaktives Fernsehen befragt wurde, in flapsiger Form folgendes gesagt: »Im Augenblick kommunizieren unsere Zuschauer am liebsten mit ihrem Kühlschrank.« Und in der Tat ist man bei RTL noch nicht bemüht, in das interaktive Fernsehen einzusteigen. Offensichtlich hat man noch nicht bemerkt, daß der Sinn der Interaktivität darin liegen wird, *die Welt zu verzaubern* durch Themen-Inszenierungen. Anders gesagt:

Die Evolution unserer Kultur macht sich unabhängig vom echten Leben.

In diesen Monaten läuft in Orlando der erste Testversuch für interaktives Fernsehen an. In der End-Stufe will man 65 000 US-Haushalte dafür gewinnen. Jedes Fernsehgerät ist technisch online mit einem Zentralrechner verbunden worden. In dem sind z. B. über 1000 Stunden TV-Programme gespeichert, und der Konsument kann per Knopfdruck seine Lieblingsfilme und seine Lieblings-Nachrichtenthemen abrufen. Abgerechnet wird monatlich mit der Kabelgebühr.

Robert Zitter, Präsident von Home Box Office, geht davon aus, daß sich das interaktive Fernsehen viel schneller durchsetzen wird, als die meisten Experten heute noch glauben. Und er glaubt auch, daß die meisten Konsumenten schon sehr bald recht bereitwillig umschwenken werden vom standardisierten Massen-Fernsehen zum interaktiven TV, zumal in Zukunft bei Home Box Office der »Netz-Service« maximal 30 US-Dollar im Monat kosten wird inklusive »24 Stunden Video on demand, Home-Shopping, Tele-Banking und 500 TV-Programmen«, so Zitter.

Das Orlando-Experiment ist eine gemeinsame Aktion von Silicon Graphics zusammen mit Time Warner Cable, und es soll die erste Stufe eines Full-Service-Netzwerkes (FSN) werden. Ausgangsbasis für dieses Testprojekt ist die Überlegung, daß sich die Rechenleistungen der Computer im Verhältnis zum Preis alle 3,5 Jahre verzehnfachen, so daß die *interaktiven Dienste* – die sich im Moment noch nicht rechnen – schon *bald Pfennigartikel* werden könnten.

Im Moment arbeitet man noch mit einer Set-Top-Box, das ist ein Spezialgerät, durch das der Benutzer das vielfältige Material auswählen und spontan-interaktiv nutzen kann. Aber langfristig wird man sicher keine getrennte Box dafür benötigen. Mit hoher Wahrscheinlichkeit wird das, was Silicon Graphics »MIPS-Multimedia-Engine« (Rechenkern mit Basistechnologie) nennt, in jedem normalen Computer enthalten sein, und gleichzeitig wird bald jeder normale Computer der normale Fernseher eines jeden Haushalts sein. Kurz:

Die digitalen Netzwerke werden
das eigentliche Medium sein,
durch das untergeordnete Medien abrufbar werden.

Die klassischen Medien übernehmen die Rolle von Programmen, und das digitale Netzwerk übernimmt die Rolle des eigentlichen Senders.

Die interaktiven, digitalen Netzwerke werden also zum Medium sowohl der gesellschaftlichen wie auch *der geistigen Evolution.* Im Mittelpunkt wird deshalb nicht, wie viele Experten noch vor wenigen Monaten vorhergesagt haben, der Fernseher mit seiner Explosion von Sendern stehen (man spricht von über 500 Sendern), sondern der Computer, der in der Lage ist, *virtuelle Gemeinschaften, kulturelle Evolutionen und privates Leben* so miteinander zu verbinden, daß die Lebensplanung des einzelnen Menschen durch seine digitale Maschine verwirklicht werden kann:

Der Computer bereitet das private Leben vor.

Nun, wie sieht es aus mit dieser digitalen Maschine, wie weit sind wir auf dem Weg dorthin? Zuerst einmal muß man sehen, daß sich der Personal Computer in Deutschland erst sehr spät durchgesetzt hat. 1988 hatten von den privaten Haushalten nur 2 Prozent einen eigenen PC, 1991 waren es schon fast 8 Prozent, 1993 waren es aber dann rund 20 Prozent. Tendenz stark steigend. Das heißt:

Der Computer wandert von den Büros in die private Lebenssphäre hinein.

Dieser Trend wird natürlich in den nächsten 10 bis 20 Jahren noch verstärkt werden durch die *elektronische Heimarbeit.* Hier sind die Prognosen ebenfalls sehr unterschiedlich, aber eines kann man heute schon mit relativ großer Zuverlässigkeit sagen:

Je qualifizierter ein Beruf ist, um so öfter werden bestimmte Zeit-Partien dieses Berufes zu Hause per PC abgewickelt.

Man kann also sagen, daß die Medienkonzerne dann mit ihrem Run auf das interaktive Fernsehen schief liegen, wenn sie den Computer übersehen. Während die Fernsehanstalten ein Programm nach dem anderen erfinden und dabei voller Gottvertrauen auf die sprudelnden Geldquellen der werbenden Wirtschaft vertrauen, entwickelt sich nämlich eine ganz andere Dynamik: *die Dynamik der elektronischen Netzwerke.*

Am Anfang waren es hauptsächlich Informatiker und später Wissenschaftler, die ihre *persönliche Lebensplanung* und ihre beruflichen Aktivitäten in den elektronischen Netzwerken durchführten. Aber inzwischen gibt es immer mehr »normale« Menschen, die in die Netzwerke einsteigen. Während also die TV-Macher immer noch auf das Kabel setzen, entwickelt sich parallel dazu eine völlig *eigenständige Interaktivität der PCs.* Und Negroponte vom MIT glaubt, ebenso wie ich, daß »in Sachen Interaktivität der Computer und nicht das Fernsehen das Rennen machen wird«.

Die führenden Computer-Hersteller haben diesen Trend erkannt. Vermutlich wird man demnächst einen völlig neuartigen *Fernseh-PC* herausbringen. Apple und andere Anbieter begreifen dieses neue Ding als eine »*Kommunikations-Maschine*« der Zukunft. Es ist weder ein Fernseher noch ist es ein PC. Es ist ein Alleskönner, der Telefon, Fax, High-Fidelity-Anlage, PC, Fernsehgerät, Video-Rekorder, Game-Player und vieles mehr in einem ist.

Die Schätzungen der Experten gehen davon aus, daß der Verkaufspreis für diesen Apparat deutlich unter dem eines normalen Mackintosh-Computers liegen soll.

Das bestätigt meine Diagnose, daß der Computer vermutlich das Rennen machen wird, weil er früher als alle anderen Geräte viel mehr ist als nur ein Computer.

Aus dem Computer wird die totale Kommunikations-Maschine. Das dürfte der wirkliche Trend sein. Und das bedeutet, daß die virtuellen Gemeinschaften wesentlich stärker in das ganze Spiel integriert werden können, als es die Fernseh-Strategen bisher geglaubt haben. Die Vorteile der Kommunikations-Maschine à la Apple sind vor allem dann gegeben, wenn diese Computer zum Instrument unterschiedlicher elektronischer Netze werden. Und durch die Netze bauen sich *virtuelle Gemeinschaften* auf. Und in diesen virtuellen

Gemeinschaften wird vorrangig Lebensberatung organisiert, und zwar *selbstorganisiert*, eigen-initiativ, in anarchistischer Form, völlig befreit von Programmen, Zwängen und Machtstrukturen.

Das ist das eigentlich Revolutionäre an der Multimedia-Entwicklung:

Die Sache klappt nur dann, wenn der Anarchismus der elektronischen, virtuellen Gemeinschaften das Fundament abgibt.

Insgesamt sind bereits weit über 100 Daten-Netze aktiv tätig. Das wichtigste ist sicher Internet. Es ist das derzeit erfolgreichste Netzwerk. Und es operiert weltweit. Monatlich werden rund 150 000 bis 175 000 neue User hinzugewonnen, es sind jetzt schon *mehr als 20 Mio. Teilnehmer*. Aber sicherlich werden die Netze ihren wahren Siegeszug erst dann antreten, wenn demnächst zwei Faktoren zusammenkommen:

1. Die Umwandlung des klassischen PCs in eine universale Kommunikations-Maschine.

2. Das Älterwerden der PC-Kids: Die erste Computer-Generation der Jugendlichen wird im Jahre 2000 zwischen 20 und 30 Jahre alt sein. Sie bildet damit das Feld der Heavy-User.

Intel, auch eines der großen innovativen Unternehmen, setzt voll auf diese beiden Faktoren. Ihr Chief-Executive, Andrew S. Grove, hat bekanntgegeben, daß sein Unternehmen mit Hochdruck daran arbeitet, *denjenigen PC zu entwickeln, der kein PC mehr sein wird.* Und man will damit ganz genau diejenige Gruppe erreichen, die noch vor zehn bis fünfzehn Jahren als *Computer-Babies* belächelt worden ist. Mit anderen Worten: Intel versucht mit den jetzt älter werdenden Computer-Kids mitzuwachsen: Aus dem eher spielerischen Private-Computer soll ein seriöses Netzwerk-System werden.

Intel setzt 8,8 Milliarden US-Dollar um, und man investierte rund 200 Mio. US-Dollar jährlich, um neue Chips und damit auch die neue Kommunikations-Maschine herzustellen. Grove umreißt seine Vision wie folgt: »Wir machen den PC zu einem allgegenwärtigen interaktiven Gerät für das ganze Leben.«

Basis soll der *Pentium-Chip* sein. Hinter der gigantischen Anstrengung steht also das Vermarkten des nächsten Intel-Chips. Das kann wiederum nur klappen, wenn der PC zum »großen Kommunikator« wird. Was bedeutet das nun im einzelnen? Zuerst einmal wird es ein *digitales Video-Format* geben, d. h., das neue Gerät hat eine Software zur Datenkompression. Man kann Video-Playback am PC einsetzen ohne spezielle Hardware. *Persönliche Konferenzen* für Networking sind jederzeit möglich. Das neue Gerät ist deshalb für jedermann der ideale Einstieg in die virtual communities. Aber das Gerät kann noch mehr. Es kann auch *Video-Konferenzen* organisieren, und zwar mit mehreren Personen gleichzeitig. Und hier zeigt sich nun der schamanische Aspekt dieser neuen großen Kommunikations-Maschine:

**Es entsteht ein neues Instrument
für soziale Spontanität außerhalb von echten Gruppen.**

Die Leute werden nicht nur miteinander reden, sondern sie können in diesen privaten Video-Konferenzen auch Datenbänke, Expertensysteme und aktuelle Informationen einfließen lassen, miteinander diskutieren und sich austauschen. Der neue »große Kommunikator« ist nämlich am Kabelnetz angeschlossen. So können auch alle Sendungen vom Kabelfernsehen direkt eingespielt und spontan genutzt werden.

Gleichzeitig werden sich die meisten Telefonfirmen in dieses System integrieren. Parallel dazu entwickelt Intel völlig neue PC-Standards durch den Zusammenschluß von PC- und Software-Firmen. Der Effekt:

**Die Nutzung des Computers
wird wesentlich einfacher sein als je zuvor.**

**Je komplexer die neuen Kommunikations-Maschinen
werden, um so leichter wird ihre Bedienung.**

Und was machen die Japaner? Nach den Plänen von NTT sollen zwischen 2015 und 2020 alle Haushalte des Inselreichs, also rund 100 Mio. japanische Häuser, per Glasfaser verkabelt sein. 2005 soll jeder Japaner ein mobiles Telefon bei sich führen. Und dieses wird auch kein klassisches Telefon mehr sein, obwohl es nur noch so klein ist wie eine heutige Armbanduhr. Es soll ein spezielles Gerät sein mit einer typischen *Networking-Intelligenz*, d.h., es kann sich zur Datensuche in den Home-Computer einschalten, und das bedeutet:

Im nächsten Jahrzehnt wird die große Kommunikations-Maschine permanent in Verbindung sein mit einem Mini-Computer, den man am Handgelenk trägt.

Was hier als Trend erkennbar wird, ist letztlich folgendes: Die elektronische Intelligenz verändert in radikaler Form Charakter und Qualität der zwischenmenschlichen Kommunikation. Es kann im Prinzip jeder mit jedem reden und dabei auf aktuelle Nachrichten oder gespeichertes Wissen zurückgreifen. *Wissen und Dialoge vereinen sich.* Der Zugang zu dieser immer komplexer werdenden Kommunikations-Leistung wird aber gleichzeitig immer mobiler und spontaner. Die große Kommunikations-Maschine wird eines Tages überall dabei sein, so wie heute fast jeder Mensch eine Armbanduhr bei sich trägt.

Am Horizont ist auch schon der nächste Schritt, den die Experten zwischen 2010 und 2015 erwarten, sichtbar. Dann wird die zentrale Kommunikations-Maschine nicht mehr mit einem mobilen Gerät in Interaktion stehen müssen, sondern dann wird auch die große Kommunikations-Maschine extrem klein sein. Werfen wir einen Blick auf die übernächste Zukunft dieser Kommunikations-Maschine:

- Die Kommunikations-Maschine wird extrem klein sein. Entwickelt wird ein zusammenfaltbarer Computer. Man wird ihn wie ein Notebook in der Jackentasche tragen können. Der »große Kommunikator« ist völlig mobil.

- Der Bildschirm wird, wenn er auseinandergefaltet worden ist, DIN-A4-Format haben oder er wird über Laserprojektion (daran arbeitet das MIT gerade) auf DIN-A4 oder sogar DIN-A3-Format vergrößert werden können.
- Die mobile Kommunikations-Maschine wird durch Sprache (Stimme) gesteuert, man benötigt im Prinzip keine Tastaturen mehr. Dort, wo eine Tastatur eingesetzt werden soll, ist sie als Touch-Screen auf dem Monitor plaziert.
- Die mobile Kommunikations-Maschine arbeitet mit Info-Cards, die eingesteckt werden können. Jede Info-Card kann einige Gigabyte von Daten speichern. Man kann auch permanent neue Cards kaufen, z. B. mit neuesten Informationen über neueste Bestseller, oder man kann auch neueste Musikstücke per Abonnement auf diese Art in das System integrieren: Das fraktale Archiv organisiert sich in Cards.
- Alle Kommunikations-Einrichtungen sind in diesem kleinen Superinstrument integriert, also Funktelefon, Radio, TV, ja sogar ein neuer Typus von Fotoapparat (electronic-pictures). Parallel dazu natürlich die klassischen Funktionen wie Fax, Netzwerk- und Datenbank-Zugänge und persönliche Video-Konferenzen.
- Der kleine Alleskönner wird zugleich auch ein Zahlungsmittel sein. Man braucht dann keine Kreditkarten mehr. Das kleine Gerät wird z.B. auf ein bestimmtes Feld einer elektronischen Kasse gelegt, und schon wird der Betrag der Rechnung vom Konto abgebucht.
- Das mobile Universalgerät hat die gängigsten Dolmetscher-Programme integriert, d. h., man kann die Schlüsselsätze, die jeder Tourist in einem fremden Land braucht, per Stimme anwählen und das Gerät spricht es dann in der fremden Sprache aus.
- Das wichtigste ist aber die Fähigkeit des Geräts, eine *codierte, maßgeschneiderte Info-Selektion* vorzunehmen. Das Gerät lernt die Informations-Vorlieben seines Besitzers und kann auch zusätzlich permanent beauftragt werden, als Such-Agent

Informationen zusammenzustellen. Das Gerät übernimmt in diesem Sinne also *die Funktion eines Interface* zu den vielfältigen Multimedia-Ressourcen. Und es kann auch selbständig auf der Info-Card diejenigen Informationen speichern, von denen das Gerät annimmt, daß sie nützlich sein könnten für den User, so z. B. über das Programm »Meine Zeitung« oder »Neues über meine Hobbys«.

Der Computer wird zum Zeremonien-Meister für individualisierte Information. Michael Crichton schrieb kürzlich in der Fachzeitschrift WIRED, daß die klassischen Medien die »Dinosaurier des alten Jahrhunderts« sein werden. Seiner Meinung nach werden die klassischen Medien (also das, worauf die Verlagshäuser und Fernsehmacher mit ihrer Explosion von Programmen und Objekten jetzt setzen) keine Chance mehr haben zu überleben. Crichton im Originalton dazu:

»Das, was wir heute unter Massenmedien verstehen, wird innerhalb des nächsten Jahrzehnts verschwinden.«

Es wird natürlich noch Medien geben, aber Medien, die weltweit *als Interfaces interagieren.* Die meisten Medien werden *globaler werden,* aber es wird trotzdem keine klassischen Massenmedien mehr geben, also Medien, die hauptsächlich auf durchschnittliche Programme und große Zielgruppen zielen, weil sie abhängig sind von den Ratings und von den Werbegeldern. Und es wird auch kaum noch die klassischen Nachrichten und Unterhaltungs-Sendungen geben, weil sie nicht mehr in der Lage sind, mit der Informations-Komplexität, die durch die Medien selbst geschaffen wird (das ist ja das eigentlich Paradoxe an der ganzen Situation!), nicht mehr mitgehen können. Wenn man der Argumentation von Crichton folgt, werden die konventionellen Massenmedien hauptsächlich durch drei Trends sterben:

1. *Die Unzuverlässigkeit der Medieninhalte*

   Je mehr Informationen produziert werden und je virtueller (evolutionärer) die Inhalte werden, um so grundsätzlicher stirbt der Wahrheitswert der Informationen. Alles ist irgendwie richtig, wie auch alles irgendwie falsch ist. Die klassischen Massenmedien waren aber, so Crichton, gekennzeichnet durch ihr Diktum: »Wir suchen nach der Wahrheit.« Genau die findet man aber nicht mehr im Bombardement von Informationen, die nicht nur zahlreicher, sondern zugleich auch virtueller werden. Anders ausgedrückt:

Die Auflösung der Sensationen geschieht durch zuviel Leben, das gleichzeitig ist.

2. *Die Unfähigkeit der Massenmedien, sich in die virtuellen Netze zu integrieren*

Ken Kesey hat einmal gesagt, daß »die gegenwärtige Phantasie« immer deutlicher in die Netze hineinwandert. In den Netzen findet die eigentliche Evolution statt. Und das, was nicht in den Netzen als Edge-Ritual inszeniert wird, das ist auch keine Information. Anders gesagt: Die Informationen, von denen die Massenmedien bisher gelebt haben, entziehen sich zunehmend dem Beobachtungsfeld der Massenmedien:

Die Edge ist nicht mehr in den Massenmedien.

3. *Es entsteht ein Markt für High-Quality-Infos*

Diese Informationen werden grundsätzlich außerhalb des Medien-Monopols entwickelt. Es gibt also, wie Crichton sagt, keinen Filter mehr oder keinen Zensor mehr, der bestimmt, was zur »wertvollen Information« werden soll. Die wirklich wichtigen und wertvollen Informationen werden in den virtuellen Gemeinschaften entwickelt, weil die Computer, wie oben ausgeführt, immer mehr zu lernenden Computern werden und weil schon bald die Computer die Fähigkeit haben, private Informations-Agenten auszubilden: In den Netzen entsteht die wirklich wichtige Lifeware. Die Leute suchen also dann nicht mehr Nachrichten, sondern Lifeware, ad hoc produziert durch Computer-Intelligenz:

Erst die Singularisierung der Information erzeugt High-Quality.

Was die meisten Werbeleute und Marketing-Experten bisher in ihren Überlegungen übersehen haben, ist die Tatsache, daß die kommenden Multimedia-Maschinen neuartige Medien sind, die zugleich *Besitzer von Agenten* sind. Nur so entsteht Lifeware, und zwar immer dann, wenn sich das persönliche Leben eines Menschen innerhalb der virtuellen Gemeinschaften (Netzwerke) verbinden kann mit den aktuellsten Evolutionen unserer Kultur. Es wird damit sozusagen ein Komplott geschmiedet zwischen der großen Kultur-Evolution und der kleinen persönlichen Evolution.

Genau das konnten die bisherigen Massenmedien so gut wie gar nicht organisieren, und genau das wird die Hauptfunktion der kommenden großen Maschine sein, die, wie gesagt, eine ganz kleine und mobile Maschine sein wird:

Der private Zustandsraum der Menschen wird gekoppelt an den großen Zustandsraum des kollektiven Geistes.

Das amerikanische Software-Unternehmen Oracle ist auf diesem Sektor vielleicht am weitesten. Man arbeitet dort mit dem System von Media-Servern. Der Chef von Oracle, Lawrence Ellison, setzt dafür »nCube-Computer« ein. Jeder dieser Computer arbeitet 200mal schneller als der derzeit leistungsfähigste Rechner von IBM. Jeder Computer wird so eingesetzt, daß er zu einem Media-Server wird, d. h., er kann 30 000 Video-Signale gleichzeitig senden, also kann er 30 000 Kunden parallel bedienen. Schon sehr bald wird die Kapazität, so Ellison, auf 150 000 gesteigert. Jeder Computer ist dann eine Art Info-Supermarkt für 150 000 Menschen.

Oracle hat in diesem Zusammenhang das »Alexandria-Projekt« initiiert. Das bezieht sich auf die antike griechische Bibliothek in Alexandria. Damals hatte man dort rund 500 000 Schriften zusammengetragen, und das war fast 100 Prozent des damaligen Wissens. Oracle will nun im Ansatz das gleiche erreichen. Eines Tages soll es Datenbänke geben, die in digitalisierter Form alle Bücher, alle Magazine und alle Zeitungen, alle jemals gedrehten Filme und Fernsehsendungen, alle Nachrichten-Shows und alle wissenschaftlichen Veröffentlichungen aus allen Kontinenten vereinen sollen. Der Oracle-Vicepräsident Larry Stevens verkündet (vielleicht ein wenig allzu optimistisch): »Wir wollen mit allen Daten dieser Welt hantieren.«

Nun gibt es natürlich auch sehr viele Kritiker, die Oracle vorwerfen, das sei allzu euphorisch. Zwar würde das Ganze vermutlich funktionieren, was die Speicher- und Rechenkapazitäten betrifft, aber es seien ja sehr viele *Copyright-Probleme* damit verbunden. Auf der anderen Seite ist auffällig, daß Bill Gates, einer der weitsichtigsten Elektronik-Revolutionäre, in den letzten Jahren fieberhaft begonnen hat, Rechte für Bilder, Bücher, Filme usw. aufzukaufen. Offensichtlich hat er den gleichen Traum. Das deutet darauf hin, daß wir vor einem wichtigen Epochenwechsel stehen: *Die Software-Häuser werden immer mehr die eigentlichen Sender*. Anders gesagt:

Die Programme beginnen, Informationen herzustellen.

Trotz aller Skepsis, die man Oracle entgegenhält, ist eines immerhin erstaunlich. Als kürzlich Ellison in Los Angeles seine erste Maschine vorstellte, waren die Experten sichtlich beeindruckt. Das neue Oracle-System kann man nicht nur kinderleicht bedienen, sondern es wird auch, wenn es demnächst vermarktet wird, sehr preiswert sein. Für 100 000 DM ist man dabei, und der User kann am Bildschirm sämtliche Befehle mit einem einzigen Knopfdruck eingeben. Und was wirklich neu ist, ist eine fast lebensecht wirkende »Miss Menue«, die als Assistentin hilft, die Maschine richtig zu bedienen.

Aber erst die nächste Etappe wird dann wirklich spannend, denn dann will Oracle die Maschine mit vollwertigen *Informations-Agenten* ausstatten. Es wird so sein, daß die Maschine von sich aus beobachtet, welche Informationen der User besonders bevorzugt. Der User kann zusätzlich seine eigenen Informationswünsche hineingeben, und die Maschine macht daraus einen Informations-Agenten, der wie ein Mensch aussieht, der auch lebensecht agiert – aber eben nur im virtuellen Raum.

Es ist ein *zweites Informations-Ich*, das sehr aktiv ist. Es lebt nicht, und dennoch »lebt« es im virtuellen Raum. Und dieses Informations-Ich kann im Datenraum all das an Aufgaben übernehmen, was der User nicht kann oder für das er keine Lust oder keine Zeit aufbringt.

Genau hier beginnt nun *der schamanische Aspekt*. Lassen Sie uns den an dieser Stelle noch ein wenig deutlicher beleuchten: Durch den Computer kann ich ein zweites Ich herstellen, einen ganz persönlichen Agenten, der im Datenraum wirklich lebt und *dessen Intelligenz permanent wächst*.

Dieser Agent macht nichts anderes, als meine Informationswünsche zu befriedigen, und dabei lernt er immer besser, welche Informationen ich haben will und wo er diese Informationen abrufen kann. Ich kann auch für unterschiedliche Bereiche unterschiedliche Informations-Agenten aufbauen. Diese sind im virtuellen Raum in vollendeter körperlicher Form, d. h. lebensfähig, da. Sie sind so lebendig wie echte Menschen, obwohl sie informationell nicht so begrenzt sind wie echte Menschen. Das bedeutet:

Die virtuellen Agenten formen eine neuartige Esoterik der Informationen.

Meine Informations-Agenten vertreten meine Informations-Interessen im Raum der virtuellen Gemeinschaften. Und meine Informations-Agenten koppeln somit mein privates Leben an die große kulturelle Evolution:

Mein Schatten-Ich tritt in Welten ein, die mir nicht bewußt sind.

Das ist purster Schamanismus:

Ich bekomme ein Bewußtsein vermittelt, das ich mir nie hätte bewußt machen können.

Es gibt aber noch einen weiteren schamanischen Aspekt, der sich mehr und mehr im Multimedia-Rummel zu erkennen gibt: *Bewußtsein wird immer mehr Mode*. Und man kann das sehr bei der

Vermarktung von Hollywood-Filmen sehen. 1993 hat Sony z. B. »Last Action Hero« herausgebracht, ein Film mit Arnold Schwarzenegger. Und das war schon kein klassischer Film mehr, sondern eine große *komplexe, kulturelle Inszenierung*, von den Amerikanern »Cross-Marketing-Blitz« genannt. Es ist also kein normaler Unterhaltungsfilm gewesen, vielmehr ist hier ein Stück kulturelle Evolution ganz gezielt und ganz bewußt ritualisiert worden.

Der Film hat 60 Mio. US-Dollar gekostet, und Sony hat für Werbung und Entertainment noch einmal rund 6 Mio. US-Dollar zusätzlich hineingesteckt. Denn es geht nicht nur um den Film, man will mit dem Film auch gleichzeitig Musik und neue Musiktrends initiieren und spezifische Musikstücke dazu verkaufen. Ja, man ist sogar so weit gegangen, für diesen Film ganz bestimmte Bands zu favorisieren. Man erzeugt sozusagen für den Film eine musikalische Edge (z. B. durch den Einsatz der Grunge Band »Alice in Chains«).

Parallel dazu puschte man mit dem Film neue technische Entwicklungen, so z. B. hört der junge Held in »Last Action Hero« seine Musik mit einem Sony Mini-Disc-Player und der große Meister Schwarzenegger benutzt des öfteren ein Sony Mobil-Telefon. Der Film ist also gleichzeitig eine Inszenierung für neue Produkt-Technologien und somit wird auch die Edge für Techno-Innovationen genutzt. Ein anderer Aspekt: Das neue digitale Sound-System von Sony ist direkt in den Film eingeflossen.

Alles in allem: Der Film wird zu einem rituellen Akt … er ritualisiert eine kulturelle Evolution … und er inszeniert zugleich die Edges seiner Instrumente.

Der Film »Jurassic Park« wurde ähnlich über Cross-Marketing-Techniken inszeniert, und zwar von Matsushita. Auch dort geht es nicht nur um die Merkantilität eines Films, sondern auch um die *Inszenierung von neuen Bewußtseinen*, z. B. für neue Geräte, neue Verfahren und neue kulturelle Streams, hauptsächlich aus der Pop-Kultur.

Was wir also erkennen, ist im Grunde folgendes: In den Datenräumen von Multimedia werden immer *häufiger Edges inszeniert*, und immer mehr kulturelle Evolutionen werden parallel organisiert und durchgesetzt. Außerhalb von Multimedia finden dann immer weniger kulturelle Evolutionen statt. Das ist auch der Grund dafür, warum die klassischen Massenmedien jetzt so schwere Zeiten durchleben. Zwar haben wir im Moment z.B. einen *Boom an Zeitschriften*. Der Markt explodiert in seiner eigenen Fragmentierung. Aber wenn man genau hinschaut, dann wird der Werbekuchen ja nicht größer, sondern es müssen sich immer mehr Zeitschriften-Gattungen und Zeitschriften-Typen mit immer kleineren Auflagen um den gleichen Werbetopf prügeln.

Die Auflagen der Gattungen werden kleiner, und die Abhängigkeit von Werbegeldern wird größer. Im Grunde kann man schon seit Jahren eine Umschichtung beobachten. Es gibt kaum noch große dominierende Massenmedien, dafür aber überwiegend Fragment-Medien mit kleinen bis sehr kleinen Auflagen. Auch der SPIEGEL und der STERN werden runterfallen von ihren großen Auflagen. Denn der Trend ist klar: *Für jedes Fragment gibt es spezifische Fragment-Medien.*

Das wird das Ende der Massenmedien sein, und ein Großteil dieser Fragment-Medien wird überhaupt nicht überleben können, weil man am Tropf der Werbegelder hängt. Die Werbegelder werden aber mit Sicherheit diese Fragmentierung nicht so exzessiv mitmachen, sondern sie werden in den nächsten 10 bis 20 Jahren immer stärker in die Multimedia-Maschinen hineingehen:

Das große Werbegeld wandert in die Informations-Computer.

Damit wird es eine eigenartige und völlig ungewöhnliche Entwicklung geben: Die kulturellen Evolutionen benötigen immer mehr von diesen Inszenierungen. Aber diese Inszenierungen können die Fragment-Medien nicht leisten. Sie stehen außerhalb dieser Inszenierungen. Sie können höchstens über Inszenierungen berichten, *aber sie sind nicht mehr das Instrument der Inszenierung*. Sie sind also nur Resonanz-Medien für Inszenierungen, aber sie sind nicht Besitzer von Inszenierungen.

Diese Inszenierungen werden *immer modischer*, weil sie evolutionärer werden. Die Bewußtseins-Evolution unserer Gesellschaft wird damit prinzipiell abhängig von spontanen Moden. Und diese Moden wiederum werden immer stärker abhängig von dem Zusammenspiel der Multimedia-Giganten mit den chaotisch-anarchistischen Dynamiken in den virtuellen Gemeinschaften. Anders ausgedrückt:

Es sind nicht mehr die Nachrichten,
die die Menschen faszinieren,
sondern es sind die Evolutionen,
an denen sie sich per Multimedia beteiligen können.

Damit geht die Zeit zu Ende, in der die Ereignisse der Welt das wichtigste Futter für die Medien waren:

Die echten Ereignisse treten in Konkurrenz
mit den Virtualitäten.

Vielleicht lohnt nunmehr ein Blick auf das, was ich hier als Multimedia-Gigant bezeichnen möchte. Betrachten wir z. B. den Film »The Bodyguard«. Der ist 1993 hinter »Jurassic Park« (rund 9 Mio. Besucher in Deutschland) auf dem zweiten Platz gelandet mit rund 6,2 Mio. Besuchern, und das alles nur in wenigen Wochen. Das zeigt, daß das ganze Spiel ein modisches und kurzatmig-evolutionäres Spiel ist, das deshalb sehr erfolgreich ist, weil es eine *weltweite Synchronisation der Inszenierung organisiert*. »The Bodyguard« hat die Musik von Whitney Houston (die zugleich auch Hauptdarstellerin war) präsentiert, und dieser Soundtrack war 1993 die Nummer 1. Keine Platte wurde mehr verkauft.

Es ist also die *Pop-Kultur*, die die Evolutionen vorantreibt, und *durch Pop-Kultur entstehen immer mehr Edges*. Und genau diese Edges wiederum entwickeln und bewegen das fraktale Archiv. Versuchen wir an dieser Stelle eine Zwischenbilanz zu ziehen.

- **Der Multimedia-Boom ist keine neue Informations-Technologie. Es ist der Beginn einer neuen Epoche unserer Kultur: Massen-Schamanismus.**

- **Es beginnt die Gestaltung der großen, kulturellen Evolution zum Inhalt des offiziellen und privaten Bewußtseins zu werden: Der große Geist steuert die persönliche Evolution.**

- **Das private Leben der einzelnen Menschen verbindet sich durch Multimedia immer besser mit der globalen Evolution.**

- **Die virtuellen Gemeinschaften, die in den elektronischen Netzwerken ein anarchistisch-spontanes Leben leben, vermitteln zwischen dem privaten Leben der Menschen und den kulturellen Evolutionen, die immer mehr zu spontanen Bewußtseins-Moden werden: Die Inszenierung von Moden ersetzt die Faktizität der Nachrichten.**

- **Die Informations-Maschinen, die diese Vermittlungsarbeit leisten, entwickeln sich immer mehr zu einem Hersteller von Nachrichten, wobei dieser Hersteller gleichzeitig die schamanische Funktion eines Schatten-Ichs übernimmt, und zwar in Form von Informations-Agenten.**

Faßt man all diese Aspekte zusammen, dann erkennt man, daß Multimedia unserer Gesellschaft etwas gibt, was unsere Gesellschaft noch nie gehabt hat: einen *offiziellen Massen-Schamanismus*. Schamanismus ist die Erzeugung und Vermittlung von Bewußtsein, das dem eigenen Bewußtsein bisher nicht bewußt war. Genau das leistet Multimedia. Und genau das leisten die kommenden elektronischen Informations-Maschinen.

Wir sind also bereits mit einem Bein in einem elektronischen Massen-Schamanismus, und wenn die Multimedia-Maschinen in den nächsten fünf bis zehn Jahren auf den Markt kommen und sich später in den Privat-Haushalten immer mehr durchsetzen (wofür eine Wahrscheinlichkeit von über 75 Prozent spricht), dann entsteht eine ungeheuer vielfältige und *paradoxe Komputations-Dynamik*:

Es entstehen unterschiedliche Welten, in denen unterschiedliche Evolutionen stattfinden.

Jeder Mensch kann gleichzeitig in unterschiedlichen Welten Teilnehmer an unterschiedlichen Evolutionen sein.

Das Netz wird damit zum Instrument einer *Interface-Kultur*, für die schon heute von den Freaks ein Slogan formuliert worden ist, der absolut richtungsweisend ist:

»Wer sich nicht ins Netz begibt, kommt darin um.«

Das heißt, wer sich nicht als Virtualität im virtuellen Datenraum integriert, *der verschwindet aus dem Bewußtsein unserer Kultur*. Das ist besonders wichtig für Produkte, Marken und Unternehmen, die etwas anbieten. Wer sein Produkt nicht zur Virtualität macht, und wer es nicht schafft, diese Virtualität im virtuellen Datenraum zu zelebrieren, der verschwindet in dem, was John Perry Barlow das »Nicht-Vorhandensein« nennt.

Auch das ist ein eminent schamanischer Aspekt: Nur die Virtualitäten (also das, was die Schamanen das »Nagual« nennen) gestalten die Realität. Früher war es so, daß das empirische Sein (also das, was die Schamanen das »Tonal« nennen) das Bewußtsein gestaltete. Nun wird das Spiel andersherum gespielt: *Das erfundene Bewußtsein (Virtualität) gestaltet die Realität*. Das ist das Schamanische an der neuen Technologie.

Zugleich kommt es auch zu einer evolutionären Weiterentwicklung dessen, was wir *Wissens-Vermittlung* oder Bewußtseins-

Transfer nennen: In der bisherigen literalen Phase, die jetzt ausläuft, war es so, daß Technik und Medien die Entstehung von neuem Bewußtsein dominierten. Entsprechend dem berühmten Slogan von McLuhan: »Das Medium ist die Message.«

In der kommenden Komputations-Kultur wird dieser Slogan nicht mehr zutreffen, *denn jetzt verbinden sich Medien und Virtualität.* Und es gibt auch schon einen Slogan dafür und zwar von Mitchell D. Kapor:

**»Nur wer Informationen bewohnt,
wird zum Medium.«**

Es ist ein wirklich radikaler Schritt nach vorn. *Nur derjenige ist in der Welt, der zum Medium wird.* Und man kann nur zum Medium werden, wenn man Informationen bewohnt. Und Informationen kann man im Sinne von Kapor nur bewohnen, wenn man als Virtualität existiert, und als Virtualität kann man nur existieren im Rahmen von virtuellen Gemeinschaften.

Das klingt alles so leicht und so locker und hat doch so viele weitreichende Bedeutungen für das Markt-Management der Firmen, z. B.:

**Wer keine virtuellen Prozesse initiieren kann,
kann noch so viel kommunizieren
… er kommuniziert nicht mehr.
Man kommuniziert in Zukunft nur dann,
wenn man zum Medium geworden ist …
zum Medium seiner eigenen Virtualitäten.**

Die Konsequenz: Firmen, Produkte und Marken werden gezwungen, sich in die virtuellen Gemeinschaften zu integrieren. Sie werden gezwungen, ein *neues Spiel zu spielen, jenseits der üblichen Werbung*, die ja im Prinzip nichts anderes ist als ein linearer Nachrichten-Transport, der nur formal kreativ ist.

Die ersten Theoretiker bezeichnen die jetzt entstehenden virtuellen Gemeinschaften auch als »Cybernetz« und sehen in ihnen *die 3.*

Quelle der Information. Es ist also nicht die Aufgabe der Netze, Informationen anders zu verteilen, als es die Massenmedien getan haben, sozusagen eine parallele Verteilung von Informationen zu organisieren. Es ist vielmehr die Aufgabe der Cybernetze, selbst zur Information zu werden:

Die Cybernetze sind kein normales Medium, sondern ein Medium, das seine eigene Information ist.

Prüfen wir vielleicht an dieser Stelle, welche Informations-Quellen unsere Kultur bisher entwickelt hatte. Da gab es zuerst einmal die *Face-to-Face-Gespräche*, also den normalen Dialog. Der folgt der Formel: »Ich an Dich.« In der *oralen Kultur* dominierte dieser Weg der Informations-Herstellung.

Dann kamen die Bücher, und es entwickelte sich die *literale Kultur.* Das krönende Element dieser Entwicklung waren die klassischen Massenmedien. Sie brachten als Informationsquelle ein neues Programm in die Welt, nämlich: »Einer an Viele.«

Ja, und nun entstehen die virtuellen Netze, und die verbinden in einer neuartigen Form sowohl das Programm »Ich an Dich« (Face-to-Face-Dialog) mit den Prinzipien der klassischen Medien (»Einer an Viele«). Ihre neuartige Programmatik lautet deshalb: »Viele an Alle.«

Da sind wir wieder bei dem, was Popp als das *neue Credo der Evolution* beschrieben hat: Die Cybernetze organisieren das Gemeinsame durch das Wachstum an Unterschieden. Und damit sind sie im Grunde keine Nachrichten-Medien mehr, sondern Evolutions-Instrumente. Es geht hier nicht mehr um Nachrichten-Transport, sondern um eine permanente Produktion der nächsten Evolutionsmöglichkeit:

Die Cybernetze sind Evolutions-Produzenten.

Die folgende Aufstellung zeigt noch einmal die Entwicklung der Kommunikations-Quellen:

Die Entwicklung der Kommunikations-Quellen			
Face-to-Face-Dialoge	**Ich an Dich**	*Orale Kultur*	Tradition / Konsens
Massen-Medien	**Einer an Viele**	*Literale Kultur*	Unterhaltung / Sensation
Cyber-Netze	**Viele an Alle**	*Komputations-Kultur*	Evolution / Selbst-Erfüllung

Ich glaube, es ist wichtig zu sehen, daß in der oralen Kultur die Kommunikation hauptsächlich darauf ausgerichtet war, *Konsens* herzustellen. In der literalen Kultur dienten die Massenmedien in erster Linie der Unterhaltung und der *Sensation*. Wie schon heute sichtbar ist, verlieren jetzt so viele kritische Medien (siehe z. B. der SPIEGEL) an Einfluß, weil sie zu einseitig auf Sensation, Kritik und Entlarvung ausgerichtet sind.

Das Spiel, das die jetzt beginnende Komputations-Kultur spielt, ist das Spiel der Evolution, und dazu braucht man *Selbsterfüllung und Optimismus*. Mit Sicherheit werden die meisten klassischen Print-Medien dieses Spiel nicht mehr mitspielen können. Viele Print-Titel sind in letzter Zeit mangels Rendite gestorben. Weitere Medien werden folgen. *Es klappt nämlich nicht mit dem Versuch, Print-Medien auf Evolution umzuschalten*. Das gedruckte Medium ist ungeeignet für das Herstellen von fraktalen und somit fluktuativen Archiven. Und diejenigen Medien, die bewußt auf Evolution verzichten, verlieren ebenfalls deutlich an Auflage, u. a. wegen der oben beschriebenen Fragmentierungs-Dynamik, die immer stärker wird.

Inzwischen arbeiten viele Elektronik-Pioniere, so z. B. auch der Weltmarkt-Führer in Sachen Workstations, Sun Microsystems, ebenso wie der Halbleiter-Hersteller Texas Instruments, an neuartigen Chips, die man ATM-Chips nennt. Die sollen schon bald auf den Markt kommen, und zwar zu Preisen, die in der Lage sind, *das Networking international besser und zugleich preiswerter zu machen.* Wenn die ATM-Chips kommen, und die Eintretens-Wahrscheinlichkeit liegt bei über 75 Prozent, dann könnten *die bisher getrennten Netz-Welten*, von LAN bis zur weltumspannenden Telekommunikation – wie Rainer Burkhardt kürzlich in TOP BUSINESS schrieb – nahtlos verbunden werden. Der Effekt:

Die Grenzen zwischen öffentlichen und privaten Netzen verschwimmen.

Wenn das wirklich eintritt, dann wird es einen einzigartigen Boom in Sachen Komputations-Kultur, Cybernetze und virtuellen Gemeinschaften geben. Schon jetzt sind über 20 Mio. Menschen im Internet versammelt. Es ist heute schon das aktivste Nicht-Massenmedium der Welt. Nach den Berechnungen der Experten sollen im Jahr 2000 zwischen 100 Mio. und 150 Mio. Menschen online vernetzt sein. Das wird *unsere soziale Realität* eminent verändern.

Natürlich kann man sagen, was sind schon rund 150 Mio. Menschen gegenüber Milliarden anderer Menschen, die nicht vernetzt sind. Aber wie Joseph Vogl (»Gemeinschaften – Positionen zu einer Philosophie des Politischen«, Frankfurt 1994) analysiert hat, *entsteht ein neuer Typus von Gemeinschaft*, der ganz anders lebt und der eine völlig andere Eigendynamik hat als die bisherigen Gemeinschaften, wie z. B. Vereine oder Familien. Der neue Typus der Gemeinschaft wird von ihm beschrieben als ein *»In-der-Schwebe-sein von singulären Wesen«*, die man sich aber nicht als Individuen oder Personen vorstellen darf. Das bedeutet, daß die elektronischen Netze das, was Jean Baudrillard als *»dritten Narzißmus«* beschrieben hat, nämlich den synthetischen Narzißmus, im Mittelpunkt ihrer Entwicklung haben werden:

Die Menschen verbinden ihre augenblickliche Individualität mit den spontanen Bewußtseins-Moden der Netze, in denen sie leben, fühlen und handeln.

Damit verschwindet das *Konzept eines klaren Charakters*, also auch das traditionelle Konzept der *Selbstverwirklichung*: *Selbsterfindung* wird immer stärker in der Mittelpunkt der elektronischen Gemeinschaften treten. Damit werden die virtuellen Gemeinschaften auch sehr stark zu dem beitragen, was Kenneth J. Gergen die *Multiphrenie* nennt. Das bedeutet:

Die Menschen leben gleichzeitig in unterschiedlichen Identitäten.

Sie schweben zwischen ihren möglichen Identitäten, und je nachdem in welchen Netzwerk-Dialogen sie gerade handeln, erleben sie ihre Identität anders ... und sie erleben diese Identität immer mehr als eine sich bewegende Identität. Mit anderen Worten:

Auch das Ich-Konzept wird immer mehr zur Realität der augenblicklichen Evolution:

Das feste Ich wird zu einem Summativ von fließenden Ichs.

Inzwischen ist die virtuelle Gemeinschaft, so anarchistisch sie auch ist, relativ effizient. Es gibt z. B. das Usenet, ein Konglomerat von mehreren 1000 weltweit oder regional verbreiteten Konferenzen. Die meisten dieser Konferenzen benutzen die Internet-Rechner. Und immer mehr Mail-Box-Profis übernehmen diese Konferenzen auch auf ihre Rechner, d. h., *die Netzwerk-Freaks versammeln in ihren Computern die permanente Evolution der Konferenzen*, also den permanenten geistigen Fortschritt von diesen Konferenzen.

Ein Teil der Usenet-Konferenzen sind inzwischen legendär. So gibt es z. B. einige Dauer-Konferenzen, in denen permanent neue Graphik-Programme ausgetauscht, erstritten und diskutiert werden. Aber es gibt auch Club-Konferenzen, wie z. B. die Dauer-Konferenz der Fans von »Grateful Dead«, einer berühmten Rock-Band.

Was man schon heute erkennen kann, ist, daß im Grunde *jedes Thema zu einer eigenen Konferenz wird*, zu einer Komputation, die permanent in ihrer eigenen Evolution ist. Und täglich kommen neue Konferenzen hinzu, andere lösen sich auf. Mit anderen Worten:

Solange ein Thema eine Evolution aufweist, ist es in den Datenräumen der Computer als Konferenz aktiv.

Damit wird auch sichtbar, wie leicht es den Netzwerken gelingt, Evolution und Edge zu vermitteln, also das, was den klassischen Massenmedien immer weniger gelingt. Dort werden keine Evolutionen produziert, sondern es wird nur über das berichtet, was letztlich immer unwichtiger wird (z. B. Politik). Und das gleiche Dilemma weist auch die Werbung auf. Dort bemühen sich kreative Agenturen, das Produkt so zu inszenieren, daß es trotz seiner Bekanntheit immer wieder faszinierend wird. Aber die eigentlichen geistigen und kulturellen Evolutionen wandern immer stärker in die Netze hinein. *Und die Werbung ist nicht in diesen Netzen vertreten.*

Inzwischen gibt es auch einige interessante Untersuchungen über die Eigendynamik, die in den Netzen vorherrscht. Offensichtlich ist es eine Mischung aus anonymem Geschwätz (einige Experten nennen die Cybernetze auch »Schwatz-Kanäle«) und hochgestochenen Experten-Diskursen.

Genau diese Mischung erzeugt ja den evolutionären Effekt, also das, was Popp »*das Feld der Möglichkeiten*« genannt hat. Diese Mischung erzeugt das Gemeinsame durch permanent neue Unterschiede – das ist Evolution pur! Alles in allem:

Man wartet also nicht mehr auf Nachrichten von Ereignissen, sondern die Evolution selbst ist das Ereignis.

Jedes Thema hat seine eigene Evolution, und diese Evolution wird zum Thema der Netze.

Was nicht als Evolution lebt, scheidet aus den Netzen aus.

Die bisher vorliegenden Analysen zeigen, daß sich in den Netzen Wahrheiten, Gerüchte, Tips und neue Ideen spontan und schnell verbreiten. Obwohl ja *in den Netzen überhaupt keine Regie stattfindet* (ganz im Gegensatz zum klassischen Fernsehen und zu den Zeitschriften), funktionieren die Bewußtseins-Ströme außerordentlich perfekt. Vielleicht funktionieren sie deshalb so perfekt, weil die Netze im Prinzip anarchistisch strukturiert sind, d. h., sie haben keine wirklich zentralen Schalt- oder Vermittlungsstellen.

Wie Horst Rademacher geschrieben hat, besteht »das Netzwerk nur aus Vermittlungsknoten, die zum Teil von Rechenzentren der Universitäten und deren Angestellten auf freiwilliger Basis betrieben werden. Es gibt keine zentrale Planung. Neue Dienste (Themen) werden oft als Experiment eingeführt. Bewähren sie sich, werden sie dem gesamten Netz zugänglich gemacht. Internet ist ein Organismus mit gewaltiger Dynamik, die nach der Meinung vieler Systemverwalter oft ans Chaotische grenzt.« Fazit:

Es ist die Nicht-Linearität (Chaotik), die den Netzen ihre evolutionäre Kraft gibt.

Interessant ist in diesem Zusammenhang, daß immer mehr Selbsthilfe, Lebenshilfe und Lebens-Planung in die Netze eindringt. Schon heute ist es in den meisten westlichen Ländern so, daß der *Selbsthilfe-Boom* immer noch kräftig expandiert. Selbsthilfe-Bücher für alles, was Körper, Seele, Geist und Leben betrifft, verkaufen sich seit Jahren immer besser. Wenn man die Liste der 250 bestverkauften Bücher in den USA für das Jahr 1993 analysiert, dann stellt man fest, daß der Anteil der Selbsthilfe-Bücher sehr groß ist:

In den USA ist jedes fünfte Buch bereits ein Selbsthilfe-Buch.

Und zugleich entstehen immer mehr *Virtual-Clubs*, so z. B. gibt es einen Virtual-Health-Club, organisiert vom amerikanischen TV-Sender ESPN. Die Clubs sind Themen-Clubs, in denen Menschen etwas zusammen machen, ohne zusammen zu sein. Wenn man sich diese Entwicklungen genauer anschaut, dann kann man folgende Prognosen wagen:

1. **Das private Leben wird immer mehr zum eigentlichen Thema der virtuellen Netze: Multimedia wird zur singulären Lebensberatung der Menschen.**
2. **Die Lebensberatung nutzt aber nicht nur die aktuelle kulturelle Evolution (also das Neueste an Wissen / die Edge des Bewußtseins), sondern benutzt auch ganz bewußt die Intelligenz der großen Gruppen, also die spontane Intelligenz der Gemeinschaft.**
3. **In den Multimedia-Maschinen findet die eigentliche Interaktivität statt. Und das ist nicht die Interaktivität, wie sie sich die Fernsehdirektoren vorstellen (jeder kann bestimmen, ob der Film, den er gerade sieht, ein Happy End oder ein Bad End haben soll), sondern es ist eine spontane und damit »echte« Interaktivität, die durch Vernetzung organisiert wird.**

Diese echte Interaktivität, die wir im normalen Alltagsleben immer weniger realisieren können, die wird in den elektronischen Netzwerken immer perfekter möglich. Am Horizont sind bereits *die ersten Cybernetze* aufgetaucht, und zwar initiiert von den amerikanischen Militärs. Dort arbeitet man nicht mehr mit alphanumerischen Schriftzeichen, sondern mit 3-D-Bilderwelten. Die amerikanischen Militärs haben sich, wie DIGI MEDIA kürzlich schrieb, eines »weltweiten Netzes bedient, das sie SIMNET nennen«. SIMNET steht für Simulation Network.

Die Militärs erproben es seit über zehn Jahren und perfektionieren dieses Simulations-Netzwerk ständig. SIMNET ist das bislang größte Computer-Netzwerk für *dreidimensionale Echtzeit-Simulation* in virtuellen Szenarien.

Was bedeutet das? Die Teilnehmer werden in einer von Bildschirmen bestückten Simulator-Kabine in eine vom Rechner erzeugte 3-D-Welt versetzt. Das Besondere dabei:

Heute können bereits bis zu 1000 Simulatoren über SIMNET miteinander verbunden werden.

Warum haben die amerikanischen Militärs so viel Interesse an diesen Simulations-Kontakten? Man hat in dieser Cyber-Welt z. B. die Soldaten, die im Somalia-Krieg und im Golf-Krieg eingesetzt wurden, ausführlich trainiert ... vorab, rein virtuell. Inzwischen ist bekannt geworden, daß die amerikanischen Militärs aber schon wieder weiter sind. Ihnen reicht die Leistungsfähigkeit von SIMNET nicht mehr. Derzeit läßt das US-Verteidigungs-Ministerium ein globales Super-Netzwerk entwickeln, das den Namen DSI bekommen hat: Distributed Simulation Internet. Über diese Technik sollen dann *bis zu 10000 Simulatoren vernetzt werden* und gleichzeitig körperlich miteinander operieren können: 10000 Menschen interagieren im Datenraum miteinander. Auch hier wieder ein deutlicher schamanischer Aspekt:

Außerhalb der echten Realität entsteht eine soziale Realität, die in der echten Realität niemals möglich wäre.

Einer der Netzwerk-Pioniere, Kapor, geht davon aus, daß diese Netze für unsere Kultur eine extreme Bedeutung bekommen werden. Er glaubt auch, daß es schon bald zu einigen Konflikten kommen wird. Ein Konfliktherd liegt z. B. in der Frage, wozu man die elektronischen Netze einsetzt. Seiner Meinung nach dürfen und sollten die Netze sicherlich nicht dazu benutzt werden, »*am Ende nur eine weitere Form des Fernsehens herzustellen*«.

Für Kapor ist es wichtig, daß die Netze alles, was in Richtung Einbahnstraßen-Medien läuft, grundsätzlich zerstören. Es geht also bei den Cybernetzen gerade nicht darum, die klassische Massenmedien-Struktur zu privatisieren, sondern es geht darum, *daß die bisherige Einbahnigkeit aufgelöst wird*, weil das Netz, das aus vielen spontanen virtuellen Gemeinschaften besteht, nichts anderes sein wird als ein »universelles Kommunikations-Medium«, das zugleich ein »offenes und demokratisches Informations-System ist«.

Es gibt also keine Strukturen mehr, es gibt *keine klassische Rollenverteilung mehr zwischen Sender und Empfänger*. Das Ganze ist ein fraktales Archiv, bei dem die einzelnen Bewußtseins-Facetten völlig ungeplant entstehen und verglühen. Nach der Meinung von Kapor, vorgetragen im SPIEGEL 10/94, wird ein Effekt dieser Chaotik darin liegen, »*daß wichtige Ideen schneller von den Randbereichen ins Zentrum des öffentlichen Bewußtseins dringen*«.

Es wird also nicht mehr die langsamen *Diffusions-Phasen* geben, wie sie in den 50er und 60er Jahren so oft erforscht worden sind. Da gab es zuerst die *Opinion-Leader* und die Gate-Keeper und dann kamen die frühen Mehrheiten. Und erst dann, wenn alles schon sattsam durchgekaut war, dann kamen die Konservativen und die Nachzügler endlich auch ins Boot. Diese Abfolgestufung wird es vermutlich nie mehr geben: »In der Welt des Cyberspace gibt es keine Grenzen.« Es ist, wie Kapor sagt, eine »egalitäre, anarchistische Netzwelt«, also *hochgradig dezentral*. Und immer dann, wenn sich Strukturen und Macht-Intentionen aufbauen, wird das Netzwerk in der Lage sein, diese Strukturen zu verhindern:

**Es ist das Wesen der Netze, pure Evolution zu sein.
Wo immer diese Evolution durch Macht verhindert wird,
eliminiert das Netz die Strukturen der Macht.**

Inzwischen hat natürlich die amerikanische Regierung einige Sorgen, was denn mit den Netzen passiert, denn *die gesamte Kriminalität* kann sich in den Netzen völlig ungestört austoben. Deshalb gibt es viele Ansätze vom FBI, als ethische Kontrollinstanz in diese Netze hineinzukommen. Das wird aber vermutlich kaum funktionieren, denn die Netze werden dominiert von Hackern und Computer-Freaks, und die werden immer wieder in der Lage sein, die Schutz-Systeme oder die Beobachtungs-Systeme des FBI zu knacken. Kürzlich haben einige Hacker z. B. das ganze Computernetz Internet geknackt. Sie haben sogenannte »trojanische Pferde« in die Netzleit-Rechner hineingeparkt. Diese Netzleit-Rechner zeichnen kontinuierlich Paßwort, Absender und Empfänger aller Nachrichten auf. Es ist also kaum möglich, *die Demokratie der Netze* zu verhindern.

Der US-Geheimdienst hat z. B. auch den Plan vorgelegt, sogenannte »*Klipper-Chips*« in alle digitalen Telefone und Kommunikations-Maschinen einzubauen. Das soll Pflicht werden. Und diese Chips sollen dem FBI helfen, ein »*problemloses elektronisches Abhören*« zu ermöglichen. Aber vermutlich wird das alles nicht funktionieren, zum einen, weil die Struktur der Netze permanent im Wandel ist, und zum anderen deshalb, weil die elektronischen Fortschritte immer deutlicher von denjenigen Freaks abhängig sind, die man gerade disziplinieren und kontrollieren möchte. Anders ausgedrückt: *Die elektronische Intelligenz wird dafür sorgen, daß man sie gesellschaftlich nie beherrschen kann.* Was bedeutet das letztlich?

1. Die Netzwerk-Dynamik wird die Sucht der bisherigen Gesellschaft, Strukturen, Normen, Werte und Standards zu bilden, in einer einzigartigen Form durchbrechen und auflösen.

2. Das, was jetzt schon als Werte-Verbrennung läuft, wird sich in der kommenden Multimedia-Kultur deutlich verstärken.

3. Die Gesellschaft wird aus einem Tanz zahlreicher, unterschiedlicher Edges bestehen. Es wird keine gebündelte Identität mehr geben, und es wird keine gesteuerte und damit programmierte Ideologisierung mehr geben.

4. Die klassischen Unterschiede zwischen Innovatoren und Konservativen werden bis zur Unkenntlichkeit aufgelöst werden, auch die Unterschiede zwischen Senioren-Kulturen und Jugend-Kulturen. Jedes Thema hat seine eigene Evolution. Jede Evolution besteht aus unterschiedlichen Prozessen:

Das öffentliche Bewußtsein wird nur noch in seinen Fluktuationen erlebbar.

Howard Rheingold hat in seinem außerordentlich wichtigen Buch »Virtuelle Gemeinschaft« (Bonn 1994) beschrieben, wie diese virtuellen Gemeinschaften entstehen, wie sie leben und welche innere Dynamik sie zusammenhält. Lassen Sie uns einen kurzen Blick auf seine Beobachtungen und Thesen werfen:

Die virtuellen Gemeinschaften entfalten sich in dem, was Ray Oldenburg in seinem Buch »The Great Good Place« (New York 1991) als »*dritte Räume*« bezeichnet hat. In diesen dritten Räumen ist *Konversation die Hauptaktivität* aller Beteiligten und nicht etwa Entertainment oder Konsum.

Die alles dominierende Dynamik der virtuellen Gemeinschaften ist deshalb das spontane Ritual einer ungeplanten Konversation. Dabei handelt es sich vorwiegend um informelle Konversationen, die, nach Bernhard Giesen (»Die Entdinglichung des Sozialen«, Frankfurt 1991), nichts anderes bedeutet als die *permanente Herstellung von Inklusions-Codes*, d. h.:

Durch die Konversation im virtuellen Netz werden permanent neue Gemeinsamkeiten gemeinsam erfunden.

Jede neue Realität wird neu codiert.

Die virtuellen Gemeinschaften ähneln dem Rhizom, d. h., im Grunde ist alles vorhanden, was das Leben ausmacht. Die dritten Räume, die in den virtuellen Gemeinschaften existieren, sind *so universell wie das Leben,* und gleichzeitig sind sie extrem fragmentiert und differenziert, d. h., es ist *die Gleichzeitigkeit von sehr ungleichen Facetten.* Jedes Thema ist eine eigene Facette, *aber kein Thema steht still.* Das Besondere an den virtuellen Gemeinschaften ist deshalb folgendes Programm:

**»Es wird nur das zum Thema,
was gerade Deine Edge verändert.«**

In den dritten Räumen gibt es keine klassische, d. h. konventionalisierte Form von Geselligkeit, sondern eher das, was Rheingold die »*Simulierung wirklicher Leidenschaft und wahren Engagements*« nennt. Es ist also eine andere Form der sozialen Aktivität … nicht vergleichbar mit den normalen Konversationen im Alltag, es ist ein Aufeinanderzugehen von Menschen, das deshalb viel intensiver, viel emotionaler und auch oft viel intimer wird, weil es kein wirkliches Aufeinanderzugehen ist:

Die virtuellen Kontakte überschreiten die üblichen Normen der zwischenmenschlichen Interaktion.

Die virtuelle Gemeinschaft wird als System aufgefaßt und dieses System »das sind die Leute« (Rheingold). Dieses System ist frei von Verpflichtungen und wird bewußt als »*Universum ohne Grenzen*« aufgefaßt, das sich selbst Regeln gibt, und zwar nicht ewige Regeln, sondern diejenigen, die das System gerade braucht. Insofern kann man durchaus feststellen:

Die elektronischen Netze sind ein sich selbst entwickelndes Experiment.

Es gibt eine heimliche Ideologie in den Netzen, die man in etwa folgendermaßen beschreiben kann: »Willst Du nur Dein Leben einigermaßen gut ableben, oder willst Du die Welt verändern?« Obwohl es in keinem der vielen Netze explizit ausgesprochen wird, ist dennoch ein evolutionärer und damit *weltverändernder Aspekt* permanent dabei.

Der Gesellschaftsvertrag im Cyberspace ist auf *Win-Win-Konzepte* ausgerichtet. Wie Rheingold schreibt, herrscht im Prinzip die *Ökonomie des Schenkens* vor. Die absolut am häufigsten gestellte Frage im Netz lautet: »Weiß irgend jemand ...?« Es wird also permanent ein Austausch von Wissen zelebriert, und jeder Beteiligte weiß, daß er sehr häufig der Gebende ist, aber daß er auch auf Knopfdruck der Nehmende sein kann.

Das Wachstum der elektronischen Gemeinschaften organisiert sich über Themen, für die es spezielle Sub-Kulturen in der ganzen Welt gibt. Dabei ist beobachtbar, daß die Themen immer mehr eine globale Welt gestalten und daß dadurch »*nicht-staatliche Staaten*« entstehen. Wie John Quarterman einmal analysiert hat, wird es schon in wenigen Jahren mehr Netzanwender geben als irgendein Staat der USA Einwohner hat. Im Jahr 2000 wird es vermutlich mehr Netzanwender geben als irgendein Land der Welt Bürger besitzt (China und Indien ausgenommen).

Es entsteht also tatsächlich ein *globales Dorf*, das keine echten Strukturen hat, sondern *nur fluktuierende Themen*. Insofern geht also McLuhans These vom globalen Dorf auf, und es entwickelt sich eines der größten Länder der Welt, zusammengehalten von fluktuierenden Themen, ausgerichtet auf ihre eigene innere Evolution. Damit überschreiten die virtuellen Gemeinschaften die bisher dominierenden Grenzen von Raum, Zeit und Politik.

Das Besondere an den virtuellen Gemeinschaften ist, daß sie etwas herausbringen, was man nicht direkt sehen kann, was man auch nicht befehlen oder linear managen kann, nämlich einen *eigenartigen Kollektiv-Geist*. Es entsteht also offensichtlich nicht nur ein globales Dorf, sondern auch ein globales Gehirn, und dieses Gehirn entspricht ziemlich deutlich dem, was Michel Foucault ein »*Dispositiv*« genannt hat, also *einen Plan ohne Planer*. Es ist der Geist einer Autopoiese, bei der der Weg das Ziel ist, und dieser Weg kann nur gefunden werden, weil man auf Ziele und Strategien verzichtet.

Insofern ist der neue Geist, der sich in den Cybernetzen und elektronischen News-Groups entfaltet, in etwa spiegelbildlich zu dem, was in den modernen Management-Theorien gepredigt wird: Es ist eine Mischung aus Heterarchie, autopoietischer Vision und morphischem Feld.

Typisch für die elektronischen Netze ist die Tatsache, daß diejenigen, die nicht in ihnen integriert sind, glauben, man würde sich durch ein Netz isolieren, und zwar von der echten Welt und den echten Menschen. Es wird dann oft die These vertreten, man würde einsam werden, wenn man sich elektronisch vernetzt. Genau das Gegenteil ist richtig.

In den Netzen erfahren viele Menschen zum ersten Mal *eine nicht-konventionalisierte Form von Wärme und Zuneigung*. Es ist offensichtlich für die meisten Menschen leichter, in der *eigenartigen Anonymität der Netze* sehr persönlich, ja sogar zärtlich zueinander zu werden, also das zu leben, was sie sich als ideal vorstellen, aber im normalen Alltag nicht trauen. Denn der ist wesentlich stärker von Berührungsängsten und Gesichtsverlusts-Sorgen gekennzeichnet. Die Dialoge in den Netzwerken zeigen dagegen, daß sich hier Spontanität verbindet mit einer *neuen Qualität von Intimität*.

In vielen Netzen gibt es auch das, was man MUDs nennt, Multi-User-Dungeons, das sind dunkle Verliese, und das bedeutet für die Network-Freaks *imaginäre Welten*, die speziell in Datenbänken errichtet werden. Dort improvisiert man gemeinsam außer-reale Phantasien und zelebriert Melodramen. Dort entwickelt sich also eine neue Form von *Cyber-Ästhetik* und Cyber-Kunst.

1992 gab es bei uns rund 20 aktive MUD-Welten, Tendenz weiter steigend. Man kann dem also entnehmen, daß die Fähigkeit der Menschen, in fiktiven Welten zu fiktiven Märchenspielern zu werden, vorhanden ist und sich immer weiter ausbreitet. Damit sind diese MUDs die Laboratorien für das, was ich schon des öfteren beschrieben habe: die Entstehung der Multiphrenie. Denn die MUD-Freaks tun so, *als wären sie eine andere Person*. Oft spielen sie sogar Spiele, bei denen sie gleichzeitig mehrere andere Menschen sein müssen. Es ist eine Einübung in Multi-Mind auf Basis von spontanen Codes, denn es gibt keine fertigen Drehbücher für das, was sich in den MUDs entwickelt. Es entwickelt sich autopoietisch, d. h., es ist ein Prozeß, der völlig ungeplant sich selbst entfaltet:

Das Netz entwickelt eine neue Form von Populärkunst: Das Improvisions-Theater in Echtzeit.

Es ist wichtig zu sehen, daß diese MUDs *die Nachfolger der Pop- und Rock-Welle sein werden*, die in den 60er Jahren begann. Es ist schon heute deutlich sichtbar, daß Pop und Rock nicht mehr die evolutionäre Kraft unserer Gesellschaft organisieren. Sie sind zurückgefallen zu reiner Massenunterhaltung. Die neue evolutionäre Gestaltungskraft wandert immer mehr in die MUDs hinein, also in die virtuellen Welten:

Das virtuelle Theater ist die Kultur, die nach der Pop-Kultur kommt.

In den elektronischen Gemeinschaften haben die MUDs als Pionierentwicklung auch noch eine andere Aufgabe. Es war Amy Bruckman vom MIT, die als erste darauf hinwies, daß die *virtuel-*

len Theater-Prozesse im Grunde Identitäts-Werkstätten sind. D. h., man kann schon heute erkennen, daß in den elektronischen Netzen der *Schwerpunkt auf Selbst-Erfindung* liegen wird. Anders ausgedrückt:

**Die Netzwerk-User nutzen die sozialen Beziehungen nicht,
um aus der Welt auszusteigen,
sondern sie benutzen die virtuellen Beziehungen
als Instrument für Ihre Selbst-Erfindung.**

Diese Selbst-Erfindung setzt z. B. die MUDs ein, um immer wieder *neue Märchen mit großem Überraschungs-Charakter* zu entwickeln. Im Grunde ist das eine lustvolle Art von Massen-Entgleisung, die hier zelebriert wird: Man läßt seine Phantasie immer wieder entgleisen durch die parallel und kontrovers laufenden Phantasien der anderen Beteiligten, sich also immer wieder selbst rausschießt aus seinen eigenen Phantasien.

Man benutzt also die anderen Märchen, die von anderen Teilnehmern im Netz erzählt werden, um sich von seiner eigenen Selbst-Referenz und geistigen Linearität permanent zu verabschieden:

**Man benutzt die Gleichzeitigkeit von anderen Welten,
um frei von seiner Welt zu sein.**

Auch das ist ein schamanischer Aspekt. In der klassischen schamanischen Praxis gibt es z. B. eine Übungsreihe, in der zwei Schamanen einem Adepten sehr unterschiedliche Geschichten gleichzeitig in die Ohren flüstern. Der eine Schamane in das rechte und der andere in das linke Ohr. Durch diese Gleichzeitigkeit von rivalisierenden Stories lernt das Gehirn ein neuartiges Programm: *das Programm der Nicht-Linearität.*

Genau dieses Programm gibt es ja nicht in unserer literalen Kultur. Unsere literale Kultur ist vorrangig kausal, final und linear. Was wir also jetzt in den virtuellen Gemeinschaften erleben, ist folgendes: Es entstehen *schamanische Phantasie-Kulte*, die als Trainings-Programm dienen, um dem Gehirn ein nicht-lineares Programm zu vermitteln:

Durch die Cybernetze wird unsere Kultur grundsätzlich auf die Kreativität des Spiels umprogrammiert.

Die beiden Elektronik-Experten Atsuya Yoshida und Jun Kakuta vom Departement of Information Technology in Kyoto bezeichnen diesen neuen Effekt als »*computergestütztes, kooperatives Spiel*«. Dieses Spiel funktioniert aber nur, wie die beiden japanischen Wissenschaftler beobachtet haben, wenn die Netze und ihre Mitspieler fähig sind, *permanent neue Sprachen und neue Codes zu entwickeln.* Deshalb wird es für die kommende Markt-Kommunikation (also das, was die klassische Werbung ablösen wird) nötig sein, nicht normale Kommunikation zu betreiben, sondern gemeinsames Codieren, also Syncoding, das gemeinsame Erfinden von neuen Codes.

Natürlich gibt es für die Netzwerk-Freaks auch eine zentrale Vision, und die läuft auf folgendes hinaus: Die virtuellen Gemeinschaften, die es heute bereits gibt, sind kleine experimentelle Vorläufermodelle für eine Gesellschaft, die sich später weltweit durchsetzen wird. In dieser Gesellschaft wird Kommunikation zwischen den Menschen einen »*kollektiven Reichtum*« schaffen.

Was ist mit kollektivem Reichtum gemeint? Es geht hier nicht um Waren und Produkte, sondern es geht hier um *wechselseitige Hilfe durch wachsende Lebensweisheit*, durch den schnellen und freizügigen Austausch von Erfahrungswissen. Es geht um die Herstellung von Konsens durch das gemeinsame Erlebnis von wichtigen Unterschieden. Es geht somit um die Entwicklung einer gemeinsamen *kollektiven Intelligenz*, also einer Intelligenz, die heute kein Mensch alleine mehr entwickeln und repräsentieren könnte:

Es entsteht eine universale Weisheit, die allen gehört, die den Datenraum mitgestalten.

Die meisten Menschen glauben, daß die elektronischen Netzwerke in erster Linie von Amerikanern gesteuert und entwickelt werden. Das ist sicherlich nur zum Teil richtig. Wenn man genau analysiert, stellt man schon heute fest, wie stark z. B. *die Japaner dominieren,* und das in zweifacher Hinsicht. Zum einen gibt es viele Firmen, wie z. B. Sega, Nintendo und Sony, die immer stärker als *Global Player im Bewußtseins-Markt* auftauchen. Und zum anderen entwickeln die Japaner ziemlich deutlich im Alleingang eine *digitale Kommunikations-Ästhetik*.

Viele, auch amerikanische Experten, glauben, daß Japan hier schon bald die führende Rolle einnehmen wird. Der japanische Cyber-Experte Joichi Ito geht davon aus, daß die Japaner eine eigenständige »Socialware für die elektronischen Netze« entwickeln werden. Seiner Meinung nach wird das »die größte Übertragung japanischer Kultur in den Westen sein, die jemals stattgefunden hat«. Er glaubt, daß der Westen schon bald anfangen wird, »Kommunikationsdienste zu benutzen, deren Design auf japanischen und asiatischen Kommunikations-Gepflogenheiten basiert«. Und diese Kommunikations-Gepflogenheiten haben sehr viel zu tun mit dem, was ohnehin in Japan derzeit seinen Schwerpunkt hat, nämlich *Fuzzy-Logik*. Mit anderen Worten: Die Japaner werden die Logik der Netze entwickeln. Daraus kann man ableiten:

Die asiatische Fuzzy-Logik wird die aristotelische, europäische Logik auflösen.

Das asiatische Denken ist im Gegensatz zum christlichen Denken von Anfang an, so J.C. Cooper in dem Buch »Was ist Taoismus?« (München 1993), auf Selbst-Entwicklung und *Selbst-Erfindung* ausgerichtet. Das christliche Denken ist dagegen auf Selbst-Verwirklichung ausgerichtet. Was die Asiaten also jetzt dem Westen beibringen, ist nichts anderes, als daß durch Paradoxa und Fuzzy-Denken die Selbst-Erfindung des Menschen am besten gelingt. Damit wird sich auch ein eminent anti-christlicher Bazillus in den Netzwerken entfalten. Was wir hier also erkennen, ist insgesamt folgendes: Durch die elektronischen Netzwerke lernt der Westen eine zukunfts-erfindende Emotionalität (Autopoiese) und zugleich eine Logik der Paradoxien (Fuzzy-Logik). Damit werden die Cybernetze zum Untergang der »*alteuropäischen Ideale*« (Niklas Luhmann) entscheidend beitragen. Es entsteht ein historisch einzigartiges Zusammenspiel zwischen Virtualität und Realität, eine neuartige Co-Evolution zwischen virtuellen Zukunfts-Märchen und realer Handlungs-Logik. Und das virtuelle Netz übernimmt dabei *die Rolle des Schamanen*, denn die Vermittlung zwischen dem Künstlichen (Nagual) und dem Realen (Tonal) ist, wie gesagt, nichts anderes als praktizierter Schamanismus.

Multimedia ist also nichts anderes als die permanente *Stimulierung eines Plans ohne Planer*. Multimedia ist damit die moderne, wenn man so will, »autopoietische« Form *eines Schamanismus, der nicht mehr esoterisch ist*, weil er massenhaft ist. Esoterik ist ja im Grunde nichts anderes als eine »Geheimlehre«. Der neue Schamanismus kennt aber kein Geheimnis. Er ist total öffentlich, denn er macht das Netz, das sich immer mehr erweitert und das sich durch diese Erweiterung auch inhaltlich immer mehr qualifiziert, zum Mittelpunkt einer permanenten Evolution:

Das Netz ist der Schamane.

Der klassische Schamane vermittelt Menschen eine persönliche Zukunft, die diese Menschen durch ihr Bewußtsein nicht hätten entwickeln können. Der elektronische Massen-Schamanismus vermittelt dagegen der Gesellschaft diejenigen Zukünfte, die die Gesellschaft mit ihren bisherigen Bewußtseins-Strategien (die überwiegend auf Krisen ausgerichtet waren … »durch Schaden wird man klug«) nicht hätten entwickeln können.

Alles in allem: Multimedia ist nur eine Technik. Das, was sich jetzt wirklich vor unseren Augen entfaltet, ist der Trend zum elektronischen Massen-Schamanismus. Lassen Sie uns den ein wenig genauer anschauen. Was erkennen wir? Im Mittelpunkt steht die *unsichtbare Dynamik der Netze*. Die Netze repräsentieren die neue Heimat des Ausgegrenzten, also die *neue Heimat der unmöglichen Möglichkeiten*:

In den Netzen lebt das Unbekannte.

Zugleich organisieren die Netze eine völlig *neue Form von Nachbarschaftlichkeit*, in der die spontane Selbsthilfe zurückgreifen kann auf das wachsende Reservoir an kollektiver Weisheit:

Die Erfahrungen des einzelnen werden zu potentiellen Erfahrungen für alle.

Der erste zentrale Attraktor des neuen Massen-Schamanismus ist deshalb *Kollektivität*. Der zweite Attraktor ist *Interaktivität*, d. h., das, was als kollektive Weisheit vorhanden ist, kann jeder in maßgeschneiderter, d. h. singulärer Form, vermittelt bekommen:

Das Universelle wird zum Persönlichen geformt.

Der dritte Attraktor ist die *Edge-Virtualität*, d. h., es ist ein Spiel, das die Faszinationskraft von Erfindungen bewußt einsetzt. Es geht also nicht um Realitäten, sondern um Virtualitäten. Deshalb ist Multimedia auch kein neues Nachrichten-System, sondern *das erste Virtualitäten-System* der Welt:

Multimedia organisiert die Realität des Erfindens.

In ihrer Einheit bewirken diese drei Attraktoren folgendes neues Lebensgefühl für den einzelnen Menschen:

Ich erlebe einen Gefühls-Prozeß, der kollektiv ist, und der zugleich von mir mitgeboren wird.

Das folgende Schaubild zeigt noch einmal das Strukturbild des Massen-Schamanismus:

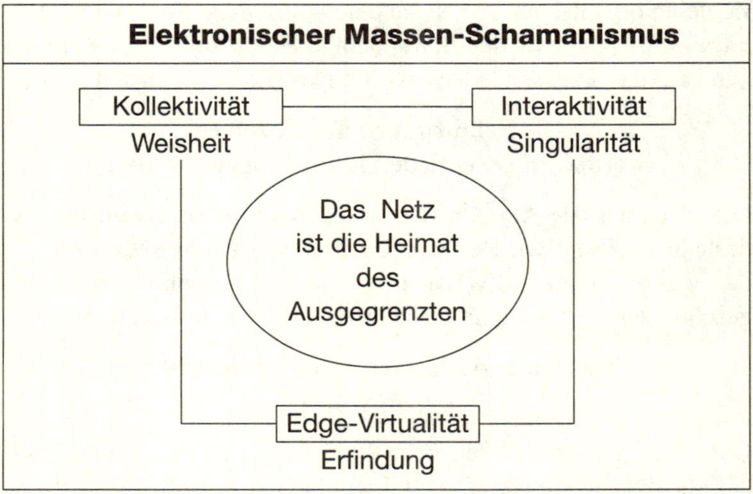

Aus dieser Sicht wird auch klar, daß der neue Massen-Schamanismus im Grunde ein *Verzauberungs-Spiel* spielt: Der Alltag wird durch unerwartete Phantasien permanent verzaubert. Das ist das, was Gilles Deleuze wie folgt formuliert hat:

»Präsentation ohne Repräsentation.«

Multimedia ist die Geburt einer Kultur, in deren Mittelpunkt der Schein steht: *der Sinn der Oberfläche*. Damit löst sich auch das *klassische Kommunikations-Modell* auf, also die Idee eines Nachrichten-Transports zwischen Sender und Empfänger. Im neuen Schamanismus sind alle Empfänger, und zugleich sind alle Sender. Aber auch das beschreibt es nicht perfekt: Wir sind alle viel mehr als nur Sender und Empfänger zugleich. Alle Beteiligten sind Baumeister einer Wirklichkeit, die in ihrer eigenen Evolution ist:

Alle Beteiligten verlassen den Raum der Kommunikation und betreten den Raum des Erfindens.

Paul Virilio hat beschrieben, daß dadurch eine neue *Qualität von Spontanität* im Sinne einer ästhetischen Überraschung in unsere

Kultur hineinwandert. In seinen Worten: »Erfindungen sind Phänomene ästhetischer Überraschungen.« Das, was der neue Massen-Schamanismus also als Erfindung (Edge-Virtualität) permanent zelebriert, ist nichts anderes als seine eigene Überraschung. *Der Massen-Schamanismus erzeugt Evolution durch Selbst-Überraschung*.

In diesem Zusammenhang sind es drei Kriterien, die wichtig sind, wie die folgende Zeichnung skizziert:

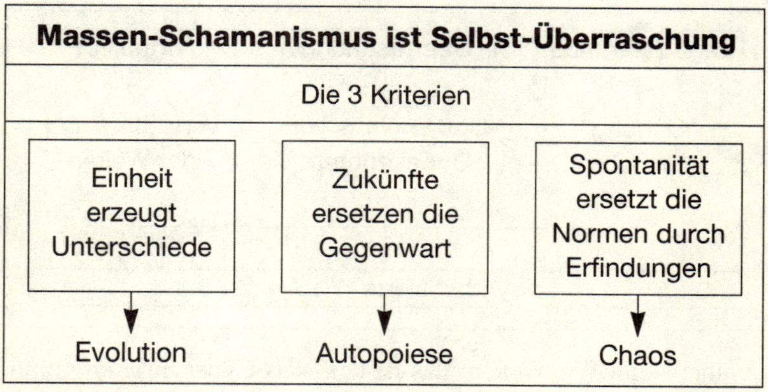

Im neuen Massen-Schamanismus kommt es also zu einem *Interplay von Evolution, Autopoiese und Chaos* (Nicht-Linearität). Es war Markowski, der schon 1988 darauf hingewiesen hat, daß damit eine neue Wirklichkeits-Strategie in unserer Kultur entsteht. Eine neuartige Entwicklung von Wirklichkeit durch Simulation. In seinen Worten:

»Letztlich ist die Wirklichkeit gleichzusetzen mit der Gesamtheit aller ihrer möglichen Simulationen.«

Es ist wichtig zu sehen, daß damit die Wirklichkeit immer mehr in die Richtung Traum und Schein hineinwandert. Der Cyber-Pionier Jaron Lanier hat einmal gesagt, daß wir eines Tages in der Lage sein werden, in den Cybernetzen einen gemeinsamen Traum zu träumen, der nie aufhört. Es entsteht seiner Meinung nach eine

»synthetisierte Wir-Welt«.

Der elektronische Massen-Schamanismus kann deshalb beschrieben werden als *eine kollektive Reise in reale Traumwelten*. Das ist das, was Brundel 1991 mit der Formel ausgedrückt hat:

»Computer als Theater.«

Das folgende Schaubild zeigt den Aufbau dieser kollektiven Traumreisen:

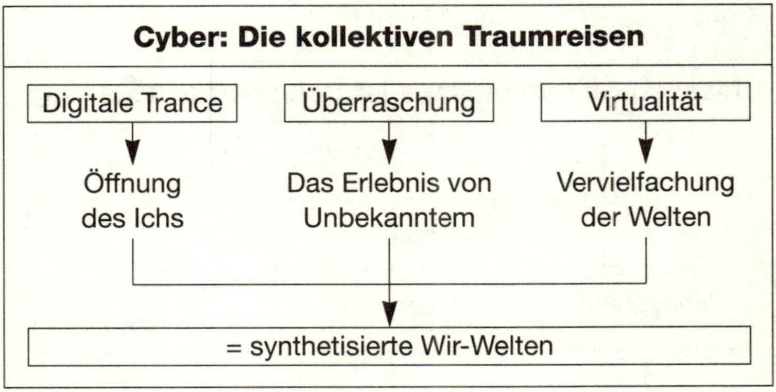

Synthetisierte Wir-Welten: das ist das, was Cyber unserer Kultur bringen wird. *Also das Erlebnis von subjektiv realen Ereignissen, die nur deshalb erlebbar werden, weil sie nicht objektiv real sind.* Brooks hat diesen Effekt der Cyber-Netzwerke einmal als »*Intelligenz-Verstärker*« beschrieben. Es wird damit sichtbar, daß die Menschen durch Cyber-Netzwerke in die Lage versetzt werden, Wissen und Weisheit von demjenigen Niveau abzuzapfen, das sie selbst nicht (oder noch nicht) repräsentieren.

Zugleich ist Cyber aber auch das geeignete Instrument für eine Gesellschaft der Autopoiese, also eine Gesellschaft mit Self-fulfilling-Dynamik. Denn es beginnt, wie Axel Zweck richtig geschrieben hat, mit Cyber »*die Epoche der überrealistischen Reiz-Verstärker*«. Das bedeutet, daß die Welt und die Zukunft der Welt »*in exzessiver Form inszeniert werden*« (Ingrid Stoppa-Sehlbach).

Nun gibt es ja viele Medien-Kritiker, wie z. B. Neil Postman, die der Medien-Revolution vorwerfen, sie würde unsere Kultur zerstören durch Beliebigkeit, durch Niveau-Verlust und durch zwischenmenschliche Isolation. Wie wir jetzt aber an dieser Stelle erkennen, wird es vermutlich genau andersherum laufen: Die Cyber-Netzwerke führen die Gesellschaft zu einer neuen Epoche ihrer eigenen Evolution, nämlich zu einem Aufbruch zu dem, was Florian Rötzer (»Digitaler Schein«, Frankfurt 1991) einmal *»das Techno-Imaginäre«* genannt hat, d. h., die Menschen werden befähigt, schamanische Effekte individuell zu erleben durch die Kohärenz (Phasengleichheit) des kollektiven Bewußtseins. Aus dieser Sicht ist Rheingold zuzustimmen, wenn er postuliert:

»Mehr als irgendein bislang erfundener Mechanismus wird Cyber die Selbst-Wahrnehmung des Menschen auf einer sehr grundsätzlichen und persönlichen Ebene verändern.«

Der neue Massen-Schamanismus befähigt die Menschen, aus kollektiven Träumen eine ganz persönliche, private Evolution zu machen.

Werfen wir nunmehr einen Blick auf die Konsum-Effekte, die die neuen Netze bewirken können. Im Moment sind Cyber und Konsum noch nicht wirklich zusammengeführt worden. Cyber befindet sich noch ganz am Anfang seiner Entwicklung, aber man kann schon an einigen anderen parallel laufenden Entwicklungen sehr gut erkennen, wie sich das Konsumverhalten der Konsumenten verändern wird. Betrachten wir vielleicht einmal den sensationellen Erfolg des Home-Shopping-Kanals QVC. Das ist ein reiner *Shopping-Sender*, der zugleich auch die erste Etappe der Interaktivität repräsentiert.

Es funktioniert also alles noch sehr archaisch, aber trotzdem: Immer mehr Konsumenten schwenken um und erkennen die Bequemlichkeit des TV-Shoppings. Inzwischen gehen bei QVC täglich rund 150 000 Anrufe ein. Über 100 Mitarbeiter nehmen die Bestellungen auf. Der Sender sendet inzwischen life an 364 Tagen rund um die Uhr, d. h. 24 Stunden. Rund 70 000 Produkte werden in unterschiedlichen Sendungen präsentiert. Und obwohl die Interaktivität noch sehr wenig Intelligenz aufweist, zeigen die ersten Analysen, daß diejenigen, die einmal bei QVC eingekauft haben, immer häufiger dort einkaufen.

Die Marktforschung zeigt, daß es zu Beginn die Bequemlichkeit war, aber inzwischen haben sich andere Faktoren nach vorn geschoben: Die Konsumenten honorieren, daß einige der angebotenen Waren exklusiv sind. Die Produkte und Kollektionen werden speziell für diesen Sender hergestellt, d.h., hier ist schon im Ansatz das zu ahnen, um was es später gehen wird:

Software-Häuser und Shopping-Sender werden zu Produzenten eigener Marken und Sortimente:

Die Exklusivität entspringt aus der Interaktivität.

Dazu kommt, daß die Sender das Umfeld immer mehr in Richtung *Inszenierung und Show* hineintragen. Berühmte Prominente, wie Diane von Fürstenberg, Victoria Principal (von der Dallas-Serie), Cher, Ivana Trump, Calvin Klein, Liz Clayborn, werden in die Produkt-Präsentation integriert. Kürzlich wurde bekanntgegeben, daß man auch versucht, Karl Lagerfeld einzusetzen. Der Modezar soll eine spezielle Kollektion fürs Fernseh-Shopping präsentieren. Alles das ist noch sehr am Anfang und wirkt technisch noch extrem steinzeitlich, aber man erkennt dennoch schon, wohin die Reise geht:

Die Inszenierung ersetzt den Produkt-Nutzen.

Inzwischen bedient QVC über 44 Mio. Haushalte. Dieser Erfolg hat auch andere Konzerne nicht ruhen lassen. Sie haben nachgezogen. So z. B. hat der Versandhaus-Konzern Regal Group ebenfalls mit einem 24 Stunden-Shopping-Programm nachgezogen. Hier sind es rund 90 Mio. Haushalte, die sich relativ regelmäßig einklinken.

Natürlich muß man die Relationen sehen. Insgesamt hat das TV-Shopping in den USA im Moment nicht mehr als rund 1 Prozent des Einzelhandels-Umsatzes ergattern können. Nur wenn man bestimmte Sparten, für die das TV-Shopping momentan besonders geeignet ist, herausnimmt, so z. B. Kosmetik, Unterhaltungsgeräte, Mode, Schmuck und ähnliches, kommt man auf höhere Prozentsätze. Aber die gesamte jährliche Wachstumsrate liegt zwischen 20 und 25 Prozent. Und diese stolze Wachstumsrate gibt es schon seit Jahren, obwohl das eigentliche Multimedia-Geschäft ja noch gar nicht angefangen hat: *Noch gibt es keine Verbindung von Multimedia und Shopping*.

Inzwischen gibt es auch eine Umfrage, die zeigt, *daß sich die Kunden deutlich umstrukturieren*. Am Anfang waren es eher Mittelschichts-Frauen, die zu Hause lebten, also klassische Hausfrauen. Seit einem Jahr kommen aber immer mehr *berufstätige Frauen* mit einem überdurchschnittlichen Haushaltseinkommen dazu. Rund 95 Prozent der Neukunden haben einen High-School-Abschluß. QVC reagiert bereits auf diese sozio-demographische Veränderung. Die Themen werden professioneller und anspruchsvoller. Und Gesundheit, Fitneß und Berufsthemen werden stärker nach vorn geholt. Inzwischen beginnt man auch, ganze Branchen und Produktbereiche mit eigenen Welten zu versehen. So z. B. hat QVC den Auftrag gegeben, eine eigene Welt aufzubauen für einen Kanal, der nur Automobil-Themen inszeniert. Und genau dieser Aspekt führt uns zum Cyber-Schamanismus. Warum?

- Im Moment wird das TV-Shopping noch im Sinne eines klassischen Bazars durchgeführt. Alles wird optisch präsentiert, und man wählt interaktiv aus, was man haben möchte.

- In den nächsten Jahren wird man sich von dieser generellen Bazar-Technik mehr und mehr verabschieden. Die Produktbereiche bekommen eigene Sender oder eigene Themen-Programme innerhalb der Sender.

- Damit beginnt das elektronische Shopping in *Richtung eines Rhizoms* zu wandern, d. h., es werden in einem Sender unterschiedliche *Facetten zu eigenen Welten programmiert*. In jeder dieser Welten gibt es eine eigenständige Evolution, d. h., der verkaufende Sender produziert eine völlig autonome Welt mit eigenem Leben und mit eigenen Evolutionen.

- Es sind also nicht mehr die Produkte, die in platter Form vorgestellt werden, sondern die Produkte integrieren sich in ein Summativ von Evolutionen.

- Der nächste große Schub kommt dann, wenn sich diese Rhizom-Technik verbindet mit den neuen Multimedia-Maschinen, wie sie z. B. von Apple unter dem Namen »Fetish« entwickelt werden. Dann werden sich die unterschiedlichen Welten, die ihr eigenes Ereignis produzieren, zu jedem Zeitpunkt anrufen lassen. Mit anderen Worten: Der Konsument kann in kürzester Zeit in unterschiedliche Evolutionen einsteigen und dort miterleben, wie Produkte die Inhalte von Evolutionen sind:

Durch Multimedia leben die Produkte in inszenierten Evolutionen.

- Der übernächste Schub wird zwischen 2000 und 2005 kommen, wenn dann nämlich die persönlichen Informations-Agenten aus dem großen Rhizom aller Produkt-Anbieter das herauskristallisieren können, was man als »das persönliche Rhizom« bezeichnen könnte:

Die Informations-Agenten gestalten für den Konsumenten ein maßgeschneidertes Kaleidoskop von Produkt-Welten.

Das bedeutet, daß die Produkte, die nicht in diesen virtuellen Welten leben, ausgesprochen banal wirken. Sie werden uns plump, hilflos und passiv vorkommen. Ihnen fehlt »das Eigentliche«, nämlich *die virtuelle Inszenierung*.

Es ist wichtig zu sehen, daß auch die Werbung nicht in der Lage sein wird, diese virtuelle Inszenierung »nachzuliefern«. Man muß schon heute berücksichtigen, was für eine ungeheure virtuelle Qualität sich mit schamanischen Techniken verbinden wird.

Lassen Sie mich das ein wenig genauer beschreiben: Wie kürzlich zu hören war, testet MTV, der inzwischen weltweit operierende Video-Teenager-Sender, ebenfalls Home-Shopping. Wenn der Test gut läuft, wird auch MTV einen eigenen separaten Einkaufskanal besitzen. Tun wir einmal so, als würde es ihn schon geben. Dann gibt es einen Sender, der über das ganze Inszenierungs-Material der Video-Clips verfügt, der also selbst zum *Generator von Pop-Evolutionen* wird, und die Produkte werden in diese Pop-Evolution vollständig integriert:

Die Produkte werden zum Thema schamanischer Inszenierungen.

Das ist die eine Seite. Eine andere Seite kommt hinzu: Stellen wir uns vor, Sie besitzen eine Multimedia-Maschine mit einem privaten Agenten-Programm. Sie haben einen Ihrer Agenten, den Sie optisch sehen können und der sich mit Ihnen auch so unterhält, als sei er eine lebende Person, darauf angesetzt, daß er für Sie immer die neuesten Lebensmittel-Innovationen suchen und als aktuelles Kaleidoskop (privates Rhizom) zusammenstellen soll.

Dann würde Ihr elektronischer, schamanischer Agent aus den vielen Sendern diejenigen Programmteile herausnehmen, die mit Essen, Gourmet-Innovationen und Lebensgenuß in Verbindung stehen. Er würde also auch die hochattraktiven Informationen von MTV und anderen Shopping-Sendern so zusammenstellen, daß Sie ein Programm abrufen können, das es in dieser Form nicht gibt. Das gibt es nur in Ihrer eigenen Maschine, es ist deshalb *vollkommen singulär*.

Nehmen wir nun weiter an, daß Sie an einem Abend Zeit finden, sich alles das anzuschauen, was Ihr Agent an Food-News für Sie gesammelt hat. Sie erleben dann ein wahres Feuerwerk an Produkt-Informationen in Video-Clip-Manier mit vielen Prominenten und mit virtuellen Inszenierungen. Aber Sie müssen das Ganze nicht passiv über sich ergehen lassen, sondern Sie können über Ihren Agenten jederzeit eingreifen, Sie können z. B. das Design des Kaleidoskops verändern, während Sie es wahrnehmen. Sie können auch jederzeit den Prozeß stoppen und tiefergehende Informationen abrufen. Ja, Ihr Agent kann sogar in kürzester Zeit eine Direkt-Leitung aufbauen zu dem Hersteller des Produkts, sagen wir z. B. zu Maggi, und so können Sie ein *vorbereitetes Infomercial* von Maggi sehen, und dieses wird informationell viel tiefer gehen, als es Werbung je kann.

Sie können, wenn Sie wollen, Ihren Agenten beauftragen, Sie bis zur Produktions-Technologie des neuen Food-Produktes zu führen. Sie sehen dann z. B. die Versuchs-Küche von Maggi.

Sie können natürlich auch jederzeit einen Rundruf in Ihre elektronische Food-Family einbringen, d. h., Sie fragen andere Foodies, wie ihre ersten Erfahrungen mit dem neuen Produkt sind. Sie bekommen spontane Resonanzen. Und Sie können natürlich jederzeit das neue Produkt kaufen. Ihre Smart-Card genügt. So in etwa muß man sich das Multimedia-Shopping vorstellen, das sich zwischen 2005 und 2015 entwickeln wird.

Was wir an dieser Stelle also erkennen, ist, daß Einkaufen zu einem neuartigen Prozeß wird, und zwar zu einem *Prozeß der Selbst-Erfindung und der Selbst-Überzeugung*. Wir haben hier nicht mehr die klassische manipulative Einbahnstraße, also einer erklärt und der andere muß es mehr oder weniger glauben. Es ist auch *kein Infotainment* im Sinne von witziger, unterhaltender Werbung, auch das ist ja schließlich nichts anderes als eine interessantere Form von Passivität. Was wir hier haben, nennen die Kids bereits »*Inter-Processing*«, d. h., es ist eine Mischung aus Kollektivität und Singularität, es ist eine Mischung aus einem passiven Decodieren und einem aktiven Codieren. Kurz:

Der Kaufprozeß wird zu einem virtuellen Abenteuer für das Ich.

Dieses Abenteuer ist ein schamanisches Erlebnis, d. h., man benutzt die Kauf-Entscheidungsprozesse für das Herstellen einer neuen, *bisher nicht erfahrbaren Identität*. Man benutzt die Entscheidungsprozesse für das Einsteigen in neue Welten, die man emotional hochattraktiv erfahren kann, ohne tatsächlich aus seinem Leben aussteigen zu müssen. Das ist das, was Lloyd deMause unter dem Stichwort »*virtuelle Ekstase*« bereits beschrieben hat.

Der Konsum-Entscheidungsprozeß entfernt sich damit endgültig *vom Dogma der Rationalität*. Es werden nicht mehr Produkte und ihre Nutzen verglichen, sondern die Kaufprozesse erhalten einen eigenständigen, virtuellen Charakter. Sie inszenieren die Welt, die man bisher noch nicht kannte:

Das Einkaufen wird zum schamanischen Ritual.

Nun stellt sich natürlich die Frage, wie sich die Produzenten und Händler auf diese Entwicklung einstellen können. Die Multimedia-Unternehmen selbst explodieren derzeit. Es gibt immer mehr Joint-Ventures und internationale Kooperationen. Vor mir liegt gerade eine Liste der aktuellsten Kooperationen in Sachen »neue Multimedia-Projekte«. Und sie ist mehr als eine Din-A4-Seite lang, und es werden monatlich mehr, d. h., alle großen Medien-Konzerne und Software-Häuser beginnen, sich immer stärker zu vernetzen. Das Ganze wird zu einem *großen Labor für Trial-and-Error*. Und es ist zu erwarten, daß durch diese enorme experimentelle Disposition dieser Branche in den nächsten drei bis fünf Jahren entscheidende Durchbrüche erzielt werden können.

Das japanische MITI glaubt z. B. fest daran. Dort ist man der Meinung, daß die Multimedia-Revolution überhaupt nichts zu tun hat mit der Multiplizierung von TV-Sendern. Man ist vielmehr der Ansicht, daß die Multimedia-Maschinen in den nächsten Jahren schnell und präzise in die privaten Haushalte eindringen werden. Deshalb wird sich der Verkauf von Software und Hardware, so gab das MITI kürzlich bekannt, in der nächsten Etappe pro Jahr verdoppeln. Aber das MITI meint auch, daß es nicht nur zu einer schnellen Diffusion im privaten Sektor kommen wird, sondern immer stärker auch im Sektor der Waren-Produktion. Und das allein schon ist eine Sensation und auch eine wichtige Herausforderung, der sich die Unternehmen rechtzeitig stellen müssen:

Durch Multimedia wird die Produktion fraktal und massenhaft zugleich.

In der Zeitschrift FUTURES erschien in der April-Ausgabe 1994 ein Überblick über die fünf wichtigsten Produktions-Trends der nächsten Jahre. Diese Trends bestätigen aus einer etwas anderen Perspektive das, was das MITI und ich gemeinsam voraussagen:

1. Es wird wieder eine *Massen-Produktion* geben, aber es wird eine neuartige Form von Massen-Produktion sein: *Masse durch die Summation von extremen Unterschieden.* Meine eigenen Trend-Analysen zeigen, daß die Japaner unter dem Stichwort »neuer Massen-Markenartikel« bereits intensiv darüber diskutieren. In Europa ist diese Diskussion überhaupt noch nicht gestartet worden. Hier beginnt man erst jetzt mit der Fragmentierungs-Diskussion. Das ist aber eigentlich das Thema der 80er Jahre gewesen. In den 90er Jahren geht es im Grunde um das, was Deleuze u. a. ein Rhizom nennen, also um *die Summation von vielen Fragmenten, die permanent in Bewegung sind.* Und diese Fragmente ergeben die neue Massen-Produktion. Die Amerikaner nennen es »mass-production by small-scaled-production-systems«. Die Konsequenz:

   Man wird schon bald aufhören, einzelne Produkte als Produkt-Persönlichkeiten zu vermarkten.

   Man wird nur noch Bewegungen (Moden) verkaufen, die durch Mythen gebündelt werden.

   Mythen steuern modische Produkte, die fraktal hergestellt werden.

2. *Virtualität wird wichtiger als Automation*, d. h., der Multimedia-Schamanismus wird zum Taktgeber und zum Impulsgeber für die Produktion. Anders gesagt: Es geht in den 90er Jahren nicht mehr darum, die beste Automatisierung der Welt zu verwirklichen, sondern darum, die fraktalen Träume der Märkte möglichst schnell und unverfälscht in die Produktion einfließen zu lassen. Virtualität steuert die Small-scaled-Production. Die Konsequenz:

Die Consumer-driven-Company steuert ihre fraktale Produktion durch die Phantasien der elektronischen Netze.

3. Voraussetzung dafür ist das, was die Amerikaner *»flexible Produktion«* nennen: Die elektronische Produktion darf also nicht mehr einseitig auf Kostenreduktion (Grenzkosten), sondern auf extreme Beweglichkeit ausgerichtet sein. In Japan läuft dieses seit ungefähr vier Jahren unter dem Stichwort »Agile Production«. In Deutschland hat Prof. Hans-Jürgen Warnecke das bisher überzeugendste Modell vorgelegt unter dem Titel »Die fraktale Fabrik« (Heidelberg 1992):

Ohne eine fraktale Produktion wird die neue Massen-Produktion nicht möglich werden.

4. *Das Bedürfnis nach Allianzen* mit anderen Unternehmen wächst enorm, und zwar dort, wo es *»prä-konkurrierende Felder«* gibt, so z. B. Forschung und Entwicklung. Das ist typisch für alle Märkte, die in die autopoietische Dynamik hineingehen. Dort sieht man, daß die erbittertsten Gegner immer stärker zusammenarbeiten, weil es darum geht, *Märkte zu erfinden* und Evolutionen durchzusetzen. Dieses ist ein extremes Risiko und abhängig von gewaltigen Investitionen. Deshalb gibt es jetzt plötzlich so viele Joint-Ventures:

Man teilt sich das Risiko, weil man ohne diese Risiko-Kooperation keinen Markt erfinden kann.

5. *Die Einbeziehung von Experimenten und Interfusion in die Produktion.* Das ist ein sehr wichtiger Aspekt, der in Europa ebenfalls noch völlig verkannt wird. Alle Markt-Beteiligten sollten so kooperieren, daß sie in einem permanenten Experiment sind: Der Markt wird so instabil, modisch und evolutionär, *»daß sein Grund-Charakter der eines Experiments wird«* (FUTURES). Und in Märkten, die diesen Experiment-Charakter tragen, kann im Prinzip keiner mehr für sich alleine operieren. Also wird man Interfusion und *Bewußtseins-Kooperationen* benötigen,

um den Markt als Experiment managen zu können. Die Konsequenz:

Handel und Konsumenten werden zum Mit-Entwickler derjenigen Moden, denen sie dann folgen.

Lassen Sie uns den letzten Aspekt ein wenig genauer betrachten. Zuerst stellt sich die Frage: Wer muß kooperieren, um das Experiment managen zu können? Die Antwort ist einfach. Der Konsument, der Handel und der Produzent. Alle drei. Wenn einer in dieser Kette fehlt, kann man den Markt nur noch als Absatz-Quelle behandeln, aber *nicht mehr als ein evolutionäres Experiment*. Da aber die meisten Märkte inzwischen in diese Evolutions-Dynamik hineingegangen sind, werden diejenigen Unternehmen und Branchen Probleme bekommen, die den Markt immer noch als »*Feld der Nachfrage*« managen.

Man kann es auch so formulieren: Durch die Multimedia-Revolution entsteht ein neuartiger Massen-Schamanismus. Dieser Massen-Schamanismus verwandelt die Märkte in Experimente, die sich dann zu Moden weiterentwickeln durch ihre autopoietische Inszenierung:

Aus Bedarfs-Märkten werden Experimente.

Von den beteiligten Markt-Partnern (also Industrie, Hersteller, Handel und Verbraucher) kann keiner diesen neuen Typus von Experimental-Markt allein managen oder für sich gestalten. Zum ersten Mal seit der Entstehung der industriellen Märkte stehen wir vor einem Quantensprung, der weit über das, was bisher unter Marketing verstanden worden ist, hinausgeht: Industrie, Handel und Verbraucher müssen sich auf Basis einer Bewußtseins-Kooperation zusammenfinden, um aus den virtuellen Moden der Szenen wechselnde Produkte machen zu können. Die Konsequenz:

Der neue Massenartikel ersetzt das klare Profil durch fraktale Moden.

Das klingt im Moment noch alles sehr abstrakt und vielleicht auch ein wenig tollkühn, aber im Grunde sind die Ansätze ja schon geleistet. In Japan hat man in der zweiten Hälfte der 80er Jahre begonnen, Handel, Hersteller und Verbraucher durch Interfusions-Techniken so zusammenzuführen, daß die Zappeligkeit des Marktes die Agile Production steuert und daß die Agile Production in kürzester Zeit in den Handel fließt.

In den USA und in Deutschland läuft das Ganze unter dem Stichwort EDI, d. h. *Elektronischer Datenaustausch* (electronic data interchange). Am weitesten ist hier vielleicht Karstadt, vertreten durch den Vorstand Dr. Klaus Eierhoff. Er hat in einem Vortrag ausgeführt, wie seine Vision aussieht: Der gesamte Geschäftsverkehr zwischen Handel, Verbraucher und Industrie soll auf elektronische Kommunikation umgestellt werden: eine Kooperation von Bewußtseinen durch vernetzende Elektronik.

Betrachtet man diesen Prozeß etwas genauer, dann erkennt man, daß hier in Zukunft sechs neue Aspekte zu einer Einheit integriert werden sollen:

1. Das interaktive Fernsehen, PC-Shopping oder Multimedia-Shopping steuert die industrielle Produktion (Agile Production).
2. Zwischen Handel und Industrie gibt es einen wechselseitigen, elektronischen Datenaustausch (Scanner-Techniken etc.).
3. Zwischen Handel und Verbraucher gibt es über Kundenkarten, Direct-Mail-Aktionen, Szenen-Sponsoring und Club-Management eine permanente Co-Evolution.
4. Zwischen dem Verbraucher und dem Handel gibt es über die »Kaufbon-Datenanalyse« permanent ein gesichertes Wissen über die modischen Bewegungen der Produkte und die strukturellen Verschiebungen im Sortiment.
5. Zwischen den Konsumenten und dem Handel gibt es den elektronischen Zahlungsverkehr.
6. Zwischen dem Verbraucher und dem Handel (oder z. T. auch zwischen dem Verbraucher und der Industrie) gibt es einen elektronisch gesteuerten Lieferservice.

Betrachtet man alles, was zum EDI-Konzept gehört, entdeckt man die These, die William H. Davidow und Michael S. Malone in ihrem Buch »Das virtuelle Unternehmen« (Frankfurt 1993) kürzlich vorgetragen haben:

Consumer-driven-Company.

Ich glaube, es ist nun wichtig zu sehen, daß die Multimedia-Revolution mit unerbittlicher Härte die Hersteller und den Handel in diese Richtung hineintreiben wird.

Das virtuelle Geschehen wird damit zur Steuerungsgröße für Produzenten und Handel.

Die Dynamik des Massen-Schamanismus führt Handel, Industrie und Konsumenten zusammen: Sie kooperieren in der Welt der virtuellen Ideen (Welt 3).

Marcus Cremer, der Vorstand der KATAG (das ist einer der führenden Einkaufsverbände für den Textilhandel), sieht die Entwicklung ähnlich wie Eierhoff. Seiner Meinung nach werden es die beteiligten Markt-Partner ohne EDI nicht schaffen, *ein optimales Gefühl für Trends* aufzubauen bei einer gleichzeitig erheblich preiswerteren Logistik. Für Cramer ist es wichtig, daß die Evolution in den Märkten die drei beteiligten Partner (also Verbraucher, Handel und Industrie) so zusammenschweißt, *daß permanent Tempo gemanagt* werden kann:

Die Erzeugung von Tempo wird wichtiger als das Profil des Produkts.

Eierhoff geht sogar so weit, daß er die Produzenten mit sanfter Gewalt zu dieser *Tempo-Kooperation* zwingen will. Bei seinem Vortrag sagte er wörtlich: »EDI wird zum Bestandteil unserer Jahresgespräche werden.« Na also, das ist deutlich!

Wie die ersten Analysen in den USA gezeigt haben (z. B. die Analyse von Murcher-Management-Consulting im Auftrag der Coca-Cola-Organisation), kann man durch EDI aber nicht nur besser Tempo managen, sondern auch »*enorme Kostensenkungs-Poten-*

tiale« erzeugen. Die Studie von Murcher-Management-Consulting weist darauf hin, daß es in Zukunft darum gehen wird, daß der Handel seine Verkaufszahlen an die Industrie weitergibt und daß die Industrie ihre Produktion in den Fabriken direkt an die Bewegungen in den Läden koppelt. Dadurch können alle Beteiligten *mit der Evolution in der virtuellen Sphäre mitgehen* (also im Fahrwasser der Evolution bleiben), und gleichzeitig können der Großhandel und der Einzelhandel aber auch die Industrie »*auf eine Vielzahl ihrer Angst-Lager verzichten*«.

Die amerikanische Studie hat auch gezeigt, daß z. B. der Lebensmittelhandel in Anbetracht der evolutionären und fraktalen Dynamik der Konsumenten *eine völlig falsche Einkaufspolitik* aufweist. Diese sei nach wie vor von den Aktions-Konditionen der Industrie bestimmt. Immer dann, wenn die Industrie Preisnachlässe gewährt, bevorratet sich der Handel. Das scheint vordergründig betrachtet sehr logisch zu sein, *man folgt den Promotions der Hersteller*, aber genau das ist falsch: Man zerstört dadurch die Co-Evolution mit den Konsumenten.

Mit Sicherheit wird es also auch neue Kooperationen zwischen Verbraucher und Handel geben, Stichwort Kundenkarten und Szenen-Clubs. Die meisten Experten sind sich darüber einig, daß demnächst, wenn das Rabattgesetz fallen wird, eine deutliche Offensive in Sachen *Interfusion* stattfinden wird:

**Dasjenige Unternehmen wird führend sein,
das den Datenaustausch zwischen
der virtuellen Sphäre des Konsums
und der Produktion am besten organisieren kann.**

Das alles erinnert ein wenig an Benetton, nicht wahr? Benetton hatte sehr früh angefangen, die täglichen Kassenbestände zum Impulsgeber für die Produktion des nächsten Tages zu machen. Zumindest lautet so das Ideal. Und damit hat sich Benetton frühzeitig verabschiedet vom klassischen Verkaufen oder vom klassischen Marketing. Benetton betreibt bereits aktive Co-Evolution mit der virtuellen Sphäre des Marktes.

Der eine oder andere wird mein Buch »Abschied vom Marketing« kennen. Es ist jetzt in diesen Tagen in Italien herausgekommen, und Luciano Benetton hat persönlich das Vorwort dazu geschrieben. In diesem Vorwort beschreibt er, warum sich Benetton überhaupt nicht vom Marketing verabschieden muß: Man hat noch nie Marketing gemacht. *Man hat immer versucht, gerade kein Marketing zu machen*, weil man von Anfang an begriffen hat, daß wechselseitige Verschmelzung auf Basis eines permanenten zweiseitigen Datenaustausches die einzige Möglichkeit darstellt, diejenige Ware zu inszenieren, die im virtuellen Blickfeld (= Zeitgeist) liegt. Für Benetton folgt das Produkt den Bewegungen des Geistes (Welt 3).

Was wir also hier zusammenfassend erkennen, ist, daß die Cyber-Network-Epoche auch eine neuartige Form von »*Network-Selling*« bringen wird, ebenso wie sich das Modell der Consumer-driven-Company unweigerlich in den Mittelpunkt der Überlegungen schieben wird. Je mehr sich der elektronische Massen-Schamanismus durchsetzt, um so mehr müssen drei Dinge aufeinander abgestimmt werden:

1. Die Virtualisierung der Phantasien (Welt 3).

2. Die Virtualisierung des Produkts und der Marke.

3. Die Virtualisierung der Produktions-Steuerung.

Das folgende Schaubild zeigt noch einmal diese Zusammenhänge:

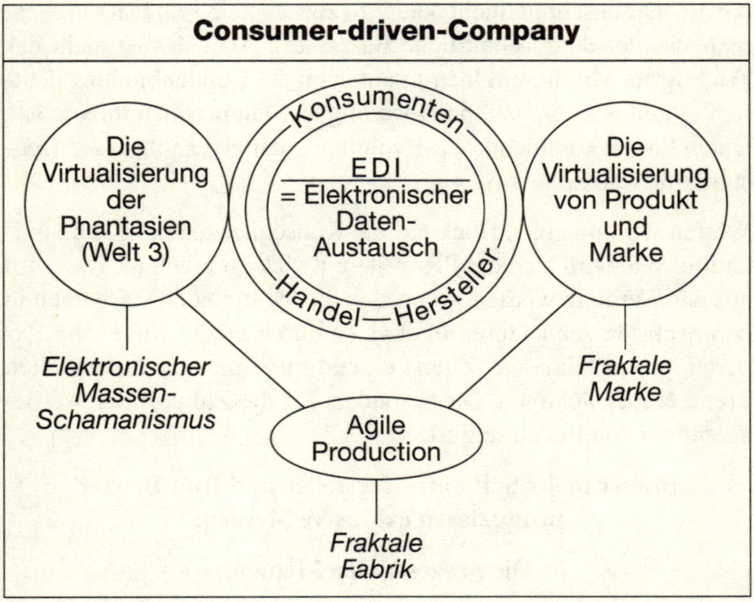

In der Epoche des elektronischen Massen-Schamanismus gibt es also *keine klaren Markt-Strukturen mehr* und auch keine verbindlichen Bedürfnis-Cluster. Ganz im Gegenteil: Es wird das kommen, was der amerikanische Experte Les Brown »*den neuen Tribalismus*« nennt. Darunter versteht er, daß auf Basis der Virtualität so etwas entsteht wie eine neue Stammes-Kultur: In den virtuellen Netz-Gemeinschaften und in den Cybernetzen entstehen *spontane Gruppen-Identitäten,* und wer nicht zu diesen »virtuellen Stämmen« gehört, versteht die Codes nicht mehr. Er hat also keinen Eingang mehr in die spezifischen Welten.

Deshalb beginnen ja auch immer mehr Unternehmen – besonders die, die eine *vertikale Marken-Politik führen* (= Produkt und Kaufort werden als gemeinsame Marke gesteuert) – mit eigenen Zahlungs-Systemen und mit *Consumer-Clubs.*

Ikea z. B. hat in Deutschland bereits 240 000 Ikea-Family-Cards in Umlauf gebracht. Erste Analysen zeigen, daß die Card-Konsumenten im Durchschnitt mehr kaufen (zwischen 20 und 30 Prozent mehr als der durchschnittliche Barzahler). Aber das ist nicht das Wichtigste. Mit diesem Instrument kann die Kundenbindung deutlich erhöht werden, und noch wichtiger: Man produziert exquisite Daten für die kommende Co-Evolution – der erste Schritt zur Consumer-driven-Company.

Werfen wir nun einen Blick auf die Konsequenzen der Kommunikation. Wie wird sich die PR weiterentwickeln müssen? Was wird aus der Werbung werden, wenn sich die Multimedia-Maschinen in den nächsten zehn Jahren in etwa so durchsetzen, wie es die Experten prognostizieren? Zuerst einmal muß man einen generellen Trend berücksichtigen, der besonders für die Zukunft der Werbeagenturen von Bedeutung ist:

Immer mehr Software-Hersteller und Info-Broker produzieren exklusive Medien:

Die prozessualen Medien.

Diese exklusiven Medien sind *prozessuale Medien*, weil sie vollständig auf die elektronische Realität von Multimedia abgestimmt werden. Es sind also Medien für interaktive Prozesse, es sind *Medien für spontane Dialoge*, es sind Medien für die Inszenierung von virtuellen Welten.

Man muß ganz deutlich sehen, was sich hier in radikaler Form verändern wird: Das sind keine klassischen Medien, wie z. B. TV-Sender, Zeitung oder Zeitschriften. Da konnte eine Werbeagentur hingehen und eine Seite buchen oder einen 30-Sekunden-Spot plazieren. Das wird in den prozessualen Medien nicht mehr möglich sein. In diese Medien kann man sich nicht mehr simpel einkaufen, weil diese Medien sich im Prinzip mehr oder weniger selbst schaden, wenn sie klassische Werbung integrieren. Anders ausgedrückt:

Es entstehen neuartige Medien-Produzenten. In ihren Medien gibt es keinen Raum für klassische Werbung.

Was wir bekommen werden, ist eine gesponserte Form von Kommunikation oder besser gesagt, es ist *das Sponsoring von Syncoding*, also das gemeinsame Herstellen von gemeinsamen Welten und deren Codierung. Wie die Zeitschrift WIRED (2/94) schrieb, wird es in ferner Zukunft *keine klassische Werbung mehr geben*, »weil die Konsumenten über den Werbern stehen werden«.

Erst dann, wenn die Werber und die Werbeagenturen in der Lage sind, eine *autopoietische Form der Werbung* zu entwickeln, kann man dann auf einer neuen Ebene wieder kooperieren. Mit der klassischen, linearen Manipulations-Werbung wird es nicht mehr funktionieren.

Die klassische (kreative) Werbung paßt nicht zu den prozessualen Medien.

Die autopoietische Werbung, wie sie typisch für die Cyber-Kultur sein wird, ist eine *Mischung aus Life-Service und fraktaler Zukunfts-Simulation*. Diese Werbung bietet also permanent virtuelles Material an für die gemeinsame Erfindung von neuen Welten. Die autopoietische Werbung wird damit ein Instrument für die persönliche Evolution von Szenen, Netzwerk-Usern und Individuen.

Dazu kommt, daß spätestens ab 2005, wenn die ersten *virtuellen Informations-Agenten* in den Multimedia-Geräten installiert sind, die Konsumenten nicht mehr im klassischen Sinne zwischen den TV-Kanälen zappen werden, sondern daß sie einfach ihre Agenten umprogrammieren. Die Konsequenz:

Die klassische, kreative Werbung verschwindet aus den Datenräumen der Cybernetze.

Die Cyber-Freaks können auch jederzeit Computer-Viren entwickeln, die z. B. die altmodische Werbung von Firmen »brutal zerstören können« (WIRED). Man kann nämlich *Anti-Werbe-Viren* erschaffen. Die können zweierlei tun. Entweder können sie ein eigenständiges Netzwerk von Cyber-Werbung erschaffen, oder aber sie können jegliche Kommunikation, die über ein Produkt oder über eine Marke erscheint, eliminieren. Die Konsequenz:

Werbung wird zur Software, die der User steuert.

Der Kunde selbst designt seine Werbung aus dem virtuellen Material der Marke.

WIRED hat in seiner Analyse über die Zukunft der Werbung darauf hingewiesen, daß schon heute die verkabelten TV-Kunden in Amerika bereit sind, mehr Geld zu bezahlen, wenn man ihnen garantiert, daß sie absolut keine Werbung mehr sehen müssen. Durch die Multimedia-Revolution, so WIRED, wird kein Konsument mehr »die endlose Binden-Werbung beim Essen ansehen müssen«.

Ich glaube, Benetton ist in dieser Beziehung wieder einmal einen Schritt weiter als die anderen. Pascal Somarriba-Brouard, Werbechefin bei der United Colours Communication, hat kürzlich in einem Interview gesagt, daß man *»am liebsten gar keine Werbung mehr machen würde«*. Man möchte nicht mehr Werbe-Botschaften an bestimmte Zielgruppen oder an bestimmte Konsumenten adressieren, sondern man möchte mit seinen Botschaften *Teil der kulturellen Welt* werden.

Genau dahin geht die Reise: Je mehr sich der elektronische Schamanismus durchsetzt, um so weniger klassische Werbung wird es geben. Folgerichtig formuliert Somarriba-Brouard auch die neue Zielsetzung für Benetton:

»Wir wollen ein Virus in der Szene sein, und wir können ein Virus auch im gesellschaftlichen Gefüge sein.«

Inzwischen üben sich auch die ersten Werbeagenturen, so z. B. McCann, USA, in das interaktive Spiel ein. Man will eine neuartige Form der *interaktiven Werbung* entwickeln, und die ersten Erfahrungen wurden von Ron Pullem, Chef der McCann Interactive, so formuliert: »Die Werbung wird im interaktiven Zeitalter komplexer werden.«

Was bedeutet das? Sie wird einerseits deutlich in Richtung neuer virtueller Märchen gehen ... sie wird also noch schamanischer und noch unwirklicher … und zum anderen wird sie wesentlich mehr Information in didaktischer großer Tiefe aufbereiten. Sie wird also mythischer, zeitgeistiger und informativer zugleich.

In Amerika arbeitet Honda bereits sehr erfolgreich mit Infomercials, und zwar auf Basis der Software von Microsoft. Das funktioniert so, daß per Menue der Zuschauer den Fluß von Informationen und Bildern genau dorthin steuern kann, wo er subjektiv sein spontanes Interesse erlebt:

Die Information folgt den mentalen Energien.

Der Konsument kann völlig souverän über *Hypertext-Bildung* entscheiden, wieviel Information er worüber konsumieren möchte, d. h., er wird zum Regisseur seiner Informations-Tiefe.

Die amerikanischen Werbeagenturen tun sich aber im Moment noch sehr schwer mit den Infomercials. Philips hat z. B. kürzlich unter bewußter Umgehung seiner Full-Service-Agentur mehrere Infomercials herstellen lassen. Das, was die betreuende Werbeagentur geliefert hat, das waren klassische Commercials. Und das paßt nicht zu der Multimedia-Revolution. Das paßt nicht, weil es kein Material für Interaktivität ist und weil die übliche, kreative Werbung das Selbst-Design der Information durch den Konsumenten blockiert.

Am Horizont taucht auch bereits ein neuer Beruf auf: *der Informations-Designer*. Es wird seine Aufgabe sein (und das ist mit Sicherheit kein kreativer Werbemann im klassischen Sinne, also kein Texter oder CD), große Datenmengen z. B. per CD-ROM so aufzubereiten, daß sie den Codierungs-Bedürfnissen der Multimedia-Generation entsprechen, d. h., eine extrem interessante, faszinierende Show in Verbindung mit extremer Informationstiefe.

Inzwischen gibt es auch mehr und mehr Signale, die andeuten, daß die *großen Software-Häuser* in diesen Markt einsteigen werden, weil er zum Selbst-Konzept und zum Habitus der Werbeagenturen offensichtlich nicht paßt. Apple und Microsoft haben konkrete Pläne, hierzu eigenständige Abteilungen und Firmen aufzubauen, die weltweit Infomercials und Multimedia-Didaktik-Programme entwickeln. Für sie ist das nichts anderes als eine erweiterte Form von Software. Archibald Kahl, Multimedia-Chef von Apple, Deutschland, sagte kürzlich dazu:

»Produkte wird man nicht mehr in der klassischen Form im Regal darstellen, sondern multimedial auf dem Bildschirm.«

Was ist die Konsequenz? Das ganze Vertriebs-System wird sich radikal verändern, wenn sich der Multimedia-Schamanismus durchsetzt. Produkte werden *vor dem Kauf* erlebt, indem sie sich in einer inszenierten Welt rational, funktional, aber auch emotional und mythisch darstellen:

Man kauft erst dann ein Produkt, wenn man es mythisch erlebt hat.

Das wird also die Zukunft der Werbung sein. Lassen Sie mich jetzt konkretisieren, worauf wir uns einstellen sollten:

1. *Alle Produkte müssen permanent neu codiert werden*, und zwar von denjenigen Szenen und Netzwerken, die diejenigen Themen (Evolutionen) gestalten und führen, die für das Produkt wichtig sind. Das bedeutet:

   Jedes Produkt braucht seine zweite Geburt durch Syncoding.

2. *Alle Produkte verlieren innerhalb der Multimedia-Dynamik permanent ihre Präsenz*, wenn sie nicht permanent mythisch gepflegt werden. Ihre Präsenz entsteht durch fraktale Moden. Das bedeutet:

   Der Wert der Produkte entsteht erst durch ihre Integration in die gesellschaftliche Evolution.

3. Durch den entstehenden Massen-Schamanismus zerstören sich die Methoden und Regeln der klassischen Werbung, die auf

Persuasion (Überzeugung) ausgerichtet waren. In der Multimedia-Gesellschaft dominieren Zukunft und Virtualität. Sie treten an die Stelle des Produkt-Nutzens. Die Konsequenz:

Die Produkte und Marken müssen aktiv als Virtualitäten in den elektronischen Netzen leben.

Alles in allem werden die Multimedia-Maschinen für eine *radikal veränderte Form des Markt-Managements* sorgen. Mit Sicherheit geht der Trend dabei eher in Richtung Interfusion als in Richtung eines »reparierten Marketings« (also das, was einige New-Marketing nennen). Auch in den USA sind in den letzten Monaten immer mehr Vordenker zu ähnlichen Schlüssen gekommen. Vor einiger Zeit wurde ein Buch von Regis McKenna stark diskutiert. Es trägt den Titel »Relationship-Marketing« (Reading 1991). Und das ist ja schon der halbe Schritt in Richtung Interfusion. Eine andere Theorie, die in den USA auch immer noch für viel Furore sorgt, ist das, was Stan Rapp und Tom Collins entwickelt haben in ihrem Buch »Die große Marketing-Wende« (Landsberg 1991). Da geht es hauptsächlich darum, daß die *Phantasien und Moden* der Konsumenten zum Code der spontanen Produktion werden müssen. Auch das ist ein großer, wichtiger Schritt in Richtung Interfusion.

Meiner Meinung nach sollte man beide Aspekte zugleich berücksichtigen, also sowohl die Aspekte von McKenna als auch die Aspekte von Rapp & Collins:

- **Durch Multimedia werden wir gezwungen, neue Formen des Beziehungs-Managements zu entwickeln. Ohne Beziehungs-Systeme wird die Ware im Datenraum nicht zum Angebot.**
- **Durch Multimedia werden wir aber auch gezwungen, Syncoding zu betreiben: Also spontane Codierung, gemeinsam durchgeführt vom Verbraucher, vom Hersteller und z. T. auch vom Handel.**

Das folgende Schaubild beschreibt den Wandel im Markt-Management, wie er meiner Meinung nach durch Multimedia verursacht werden wird:

Man muß sich die Quintessenz immer wieder vor Augen führen, um sich die Tragweite dieser Änderungen wirklich bewußt zu machen: *Ohne Syncoding wird es keine Beziehung geben.* Die meisten Werbe-Experten glauben immer noch, man könne *Beziehungen aufbauen durch Nachrichten.* Deshalb predigen jetzt so viele, daß die Stunde des Direct-Marketings gekommen sei. Aber Beziehungen werden aufgebaut durch *exklusive Bedeutungen.* Und exklusive Bedeutungen entstehen nur durch *gemeinsame Erlebnisse*, also z. B. durch Events und Szenen-Sponsoring. Das sind Instrumente, durch die man gemeinsame Virtualitäten entwickeln kann, also gemeinsame Ideen. Und diese Virtualitäten müssen dann anschließend codiert werden.

Man kann es auch so sagen. Eine Virtualität ist nicht echtes Leben. Und weil sie nicht echtes Leben ist, hat sie noch keine eigenständigen Codes. Eine Virtualität besitzt keinen »fertigen Code«. Zugleich kann nur das in der »fertigen Codierung« unserer Gesellschaft enthalten sein, was es schon als Tradition gibt. Also kann nur das mit den vorhandenen »fertigen Codes« vermittelt werden, was prinzipiell nicht neu ist:

Das, was die Konsumenten wirklich fasziniert, sind die neuen Welten: also Virtualitäten.

Diese Welten existieren aber erst dann, wenn man für sie spezielle Codes erfindet.

Wie wir aber gesehen haben, wird durch Multimedia unsere gesamte Kultur in einer historisch einzigartigen Form umprogrammiert, nämlich auf *Zukunft und Selbst-Überraschung*. Das, was also im Mittelpunkt der multimedialen Kultur stehen wird, *ist immer neuartig*. Es ist weitestgehend unbekannt. Es ist nicht real, sondern virtuell. Und genau dafür gibt es keine fertigen Codes. Sie müssen erst durch gemeinsame Handlungen (Zeremonien/Rituale) codiert werden. Und erst dann, wenn es dem Hersteller gelingt, seine Produkte und Marken in dieser Form zusammen mit den Netzwerken und Szenen zu codieren, erst dann gibt es eine Beziehung. Man kann es auch analog zu Bernhard Giesen folgendermaßen ausdrücken:

Erst gemeinsames Verhalten macht ein Angebot zum echten Produkt.

Sehr oft werde ich in meinen Workshops gefragt, ob es denn schon erste Pioniere gäbe, die dieses Syncoding betreiben. Und sehr häufig verweise ich dann auf das, was Philip Morris mit seiner Minister-Kampagne »talk with tomorrow« vor einiger Zeit experimentell erprobt hatte. Einer der Minister, Isabella von Waldburg, hat z. B. zum »Parlament of Fashion« eingeladen, und 800 Nachwuchs-Designer haben neuartige und z. T. verrückte Kreationen und Kollektionen präsentiert. Der andere Minister, Michael Reinboth, lud unbekannte Bands ein, neue musikalische Entwicklungen zu präsentieren. Rund 800 Bands hatten sich beworben, 14 Bands hat man genommen. Und der Zukunfts-Minister Ossi Urchs reist nun schon im dritten Jahr mit einer aus vielen Bewerbern sorgfältig ausgewählten Gruppe nach New York zum Future-Talk.

Die eigentlichen Handlungen finden also in Szenen und Themen-Gruppen statt. Und natürlich gibt es heute für diese Themen noch keine Multimedia-Prozesse – insofern ist das Ganze fast noch zu früh. Man muß sich das später so vorstellen, daß diese und ähnlich gelagerte Aktionen zu eigenständigen elektronischen Netzwerken und Cyber-Communities umgeformt werden, mit eigenen Mailbox-Systemen und mit eigenen internen Diskursen (elektronischen Foren). Das alles findet im Moment nicht statt, weil es die Multimedia-Realität noch nicht gibt. Und dennoch: es funktioniert schon in Ansätzen. Und die ersten Großunternehmen beginnen es auszutesten.

Ein anderer Weg wurde von Schwäbisch Hall getestet. Es handelt sich um das Projekt »Fox-Box«. Das ist *das erste digitale Trend-Magazin*. Man bekommt keine Zeitschrift mehr, sondern man bekommt zwei Disketten mit dem Titel »Ultimativ Interaktiv«. Man muß dafür eine Schutzgebühr von DM 5,– zahlen. Auch das ist noch weit entfernt von dem, was später passieren wird, wenn Multimedia wirklich funktioniert. Denn noch hat sich die Bausparkasse das alles mehr oder weniger allein ausgedacht. Es ist letztlich immer noch eine Einbahnstraßen-Kommunikation, nur die Nutzung ist interaktiv. Später, wenn Multimedia wirklich da ist, wird das Ganze andersherum gespielt. Dann produzieren die Themen-Gruppen und die Szenen die Inhalte, und die Marke oder *das werbende Unternehmen wird zum Verbraucher*. Interaktivität bedeutet ja nicht nur, daß man die Informationen spontan gabeln, differenzieren und in ihrer unterschiedlichen Tiefe variieren kann. Interaktivität bedeutet ja auch, daß neue Welten gemeinsam hergestellt werden und daß Virtualitäten gemeinsam codiert werden.

Spätestens dann wird die klassische Werbung, die mit vorgefertigten Nachrichten in linearer (persuasiver) Form operiert, mehr oder weniger gänzlich verschwinden. Sie wird verschwinden, wenn sie sich nicht in die Eigen-Dynamik der elektronischen Netze integrieren kann. Sie wird verschwinden, wenn sie das zentrale Spiel, das in den Netzwerken gespielt wird, nämlich »wo ist die neueste Evolution für welches Thema?«, ignoriert. Sie wird verschwinden, wenn sie für dieses neue Evolutions-Spiel keine Virtualitäten entwickelt oder sponsert. Sie wird verschwinden, wenn sie für diese Virtualitäten keine Codes entwickelt. Alles in allem:

Im Zeitalter von Multimedia wird es keine klassische Werbung mehr geben.

Wer sein Produkt oder seine Marke verkaufen will, muß zum Mitgestalter des Massen-Schamanismus werden.

Damit wandert die Werbung zu dem, was in der Wissenschafts-Theorie heute Autopoiese genannt wird, also *die Selbst-Erzeugung von Realität* durch die Prozesse dieser Realität. Und das wiederum steht ja auch im Mittelpunkt der Multimedia-Revolution, wie ich sie bereits beschrieben habe, nämlich der *Plan ohne Planung*. Was bedeutet das konkret für die Praxis?

1. Wenn sich Multimedia durchgesetzt hat, wird man als Hersteller oder Anbieter nicht mehr die gleichen Inhalte und die gleichen Manipulations-Taktiken wie bisher einsetzen können. Es wird nicht ausreichen, die Inhalte der Werbung lediglich umzusteuern, z. B. von den Anzeigen zu den Mail-Boxen oder von den TV-Spots zu den Cyber-Welten.

2. Es handelt sich nicht um eine Verlagerung in eine andere mediale Ebene, sondern um den Beginn neuer Mechanismen:

An die Stelle der klassischen Nachrichten-Kommunikation tritt der elektronische Schamanismus.

3. Die Werbung wird dadurch zum Mitgestalter des Massen-Schamanismus. Es wird die Aufgabe der Werbung sein, die *Herstellung von Edges* und die Stimulierung von neuen Edges zu unterstützen und zu stimulieren.

4. Die Werbung als Massen-Schamanismus: Das bedeutet auch, daß an die Stelle des Nachrichten-Transports *das Syncoding* treten wird. Und dieses Syncoding beruht auf drei Säulen. Die eine Säule ist der *Tribalismus*, also die Tatsache, daß in den elektronischen Gemeinschaften nur das zur gemeinsamen Wirklichkeit wird, was *Ritual-Charakter* hat.

Die zweite Dimension des Syncodings ist das *Schweben*, also die Tatsache, daß nur das ins Bewußtsein einer Community hineinkommt, was Edge-Charakter hat.

Die dritte Dimension des Syncodings ist die *Syn-Referentialität*, also die Tatsache, daß ein Produkt oder eine Marke nur so lange für eine Szene oder Themengruppe wichtig sein kann, wie sie *einen evolutionären Prozeß repräsentiert*, der von allen Beteiligten gemeinsam gesteuert wird.

Lassen Sie mich versuchen, wieder einmal zusammenzufassen. Multimedia steht vor der Tür. Es wird neuartige Geräte geben, aber es werden nicht die neuen Geräte sein, die sehr viel verändern. Sie sind nur vordergründig wichtig. Sie sind nur das Symptom. Das, was wirklich mit unserer Kultur jetzt geschieht, ist die Tatsache, daß *eine neue Ära der Wirklichkeits-Herstellung* eingeläutet wird … und damit entsteht eine neuartige Kultur: die Komputations-Kultur.

Multimedia ist also nicht, wie so oft behauptet wird, die technische Multiplizierung der Kommunikationen, und Interaktivität bedeutet nicht, daß die Menschen die Informationsflut besser selektieren können. Das stimmt alles, aber es stimmt eben nur ein wenig. Das, was sich jetzt wirklich vor unseren Augen entwickelt und durchsetzt, ist die Fähigkeit der Kultur, *sich durch Virtualitäten in bessere Zukünfte zu steuern.* Bisher haben uns Krisen und Verletzungen nach vorn gepeitscht. Jetzt tun es die »*unmöglichen Möglichkeiten*« – also die Virtualitäten. Genau das ist die Essenz des neuen Massen-Schamanismus:

Virtualitäten ersetzen Krisen.

Und wenn die Werbung mit diesem Massen-Schamanismus, der sich in den nächsten fünf bis zehn Jahren mehr und mehr entfalten wird, mitgehen will, dann muß sie mit der bisher gängigen Formel: »*Nachricht plus Persuasion*« aufhören. Sie muß Teil des Massen-Schamanismus werden, und das kann sie nur, wenn sie an die Stelle der Nachricht das Syncoding setzt. Das folgende Schaubild zeigt, mit welchen Faktoren wir es dabei zu tun haben werden:

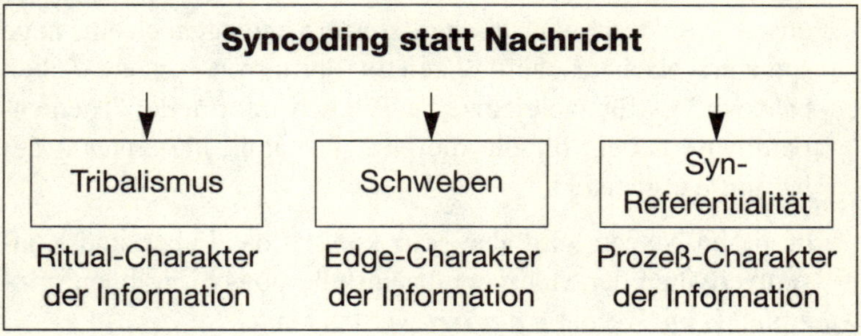

Gelingt es der Werbung nicht, ihr innerstes Informations-Modell zu verändern, also von der Überzeugung zum Syncoding zu kommen, dann wird uns Werbung schon in wenigen Jahren so komisch vorkommen, wie uns heute die Reklame komisch vorkommt. Die Reklame mit ihren Imperativen (»Kauft Kaffee Hag!«), mit ihren maßlosen Übertreibungen (»Das Beste von allem!«) und mit ihrer plakat-künstlerischen Optik ist ja schließlich nicht schlecht gemacht. Sie ist und war handwerklich perfekt. Und trotzdem: Selbst die bestgemachte Reklame wirkt heute lächerlich, ist zur *Karikatur ihrer eigenen Absicht* geworden.

Das gleiche wird mit der Werbung passieren, wenn sie den Weg zum Syncoding nicht findet. Sie mag noch so kreativ gestaltet sein, die Bilder mögen noch so gut fotografiert und arrangiert sein, die Texte mögen noch so geschliffen sein, sie wird sich zwischen Langeweile und Peinlichkeit verlieren. Deshalb folge ich Peter Kabel, der in HORIZONT 13/94 geschrieben hat: »Die Werbung per Massenmedium wird aufgrund ihres Gratis-Charakters einen billigen Anstrich bekommen, *als Trash abgewertet werden*. Das Fernsehen, heute noch exklusives und teures Werbemedium, wird sich vom Image her Billig-Blättchen, wie der ›Bäckerblume‹, angleichen. Die Aufgabe der Zukunft heißt deshalb, *mit dem einzelnen Nutzer in einen persönlichen Dialog* zu treten.«

Lassen Sie mich nun versuchen, die wichtigsten Konsequenzen für Management und Praxis zu formulieren:

1. *Machen Sie sich fit für Live-Service*

   Der elektronische Massen-Schamanismus verzaubert nicht nur unsere Welt durch Virtualitäten, sondern erzeugt auch eine neue spontane Nachbarschaftlichkeit in Form von Netzen. Schon bald wird es für viele einzelne Themen informelle »Themen-Familien« geben, für die die Netz-Dynamik *permanente Lebenshilfe* organisiert.

   In diesen Netzen wird also ganz konkret das Leben und Konsumverhalten der Menschen beeinflußt, obwohl in ihnen prinzipiell *keine Werbung plaziert* werden kann.

Es ist deshalb wichtig, schon heute diejenige Kompetenz aufzubauen, durch die Unternehmen und Marken in die Lage versetzt werden, *zum Mitgestalter derartiger Themen-Netze zu werden*. Man kann es auch folgendermaßen formulieren:

Die Netze sind exklusive Medien.
Wer kein Netz-Partner wird,
verliert sein Medium der Kommunikation.

Es ist deshalb ratsam, *Netzwerk-Kompetenz* aufzubauen. Das kann man nicht in klassischer Manier bei jeder Werbeagentur einkaufen, so wie man sich z. B. kreative TV-Spots von außen zuliefern läßt. Die Netzwerk-Kompetenz ist in erster Linie ein unternehmensinterner Aspekt. Man wird dafür eine eigene Abteilung aufbauen müssen, so wie z. B. fast alle Anbieter heute eine Werbeabteilung haben.

Meine Erfahrungen zeigen, daß man hier sehr viel Lehrgeld zahlen muß. Rechnen Sie mit ca. zwei bis fünf Jahren Aufbau. Wenn Sie also heute beginnen, werden Sie nicht vor dem Jahr 2003 wirklich fit sein. Zu diesem Zeitpunkt wird Multimedia bereits Realität sein.

2. *Steuern Sie Ihre Marke als Tandem*

Wie ich bereits erläutert habe, dominiert in den elektronischen Netzen das Rhizom, also ein fraktales Archiv, das sich dauernd bewegt. Und es bewegt sich durch Virtualitäten, die in der Welt 3 (= die Welt der Ideen) zu Moden werden. *Man muß also permanent Moden produzieren.* Das kann jedoch nur funktionieren, wenn man sein Produkt nicht als Mono-Marke anbietet, sondern als *fraktale Marke*. Die fraktale Marke lebt also vom permanenten Codieren neuartiger geistiger Formen (Virtualitäten). Die Marke ist damit permanent in Bewegung. Oder anders ausgedrückt:

Nur eine bewegte Marke lebt im Bewußtsein
der potentiellen Käufer.

Die permanenten und fraktalen Bewegungen erzeugen nun zusätzlich eine völlig neuartige Dynamik im Markt, nämlich die, daß sich nicht nur die Marken durch ihr Rhizom bewegen, sondern daß *auch der mentale Raum*, den jedes Produkt besitzt, permanent evolviert. D. h.:

Die Produkt-Gattung ist nicht mehr eine statische Größe, sondern wird zu einem evolutionären Prozeß.

Das aber verlangt, daß die Produkte, die in der kommenden multimedialen Kultur angeboten werden, eine »doppelte Ladung« aufweisen sollten:

Es sind codierte Räume, die sich in mentalen Räumen bewegen, die sich ebenfalls bewegen.

Es ist deshalb außerordentlich ratsam, mit der gegenwärtig überall so beliebten *Dachmarken-Strategie* aufzuhören. Vielmehr sollte man jetzt umschalten auf das *Tandem-System* der Marken-Führung. Das bedeutet konkret folgendes:

- Die Hersteller-Marke ist nicht mehr die *»Mutter für Line-Extension«*, sondern wird zu einer aktiven Marke, die permanent den mentalen Raum der Produkt-Gattung verändert und manipuliert. Das bedeutet, daß jede fraktale Marke automatisch auch eine aktive Hersteller-Marke benötigt. Beide operieren als Tandem. Und es ist die neue Rolle dieser Hersteller-Marke, den mentalen Raum zu verändern: Die Hersteller-Marke ist deshalb nicht mehr passiv und statisch wie die normale Dachmarke, sondern sie ist in einer neuartigen Form *evolutionär*.
- Die Hersteller-Marke benötigt deshalb prinzipiell andere Inhalte als die fraktale Marke (die Marke des Produkts).

Nach meinen Erfahrungen ist es am besten, wenn die Hersteller-Marke mit *»limbischen Strategien«* arbeitet, also z. B. konkrete *Limbos* (= Gefühls-Identitäten) erfindet und durchsetzt.

Alles in allem haben wir gesehen, daß die Multimedia-Revolution das System der Kommunikation gründlich umprogrammieren wird, und zwar auf Codierung. Wenn sich in diesem Kontext die Werbung retten will, muß sie aufhören, klassische Werbung zu sein, und die Marke sollte beginnen, zum Code des neuen Massen-Schamanismus zu werden. Kurz:

**Man verkauft dann am besten,
wenn sich das Produkt wie ein
elektronischer Schamane verhält.**

Teil 3

TRANCE WIRD ZUR NEUEN LOGIK DER MÄRKTE

Der Weg zum virtuellen Selbst

Wir haben erkannt, daß in den Datenräumen eine neue Form des Schamanismus entsteht: ein elektronischer Massen-Schamanismus, der von Multimedia gestaltet wird. Nun ist interessant, daß zu diesem elektronischen Schamanismus auch der *Trance-Trend* gehört, also ein Trend, der in den Medien meist oberflächlich abgehandelt wird, z. B. unter dem Stichwort »*Ekstase und Techno*«. Wenn man aber genauer analysiert, dann geht es gar nicht um Techno. Das ist nur eine der vordergründigen Realisations-Formen. Viel wichtiger ist der generelle Trend, der dahintersteht und der immer mächtiger wird: Unsere Kultur beginnt sich immer mehr mit Trance anzufreunden, weil sie entdeckt, daß Trance eine höhere Form von Intelligenz erzeugt:

Trance ist die Intelligenz für Komplexität.

Trance und Multimedia gehören also zusammen. Sie bedingen sich wechselseitig. Und deshalb will ich in diesem Teil des Buches versuchen, das ganze Trend-Spektrum der Trance zu analysieren, u. a. weil ich sicher bin, daß die meisten Produkt-Bereiche immer stärker in den Bann dieser Trance hineingezogen werden. Meine These: Das was in den 70er Jahren das Konzept des »*Erlebnis-Konsums*« war, das wird in der zweiten Hälfte der 90er Jahre der *Trance-Konsum* sein. Das bedeutet:

Auch der Konsum integriert sich in die große Trance.

Wie wollen wir vorgehen? Vielleicht lohnt es, von dem Trend auszugehen, der unter dem Stichwort »Donator-Modell« von Fritsche analysiert worden ist. Der Donator-Trend beschreibt das Entstehen eines *elektronisch gestützten* Altruismus, wie er in vielfältiger Form in den Netzen von Multimedia und Internet bereits zu beobachten ist. Danach würde ich sehr gerne das Wesen und das Methoden-Set der Trance erläutern und dann überleiten zu der Kardinal-Frage:

Warum ersetzt Trance die Funktion der alten Werte?

Anschließend möchte ich die Analyse konzentrieren auf das Phänomen der Zippies, um dann weiterzugehen zu den neuen Musik-Richtungen, die alle mehr oder weniger deutlich in Richtung Trance wandern, also z. B. Techno, Jungle, Rap und Cyber-Pop. Daran anschließend möchte ich gerne die eminent wichtige Bedeutung von Speed-Drinks und Drogen streifen, um dann überzugehen zu Cyber-Sex und Wild-Sex, also Trends der sexuellen Selbst-Stimulierung.

Ein anderer Aspekt, der hierzu gehört, läßt sich zusammenfassen unter der Rubrik »*luzide Träume im Datenraum*«, also die Umfunktionierung von Cyber zu einer universalen Stimulanz-Maschine. Und von dort kommen wir sehr schnell zu den nächsten Themen, nämlich die »*Verwandlung der Religion*« durch Computer. Dazu gehört auch Virtual Life, also der *Traum vom ewigen Leben im Datenraum.*

Und auf dieser Basis werden wir dann zu einigen sehr wichtigen Konsequenzen kommen, so z. B. zu den *Mind-Children*, d. h. die große Abkehr von der Psyche, also die Entdeckung der Welt 3, die Welt der Virtualität. Von dort aus ist es nur noch ein kleiner Schritt zu den jetzt langsam sichtbar werdenden Dogmen des *Light Age*, also der Vision des *digitalen Übermenschen.* Und wenn wir dort angelangt sind, dann kommen wir zur wichtigen Essenz des Trance-Trends, nämlich die *Verabschiedung der Esoterik.* Sie wird ersetzt werden durch schamanische Mind-Techniken, Stichwort *Noeterik.* Und ganz zum Schluß dieses Streifzugs möchte ich dann auf das Rhizom hinweisen. Es ist die Heimat der Trance und zugleich auch die neuartige Logik der Trance.

Das ist in kurzen Worten die Reise, die ich gerne mit Ihnen zusammen realisieren möchte, der Trip in die beginnende Trance-Revolution unserer jetzigen Epoche.

Lassen Sie uns also, wie angekündigt, beginnen mit dem Donator-Modell. Es ist die geistige Basis für den Trance-Trend. Man kann es auch anders sagen: Wäre unsere Kultur nicht vom *Amplifikator-Modell* (also vom Modell der Raum-Macht) übergewechselt zum Donator-Modell, also zu einer *elektronischen Form des Altruismus*, dann würde es den Trance-Trend überhaupt nicht geben. Das Donator-Modell läßt sich auf vier generelle Kern-Thesen verdichten:

1. **Das Donator-Modell erzeugt in unserer Kultur eine neuartige Strategie der Evolution: *Fortschritt durch Altruismus*.**
2. **Das Donator-Modell verwandelt die Märkte zum Commercial-Space, der ohne Logik und Struktur operiert: *Die Codierung von Zeitgeist-Trance ersetzt die manipulative Werbung*.**
3. **Das Donator-Modell führt unsere Gesellschaft zu einer globalen kulturellen Trance: *An die Stelle der Logik tritt die Mystik des fraktalen Zeitgeistes*.**
4. **Das Donator-Modell formt in den Individuen eine eigenartige Neuro-Ästhetik: *Das Rhizom wird zum System der neuen Identität*.**

Man kann es auch anders formulieren. Der Donator-Trend, der von Jahr zu Jahr kraftvoller wird, führt unsere Kultur zu einem neuartigen Cyber-Altruismus. Je mehr wir unsere Intelligenz durch *spontan-kooperative Netze* und damit außerhalb von strukturierter Macht organisieren, um so wichtiger wird die Win-Win-Haltung, die das Donator-Modell nun in unsere Kultur hineinträgt.

Das Donator-Modell braucht natürlich eine Praxis, eine ganz konkrete Praxis für den Alltag. Und das ist nicht etwa die Logik, also die hohe Kunst des klaren Denkens, sondern das ist Trance:

Trance ist das Arbeits-Instrument der Donator-Kultur.

Nun wird es aber Zeit, sich ein bißchen umzusehen im breiten Spektrum der Trance. Was ist Trance? Wie wird sie hergestellt? Vordergründig gesehen ist das sehr einfach. Es gibt seit einiger Zeit den immer dominierender werdenden *Techno-Trend*. Immer mehr Jugendliche tanzen nicht mehr zu einer Musik, die Stories musikalisch verkauft, sondern tanzen zu einer Musik, *die Realität austauscht zugunsten von Trance*.

In der Jugend-Szene ist Trance also in breiter Front da. Die Wurzeln dazu reichen weit zurück in die 70er Jahre, Stichwort: Beginn der Disco-Welle. Parallel dazu hat sich der Trend zu den Designer-Drogen (z. B. Ecstasy) enorm durchgesetzt. Es gibt also auch einen biochemischen Weg zur Trance, der sich beinahe mühelos durchgesetzt hat.

Das ist die Vorderseite dieses Trends. Lassen Sie uns nun versuchen, ein bißchen den wissenschaftlichen Background von Trance zu begreifen: Zuerst einmal ist Trance nichts anderes als eine *gezielte Erregung des Nerven-Systems*. Trance ist typisch für Menschen, die Komplexität und Realität zusammenbringen wollen. Man könnte sagen, es ist der Weg, um Stimulation und Simulation so zu vereinen, daß man »mehr Welt managen kann«.

Insofern ist Trance die natürliche Innenausstattung für *multi-optionale Menschen*, die man wiederum als »mentale Nomaden« beschreiben kann. Die Trance ist aus dieser Sicht nichts anderes als die Vergrößerung und Qualifizierung des Wahrnehmungs-Fensters zur Welt. Prof. Felicitas Goodman, eine ausgewiesene Trance-Forscherin, hat in diesem Zusammenhang einmal formuliert:

**»Trance ist nicht Kontroll-Verlust,
sondern Kontakt-Gewinn.«**

Ekstatische Trance-Techniken vermitteln also dem Gehirn das Unwahrscheinliche. Sie kombinieren Realität mit Potentialität. Und das ist genau das, was unsere Kultur jetzt verlangt: Eine neue Qualität von Intelligenz, die Chaotik und Komplexität verstehen und instrumentalisieren kann.

Trance ist also nicht das, was man landläufig meint, nämlich eine Art ausflippen aus der Realität, sondern ganz genau das Gegenteil: Die Verbesserung der Energie-Zufuhr in den Körper, um wacher zu werden für die chaotisch-komplexe Realität:

Trance macht mehr Welt sichtbar.

Inzwischen gibt es auch zahlreiche Seminare und Workshops über Trancen, und Prof. Giselher Guttmann, der mit der Kapellner GmbH in Wien kooperiert, hat eine umfangreiche Forschungs-Serie gestartet über die Physiologie der Trance.

Danach scheint es so zu sein, daß Trance eine sehr normale, ja geradezu biologisch verwurzelte *Methode der Bewußtseins-Verbesserung* ist. Jeder Mensch ist im Prinzip der Gefangene seiner Gedanken. Trance ist eine der wenigen Techniken, um aus diesem Gefangen-Sein herauszukommen.

Wenn also die Kids jetzt immer mehr auf Trance-Dancing umschwenken, dann wollen sie nicht aus der Welt aussteigen, sondern sie wollen ihr Bewußtsein öffnen für die ungesehene Welt.

Zugleich ist Trance aber auch ein Weg nach innen. Sie ermöglicht den Blick des Menschen auf seine eigene Innenwelt. Insofern bedeutet Trance auch einen *Ausstieg aus der Psycho-Welle*. Wenn sich also die Kids in den Discotheken immer eindeutiger für ein »Leben als Trance« entscheiden, dann tun sie das im Grunde auch gegen alles das, was wir seit Freud in unserer Kultur so bombastisch zelebriert haben: Der ganze Psycho-Rummel, also das Spiel mit Neurosen und psychologischen Defiziten. Anders gesagt:

Der Trance-Trend bereitet den Ausstieg aus der Psycho-Doktrin vor: Geist statt Psyche.

Er ist somit ein Übergangs-Trend zu einem *neuen Mentalismus*. Und wenn es stimmt, was Goodman schreibt, daß Trance ein ganz natürlicher Teil »des Verhaltens-Potentials aller normalen Menschen« ist, dann findet hier im Grunde auf breiter Front eine Gesundung statt. Wir überwinden Freud, die Psychoanalyse und die ewigen Defizite der verletzten Seele durch ein sehr ursprüngliches, fast biologisches Verhaltens-Repertoire. Anders gesagt:

Der Trance-Trend befreit unsere Kultur von dem Zwang, in den Seelen leiden zu müssen.

Der Trance-Trend reißt also ein riesiges Tor auf – und öffnet damit einen Weg zu einem neuen Pragmatismus in Sachen Geist. Das ist das, was der Nobelpreisträger Roger Sperry (»Naturwissenschaft und Wertentscheidung«, München 1985) schon vor einigen Jahren prophezeit hat. Er sagte, daß wir kurz vor einer Epoche stehen, in der der Geist der Menschen lernen wird, wie man schneller und gezielter *innovativen Geist herstellt.* Deshalb geht jetzt das Spiel mit der »gequälten Psyche« zu Ende. Und deshalb stirbt auch jetzt vor unseren Augen der *europäische Humanismus* mit seiner permanenten Betroffenheit und leidvollen Sinn-Suche. Und so entsteht eine neue natürliche Weisheit: die *Weisheit der Trance*. Wo liegt sie? Sie liegt in der Funktion der Trance in unserer Zeit. Und diese neuartige Funktion kann man komprimieren auf eine einzige Aussage:

Trance ersetzt Werte.

Nun wird plötzlich alles sehr viel deutlicher. Wir hatten den *ersten Wertewandel* in unserer Kultur zwischen 1965 und 1979. Damals veränderten sich die Werte gewaltig. Die Werte der Disziplin sackten in den Keller, und die Werte der Spontanität kamen schlagartig nach oben. Es war wie eine große Befreiung.

In den 80er Jahren hatten wir dann in erster Linie den kinetischen Wertewandel, d. h. daß neuartige *kinetische Werte* ganz nach oben kamen: Unsere Kultur trennte sich von den Systemen der Wahrheit und der Tiefe zugunsten von Oberfläche und Interface. Es entstanden die Werte des Scheins.

Und dann, in der zweiten Hälfte der 90er Jahre, begann, wie ich schon oftmals geschildert habe, die *Werte-Verbrennung*: Werte verloren ihre doktrinäre Gültigkeit und sie mutierten zu Moden.

Und inzwischen sind wir nach einer langen Auflösung der Werte-Ideologie da angelangt, wo Werte inzwischen mehr oder weniger dysfunktional geworden sind. Spätestens seit der Epoche der Werte-Verbrennung taugen sie nicht mehr als Orientierungs-Maßstab. Vor uns steht der *chaotische Futurismus*, für den die Orientierungslosigkeit eine völlig selbstverständliche und normale, d. h. eine gesunde Situation ist. Vor uns steht also eine *Self-fulfilling-Society*, die durch bewußt gemanagte Risiken und durch methodisch hergestellte Zufälle diejenige Zukunft erfindet, die sie haben möchte.

In diesem neuartigen Spiel sind »ewige Werte« völlig unbrauchbar. Deshalb hat unsere Kultur die Werte modisch gemacht. Aber jetzt geht sie, wie gesagt, noch einen Schritt weiter. Jetzt ersetzt sie die modischen Werte durch Trance. Das ist das eigentlich Spektakuläre an der heutigen Situation:

Die Trance gibt unserer Kultur mehr Weisheit, als Werte sie vermitteln können.

Trance übernimmt aber nicht nur die Orientierungsfunktion der Werte, sie übernimmt auch moralische und ethische Aspekte, die sonst von den Werten praktiziert worden sind. Vielleicht war Francisco J. Varela der erste, der erkannt hat, daß die neuartige Trance, die sich jetzt in den westlichen Ländern mehr und mehr breit macht, im Grunde auch zu einem *neuartigen Konzept von Ethik* führen wird. Seiner Meinung nach vollzieht sich gerade jetzt ein »erstmaliger Aufbruch zu einer echten Ethik«. Und diese neue Ethik, so Varela, »ist näher bei der Weisheit als bei der Vernunft«.

Damit findet auch, wie er in seinem Buch »Ethisches Können« (Frankfurt, 1994) beschrieben hat, ein wichtiger Wechsel der zentralen Fragen statt. Als die Ethik noch ein Kind der Vernunft und damit ein Aspekt der europäischen, humanistischen Logik war, da lautete die zentrale Frage: Wie muß ich eine Situation moralisch beurteilen? Jetzt, wo sie durch Komplexität und Trance immer mehr in Richtung einer Weisheit verlagert wird, stellt sich die zentrale Frage völlig anders, nämlich: Was heißt es, als Mensch gut zu sein?

Trance ist also ein Aspekt, der mithilft, *aus Menschen gute Menschen zu machen*. Damit übernimmt Trance ein Stück weit auch die Rolle der Moral. Auf den ersten Blick scheint das eine sehr abstruse Vorstellung zu sein. Aber genau das ist im Trend. Und in den wesentlichen Punkten kann ich Varela folgen, der als Neurophysiologe von einem völlig anderen Ansatz kommt. Er ist kein Trend-Analytiker, sondern Wissenschaftler. Aber seine Ausführungen landen bei dem gleichen Ergebnis wie meine Beobachtungen:

**Der gute Mensch entsteht durch Trance,
weil Trance ein natürliches Verhalten ist,
das dem Menschen hilft, sein Ich zu überwinden.**

Gut sein entsteht demnach erst durch Ich-Überwindung und nicht durch Moral. Oder anders ausgedrückt:

Die moderne Ethik entsteht durch die Weisheit der Trance.

Lassen Sie uns, weil dieser Aspekt besonders spannend ist, der Argumentation von Varela noch ein wenig folgen. Er sagt, daß Ethik im Grunde überhaupt nichts zu tun hat mit der »Logik der Moral«, Ethik ist immer Verhalten. Ethik hat also nichts mit Sonntagsreden und idealistischen Verkündigungen zu tun. Ethik entsteht erst dann, wenn man sich ethisch verhält. Also lautet die zentrale Frage: Wie mache ich mein Verhalten gut, wenn es dadurch gut wird, daß ich mein Ego aus meinem Verhalten herausführe?

Diese Frage steht deshalb im Mittelpunkt, weil es das Ego ist, das uns sozusagen schlecht sein läßt. Es fängt bei Mißgunst und Neid an und endet bei größeren Gemeinheiten und letztlich bei schlimmer Destruktion.

Die Grundidee ist also die, *daß eine bessere Qualität von Ich auch ein besseres Verhalten* herstellen würde. Also würde ein Selbstkonzept, das nicht die Schwächen des Ichs zum Inhalt hat, zu einem Verhalten führen, das nicht den bösen Schatten des Ichs repräsentiert.

So in etwa lautet die Kernthese von Varela. Seiner Meinung nach ist unsere Gesellschaft seit einiger Zeit dabei, genau diesen Aspekt jetzt praktikabel zu machen. Und der Trance-Trend gehört dazu, ebenso wie andere flankierende Trends, z. B. New Age, Telematik, Multiphrenie und Internet (Cyber).

Was unsere Kultur also veranstaltet, ist im Prinzip nichts anderes, als daß sie Ethik runterholt vom Baum der Ideale und sie endlich der Praxis zuwendet. Ethik soll konkret werden. Ethik soll praktisch machbar sein. Aus der Sicht der Neuroforscher bedeutet das, daß eine neue Einheit aus Körper und Geist angestrebt wird. Denn offensichtlich ist die *Auflösung des destruktiven Ichs* etwas, was nur Körper und Geist gemeinsam schaffen können. Also gibt es seit einiger Zeit in unserer Kultur einen machtvollen Aufbruch, der dafür sorgt, daß sich *»der Körper spiritualisiert«* (so beschreibt es Michael Murphy in seinem Buch »Der Quantenmensch«, Wessobrunn 1994).

Das ist spannend. Das, was also vor ungefähr zwanzig Jahren mit dem *Fitneß-Boom* begann und was jetzt inzwischen viel sensibler unter *Wellness* läuft, das alles ist im Grunde nichts anderes als ein Vorbereiten des Körpers für eine neue geistige Zielrichtung. Es ist das Präparieren des Körpers für eine neue Spiritualität. Damit wird der Körper selbst zur Praxis einer neuen Ethik, zur Praxis einer neuen Geistigkeit.

Die ganze Wellness-Welle ist aus dieser Sicht nichts anderes als ein großes Umschwenken vom abstrakten Handeln zu einem aktiven konkreten Handeln.

**Der Körper soll benutzt werden,
um das Ich transparent zu machen.**

Trance-Dancing, wie es in der Techno-Szene seit einigen Jahren üblich ist, ist aus dieser Sicht nichts anderes als ein großes internationales Trainings-Camp, um mit dem Körper die Grenzen und die Schwächen des Ichs zu erkennen.

Nach Varela haben wir alle ein deutliches Erkenntnis-Problem. Wir können z. B. die Schattenseiten unseres Ichs nicht erkennen. Demnach können wir auch die Ethik, die wir mehr oder weniger alle gleichermaßen anstreben, nicht konkretisieren, sie also nicht zu unserer täglichen Praxis machen. Es stellt sich deshalb heute die Frage: Wie muß ich mich verhalten, um die Schwächen meines Ichs erkennen und auflösen zu können?

Nach Descartes war Erkennen immer ein Akt des Denkens. Man konnte nur das erkennen, was man besonders gründlich durchdacht hatte. Descartes glaubte ja auch, daß das Ich dadurch entsteht, daß man denkt (»Ich bin, weil ich denke.«).

Varela weist nun darauf hin, daß inzwischen aber ein völlig neuartiges Paradigma entstanden ist, das Descartes ablehnt und ihm kraß widerspricht. Und dieses Paradigma lautet: »*Erkennen ist Vollzug*.« Also ist Erkennen Handeln. Und das beste Handeln, das wir praktizieren können, um unser Ich aufzulösen, ist die Trance. Das bedeutet:

»Die Trance ist das Handeln, das den Menschen aus seinem Ich herausführt.«

Für Varela ergibt sich daraus folgende Konsequenz: Der Westen sucht Wege, um mit seinem Ich in dasjenige Handeln hineinzukommen, das das Ich und die starren Weltbilder auflöst. Seiner Meinung nach ist die Erkennung des Ichs das Handeln eines Individuums in der Umwelt des Ichs.

Neurophysiologisch sieht das so aus, daß die *Mikro-Identitäten*, die jeder Mensch permanent aufbaut, auch permanent wieder aufgelöst werden müßten. Gleichzeitig müßten die *Mikro-Welten* (also unsere Vorurteile gegenüber der Welt), die jeder Mensch ebenfalls kontinuierlich aufbaut und pflegt, ebenso kontinuierlich wieder ent-lernt werden.

Das Ich-lose Selbst ist also eine Identität, die es schafft, sich immer wieder von sich selbst und von seinen Vorurteilen gegenüber der Welt zu ent-lernen. Aus der Sicht von Varela besteht Identität (also das, was der Volksmund als »Ich« bezeichnet) ohnehin nur aus *automatisierten Mikro-Welten*. Wenn man das einmal erkannt hat, dann begreift man, daß die Ich-Schwäche eines Menschen (also alles das, was unter dem Stichwort »das Böse« zusammengefaßt wird) nichts anderes ist, als eine Mikro-Welt, die falsch aufgebaut worden ist. Und daraus kann man, nach Varela, folgenden Schluß ziehen:

**Ethik wird erst dann praktiziert,
wenn es einem Menschen gelingt,
seine automatisierten Mikro-Welten
permanent auszulöschen.**

Dieser Auslöschungs-Prozeß ist Trance. Es entsteht damit auch das, was Detlef B. Linke unter »*Neuro-Ästhetik*« beschrieben hat. Linke ist ein renommierter Neuroforscher, der in Deutschland arbeitet. Seiner Meinung nach entsteht eine neuronale Ästhetik des Selbst, in dem unser Bewußtsein sozusagen eine Etage höher steigt: Der Geist beobachtet, wie er Bewußtsein herstellt, und deshalb kann der Geist auch beobachten, wie er falsches Bewußtsein herstellt. In den Worten von Varela bedeutet das, daß der »höhere Geist« ganz bewußt in der Lage ist, dafür zu sorgen, daß die automatisierten Mikro-Qualitäten immer wieder zusammenbrechen. Seiner Meinung nach ist das überhaupt der Schlüssel zur Autonomie und zur Authentizität in unserer Zeit.

Das bedeutet, daß die Kids eigentlich sehr deutlich auf dem richtigen Weg sind. Wie die YOYO-Studie sehr deutlich gezeigt hat, ist die zentrale Vision der meisten Jugendlichen *Authentizität*. Sie wollen weg von den genormten Werten, weil sie sehen, daß die Werte hohl geworden sind, weil sie die Menschen nicht mehr zu einem besseren Leben steuern. Die Kids wollen weg von allem, was sie normiert und standardisiert. Spontanität und Autonomie sollen zusammengefaßt werden zu einer neuen Qualität der Authentizität. Alles, was stereotyp ist, alles, was die Welt abstrakt macht, und alles das, was Verhalten automatisiert … also all das, *was gegen sich selbst immun ist*, was man also nicht mehr reparieren und korrigieren kann, all das wird von den Jugend-Szenen mehr und mehr abgelehnt.

Was sich also in den letzten Jahren vollzogen hat, ist im Grunde nichts anderes, als daß eine *neue Idee von Selbst* entstanden ist, die von den Neuroforschern sehr detailliert begründet werden kann:

Das Selbst ist dasjenige Mind-Programm, das das Ich permanent auflösen kann.

Anders gesagt: Das moderne Selbst besteht aus den gewollten Zusammenbrüchen des Ichs. Varela weist darauf hin, daß dies ein enormer Fortschritt auch in Sachen Kreativität und Intelligenz ist. Seiner Meinung nach ist das der Weg zu einer *lebendigen Erkenntnis*, weil das Gehirn immer dann, wenn es besonders viel von der Welt wahrnimmt, in einem Prozeß der *permanenten Oszillation* schwebt. Etwas anders ausgedrückt: Je gleichmäßiger und konsequenter die Zusammenbrüche der Mikro-Identitäten und der Mikro-Welten stattfinden, um so mehr lebt der Mensch in der Welt, um so intelligenter und weiser wird er.

Also haben der Drogen-Trend, der sich seit so vielen Jahren unaufhörlich steigert, der New-Age-Trend, der Trance- und der Techno-Trend im Grunde eine gemeinsame Essenz: die Geburt des echten Selbst, die Vision eines authentischen Selbst, das sich immer wieder befreien kann von Automatismen und Stereotypisierungen. Ein Selbst, das die Qualität hat, sich permanent von den *mentalen Schatten* zu trennen, die unvermeidbar sind, wenn man lebt.

Viele Neuroforscher sind an diesem Punkt bereits angelangt. Daniel C. Dennett z. B. hat in seinem neuen Buch über die »Philosophie des menschlichen Bewußtseins« (Hamburg 1994) genau diesen Wendepunkt definiert, u. a. mit der Frage: Wie muß ein Mensch handeln, um zu seinem echten Selbst zu gelangen? Die Antwort ist einfach. *Sein Handeln wird ein Erfinden sein müssen.* Das Gehirn sagt uns nämlich deutlich, daß man nur diejenige Welt in sich aufbauen kann, die man sozusagen für sich persönlich »erhandelt« hat. Erkennen und Sehen ist prinzipiell Handeln.

Das bedeutet konkret: Wenn man ein authentisches Selbst haben will, was ja die Jugend-Kultur vehement anstrebt, dann muß man anders handeln. Und die Frage, die sich dann stellt: Welches Handeln erzeugt ein anderes Sehen der Welt und ein anderes Erkennen seiner selbst? Varela dazu: »Sehen ist nicht die Extraktion visueller Merkmale, sondern die visuelle Steuerung des Handelns.« Und deshalb gibt es den Drogen-Trend. Und deshalb gibt es den Techno-Trend – also Trance als Verhalten für den Aufbau von Authentizität.

Wenn es stimmt, daß die Wirklichkeit fast ausschließlich von der körperlichen Aktivität des Wahrnehmenden abhängig ist, worauf Varela, Maturana und viele andere Neuroforscher immer wieder hinweisen, dann braucht unser Leben ein anderes körperliches Verhalten, um den Körper fit zu machen für eine neue mentale Wahrnehmungsfähigkeit. Und dann brauchen wir auch eine neue körperliche Aktivität, um uns immer wieder von den mentalen Schatten unseres Ichs zu trennen.

Die Frage ist nun, was ist das für eine körperliche Aktivität, wie sieht sie aus? Goodman meint, daß es eine ursprüngliche *biologische Körper-Disposition* gibt, die ganz gezielt dafür sorgt, daß die Mikro-Identitäten und die Mikro-Welten zusammenbrechen Und das ist die Trance. Anders gesagt:

Trance ist das körperliche Verhalten für Selbst-Erfindung.

Erkennen ist nicht Rekonstruktion. Besseres Wissen entsteht nicht durch Lernen von Fakten. Und erkennendes Wissen, also das, was wir Weisheit nennen, entsteht aus der Sicht der Neurophysiologie ausschließlich durch den Aufbau von Mikro-Welten und Mikro-Identitäten, bei einem gleichzeitigen Auslöschen von falschen Mikro-Welten und falschen Mikro-Identitäten.

Also sind *Ethik und Weisheit nicht etwa abhängig von Werten*, mögen sie noch so christlich oder humanistisch sein, und auch nicht abhängig von der Zugehörigkeit zu Kirchen oder Sekten, sondern abhängig davon, ob man das richtige Selbst hat. Also ist der große Trip unserer Jugend-Kultur in Richtung eines »authentischen Selbst« absolut richtig und wertvoll, denn es ist der Schritt zu einem ethischeren Selbst, also einem Selbst, das in der Lage ist, seinen Schatten zu erkennen, das aber etwas viel wichtigeres auch noch kann: Sich von seinem Schatten zu trennen.

Ich glaube, jetzt erkennt man auch, warum der Trance-Trend so ideal zum Donator-Modell paßt. Durch die Trance-Welle entsteht ein *anderes Identitäts-Programm* in unserer westlichen Kultur, das die Menschen befähigt, außerhalb ihrer starren Ich-Programme zu handeln. Nun ist aber der »Altruismus«, der sich jetzt in unserer elektronischen Kultur durchsetzt, überhaupt nicht praktizierbar mit einem klassischen, harten Ich. Das normale Ich würde den jetzigen Aufbruch zu einem weisen Altruismus torpedieren.

Der Trance-Trend ist deshalb ein ganz konkretes Handeln, das zu einem Ich-losen Selbst führt. Es ist keine Theorie. Es ist kein abstrakter Idealismus. Es ist kein leeres Werte-System. Es ist konkretes Handeln, um eine neue Identitäts-Qualität einzuüben.

Vielleicht lohnt an dieser Stelle ein weiterer Blick in die Neuroforschung, und zwar in bezug auf Ich und Identität. Man kann heute erkennen, daß das Ich im Grunde ein Überlebens-Programm ist. Es sorgt dafür, daß das Leben, das einem Menschen zugeteilt wurde, möglichst lange lebt. *Das Ich hat also überhaupt nichts zu tun mit dem Selbstkonzept eines Menschen.*

Was ist nun aber das Selbstkonzept? Das Selbst eines Menschen ist die Beobachtung eines Menschen im Hinblick auf sein eigenes Leben. Er beobachtet, wie sich die Umwelt aufgrund seines Verhaltens zu ihm verhält. Daraus entsteht das, was Varela die »automatisierten Mikro-Identitäten und Mikro-Welten« nennt. Das Selbst ist also ein Identitäts-Programm, das die Effekte des gelebten Lebens beobachtet und daran als ein »Das bin ich« glaubt.

Was unsere Kultur nun offensichtlich begriffen hat, ist die Tatsache, daß jeder Mensch mal gut, mal schlecht lebt. Also hat er auch gute Mikro-Identitäten und schlechte Mikro-Identitäten. Was wir begreifen, ist, daß dies aber überhaupt nichts mit dem möglichen Selbst zu tun hat, also mit dem, was die Jugendlichen anstreben: einem idealen Selbst ohne negativen Schatten.

Der Trance-Trend organisiert nun in kollektiver Form das Verhalten, was dazu führt, daß der Mensch lernt, wie man seine Mikro-

Identitäten und seine Mikro-Welten zu gewollten Zusammenbrüchen führt. Es ist ein Verhalten des Clearings: *ein Auslöschungs-Verhalten des eigenen Schattens* ... also genau das, was jahrelang gesucht wurde unter dem Stichwort »der bessere Mensch« oder der »gesunde Altruismus«.

Eigentlich ist es wie ein Witz: Die elektronische Revolution verlangt von uns einen neuartigen Altruismus. Auf dem Weg dorthin plündern wir unsere ethischen Werte, stellen fest, daß sie nicht mehr tauglich sind. Sie sind zu abstrakt, zu stereotyp, zu abgehoben. Sie haben nicht die Kraft, in unser wirkliches Leben hineinzukommen, weil wir sie durch unser wirklich gelebtes Leben nicht in unser Selbstkonzept hineinführen können. Wenn man Werte aber nicht lebt, haben sie keine Chance, zum Verhalten zu werden.

Deshalb kam es zum großen Boom des Wertewandels und zur anschließenden Werte-Verbrennung. Und nachdem sich der tradierte Glaube an Ethik, Moral und Werte mehr und mehr aufgelöst hat, konnte man plötzlich einen völlig anderen Weg sehen: den Weg der Trance. Das angestrebte »ethischere Ich« wurde plötzlich sichtbar in Form eines Ich-losen Selbstkonzepts.

Die Jugend-Szenen begannen deshalb, über vielfältige Wellen und Moden (von der Hippie-Welle über die Psycho-Welle bis hin zur aktuellen Techno-Welle), dasjenige Verhalten zu erfinden und zu kollektivieren, das letztlich zu einem positiven Altruismus führt. All den vielen Modewellen der Jugend-Szene liegt also ein roter Faden zugrunde:

Der gewollte Zusammenbruch der Mikro-Identitäten und der Mikro-Welten als Verhalten zur Ich-Überwindung.

Trance als Lern-Verhalten für einen kreativen Altruismus.

Dahinter steckt eine große Portion Klugheit, auf die schon Jean Piaget und später in seiner Nachfolge auch Varela dezidiert hinweisen. Wir entdecken, daß unser Selbst eine Art Glaube ist, den wir glauben. Varela dazu: »Wir lernen das zu sein, was man von uns erwartet, weil wir als Lernende akzeptiert werden möchten.«

Wir bekommen nun also ein völlig neuartiges und kluges Konzept von Authentizität, weil wir in der Lage sind, Authentizität und Individualität in einer historisch einzigartigen Form zusammenzubringen. Die Identität eines Menschen ist nicht mehr das *Sammelbecken von Stereotypien* (Normen, Werte, usw.) in Verbindung mit seinem real gelebten Leben, sondern die Individualität eines Menschen ist dann am größten und am wertvollsten, wenn er in der Lage ist, sich von den Stereotypien (Normen, Werte) ebenso zu trennen wie von den Fehlern und den Irrungen seines realen Lebens.

Damit wird der ganze Zauber, der seit Freud in unserer Kultur herumgeisterte, nämlich das Gerede vom Ich, Über-Ich und Es, mit einem Schlag weggewischt. Gleichzeitig hört damit auch das *repressive Spiel mit der Selbstverwirklichung auf*, das im Humanismus und im Christentum so geschickt gespielt worden ist.

Inzwischen haben mehrere Soziologen und Philosophen darauf hingewiesen, daß die Jugend-Kultur mehr und mehr begriffen hat, wie problematisch und negativ das Ideal der Selbstverwirklichung ist. Gerade viele Jugendliche haben intuitiv geahnt, daß Selbstverwirklichung bedeutet, daß man seine Identität in das hineinjagt, was Hinrich Fink-Eitel einmal die *»fehlerhafte Zirkularität«* genannt hat. Das bedeutet etwas vereinfacht gesagt, daß man permanent versucht, das zu verwirklichen, was man bereits längst ist. Man möchte das reine Selbst haben, kann aber nicht rein leben.

So wird man ständig überfordert. Das bedeutet, daß der Mensch, der sich selbst verwirklichen will, *»in eine unüberwindliche Schuld gerät«* (Fink-Eitel). Ich möchte mich an dieser Stelle deshalb kurz fassen. Die Idee des reinen Selbst ist ein *Machtinstrument*, und zwar solange man dem Menschen nicht hilft, den Weg zu erkennen zu einem Ich-losen Selbst. Psychotherapie und Therapie (z. B. in Form der Beichte) haben die Sinnsuche zwar verstärkt, haben aber den Menschen keine Hilfen gegeben, wie sie zum reinen Selbst kommen können.

Wenn man aber einen Menschen auf etwas verpflichtet, und ihn gleichzeitig so programmiert, daß er dieses nie erreichen wird (was in der Psychotherapie »Double Bind« genannt wird), dann schickt man ihn im Prinzip in eine *latente Depression.*

Der Philosoph Peter Sloterdijk hat diesen Zirkel ebenfalls sehr klar erkannt. Seiner Meinung nach sind die sinngebenden Institutionen unserer Gesellschaft (Kirchen, Schulen, aber z. B. auch die Psychotherapeuten) im Grunde die Verstärker dieses Machtmodells. Sie tun so, als könne man dem Menschen, der sich immer schuldhaft fühlt, vergeben und helfen, aber im Grunde verstärkt jeder Hilfsprozeß (sei er als Beichte organisiert oder als psychotherapeutische Sitzung) letztlich nur die »*Über-Ich-Katastrophe*« (Sloterdijk).

Es war Friedrich Nietzsche, der als erster unter dem Stichwort »das Genie des Herzens« beschrieben hat, *daß das Selbst im Grunde ein Schein ist.* Und vor ihm war bereits Michel Montaigne, der große Gegenspieler von Descartes, der Meinung, daß die Individualität eines Menschen, also sein Selbst, das ist, was zwischen allen Handlungen existiert.

Diese beiden Vordenker begriffen, daß das Selbst nie und nimmer das beobachtete Summativ des gelebten Lebens sein darf oder gar das Denken, wie es Descartes formulierte: »Weil ich denke, bin ich.«

Wenn man das Selbst auf diesen Punkt festnagelt, dann wird es ein schizophrenes Selbst. *Es wird immer schuldhafter, und gleichzeitig wird es immer stereotyper.* Es wird schuldhafter, weil kein Mensch so rein und so edel leben kann, daß er in seiner ehrlichen Selbstbeobachtung »die ideale Reinheit« wird.

Und es wird stereotyper, weil man aus seiner Not heraus immer wertegläubiger wird. Man fällt also auf das Dogma der Sinnsuche herein. Man wiederholt dadurch die Stereotypen der Kultur. Als Formel:

Wer den Sinn sucht, findet das Stereotyp.

Mit anderen Worten: Der große Techno-Trance-Trend ist der kreative Protest einer Generation gegenüber dem repressiven Dogma der Selbstverwirklichung – aber es ist ein Protest, der ganz friedlich, ja sogar heiter ist. Ein Protest, der nicht wie 1968 bei den Studenten auf den Straßen und mit Krawallen ausgetragen wird, sondern es ist ein Protest, der längst eine andere Qualität hat:

Selbsterfindung durch Trance.

Selbsterfindung statt Selbstverwirklichung.

Das Faszinierende an dieser Entwicklung ist die Tatsache, daß die Jugendlichen überhaupt keine Ahnung haben von Neuroforschung und dennoch ein reales experimentelles Verhalten entwickelt haben – ohne wissenschaftlichen Background.

Erst jetzt, in den letzten Monaten, haben sich Neuroforschung und Jugend-Szene an dem Punkt getroffen, wo in einer einzigartigen Form ein *neues Identitäts-Konzept* geboren wird, für das die folgende Formel in etwa die Richtung vorgibt:

Selbst-Erfindung
Der, der Du bist, ist Dein Glaube an das, was Du als Ich erfunden hast. **Warum erfindest Du nicht ein Ich, an das Du nie mehr glauben mußt?**

Es ist also ein *kreativer Nihilismus*, der sich jetzt hinter den Trance-Wellen ausbreitet, und vielleicht ist das auch der Grund dafür, weshalb sich plötzlich in fast allen westlichen Ländern, also in den USA ebenso wie in Italien, in Schweden ebenso wie in Deutschland auf breiter Front eine *Nietzsche-Renaissance* breit macht. Nietzsche war der wichtigste und erste Vordenker, der unserer Kultur gezeigt hat, wie sehr sie die Menschen zur Dauer-

Schuld zwingt, wenn sie ihnen nicht den konkreten Weg zum »Ich-losen Selbst« zeigt.

Varela betont in seinen Analysen, daß hier in unserer Kultur ein existentiell wichtiger Split stattfindet zwischen *Können und Wissen*. Also zwischen dem, was man in der amerikanischen Sprache folgendermaßen unterscheidet: know how and know that.

Seiner Meinung nach ist das Know-how in unserer kommenden Epoche, die durch Komplexität und Chaos gekennzeichnet ist, nicht sehr wertvoll. Das Know-how bildet Mikro-Qualitäten aus. Es ist das Lernen von Automatismen. Es ist das Lernen von Stereotypen. Es ist das Lernen von sicheren Strukturen. Wer das tut, bei dem verschmilzt das Denken mit dem Ich. *Er bekommt also nur diejenige Identität, die das Ich denken kann.*

Das führt zu dem, was der Nobelpreisträger Gerald M. Edelman (»Unser Gehirn – ein dynamisches System«, München 1993) unter dem Stichwort *»neuronaler Darwinismus«* folgendermaßen beschrieben hat: Die Welt wird subjektiv immer klarer und immer logischer. Der Mensch »tunnelt« in seinen eigenen Erfindungen und blendet die wirkliche Welt immer mehr aus, während er subjektiv glaubt, sie immer besser zu erkennen.

Es geht also nicht mehr um das Know-how. Der Trance-Trend ist im Grunde ein praktiziertes Verhalten, um zum Know-that zu kommen, also zu echtem Wissen. Und Wissen entsteht durch *Oszillationen* und *mentale Zusammenbrüche*. Das weiß man, seitdem die Forscher einigermaßen gut in das Gehirn hineinschauen können.

Die Neuroforschung sagt uns: Immer dann lernen wir ein Stück Welt, wenn wir uns verabschieden können von den Stereotypen dieser Welt, also von den Mikro-Welten, die wir gelernt haben. Know-that ist also das Ergebnis von Chaos, Ent-lernen und von dem, was Prof. Guttmann in Wien, der sich viel mit Trance und Bewußtsein beschäftigt hat, *»Paradoxical Arousal«* nennt, also eine extrem geöffnete paradoxe Wachheit.

Und in diesem Zusammenhang ist es kein Zufall, daß ein Teil der

Trance-Techniken, wie sie von Goodman seit Jahren analysiert werden (z. B. bestimmte schamanische Körperhaltungen), einen sicheren und schnellen Weg herstellen zu diesem Paradoxical Arousal. Und es ist sicher auch kein Zufall, daß rhythmische Bewegungen und schneller Sound-Rhythmus das Gehirn öffnen für diesen Paradoxical Arousal.

Georg Iwanowitsch Gurdjieff hat in diesem Zusammenhang einmal gemeint, daß es im Prinzip nur darum geht, das Leben so zu benutzen, daß »man wach wird«. Die meisten Menschen schlafen mental, während sie aktiv handeln, weil sie lediglich im Rahmen ihrer stereotypen Mikro-Identitäten und ihrer Mikro-Welten handeln. Deshalb hat unsere Kultur jetzt begonnen, dasjenige »echte Selbst« anzustreben, das Achtsamkeit, Ausdehnung und Wachheit miteinander verbindet. Es geht neurophysiologisch gesprochen um die

selbst-referentielle Öffnung der Identität.

Das ist ein sehr abstraktes Wort. Was sagt es? Wir beobachten mittels unserer Identität das Leben, das wir leben. Wir bauen unsere Identität auf, durch das Leben, das wir beobachten. *Also ist unser Leben die Ursache für unsere Identität.*

Das ist ein selbst-referentieller Prozeß. Wenn ein Mensch aus diesem selbst-referentiellen Prozeß nicht herauskommt, dann »schläft er«, wie Gurdjieff es beschreibt. Das Leben wird trotz aller Hektik, trotz allem Streß, trotz aller Aktivitäten zu einem mentalen Automatismus des Schlafens. Und aus dieser Sicht *ist Trance der Beginn der Wachheit*, weil Trance die selbst-referentielle Herstellung der Identität zerstört. In der Worten der Neurophysiologen:

Trance erschafft das echte Selbst.

Das Ziel der Trance ist also, sich und die Welt erkennen zu können, ohne daß das alte Selbst dabei ist. Also sich trennen zu können vom alten, stereotypen Selbst. Das ist das, was Varela den »gewollten Zusammenbruch der automatisierten Mikro-Qualitäten« nennt. Es ist die Fähigkeit, *unmittelbare Gegenwart zu erleben*. Es ist waches Erleben und waches Erkennen der Welt und natürlich auch ein waches Erleben von sich selbst. Aber was erlebt man, wenn man wach ist und sich dabei beobachtet? Man erlebt das, was Varela folgendermaßen formuliert hat:

Das virtuelle Selbst.

Seiner Meinung nach entsteht das virtuelle Selbst nur aus einer »*chaotischen Dynamik*«, also durch Oszillationen und Zusammenbrüche von stereotypen Mikro-Qualitäten. Das virtuelle Selbst ist nur erfahrbar in den Lücken der mentalen Zusammenbrüche.

Das virtuelle Selbst qualifiziert sich also durch die Menge der Lücken. Je mehr Lücken, also je häufiger und gleichmäßiger die mentalen Zusammenbrüche, um so virtueller wird das Selbst. Wenn ein Mensch wenig Zusammenbrüche seiner Mikro-Welten organisieren kann (wenn er also in seiner Gewißheit tunnelt), *dann hat er ein Ich-Selbst, aber kein virtuelles Selbst*, also kein Ich-loses Selbst. Erst die Gehirnforschung hat diesen Unterschied so deutlich herausarbeiten können:

Ohne mentale Zusammenbrüche
wird das Ich zum geschlossenen Tunnel.

Es wird zum Tunnel für die Identität. Und wenn dieser Tunnel erst einmal ordentlich fest geworden ist, dann wird das virtuelle Selbst nie mehr erlebbar. Anders gesagt:

Das Gefängnis ist das Ich.

Also ist das bürgerliche Ich, das in unserer Kultur über das Dogma der Selbstverwirklichung so intensiv angestrebt wird, im Grunde ein sehr destruktiver Weg, der zur Festigkeit des Ich-Tunnels führt. Je fester aber dieser Tunnel wird, um so weniger bemerkt die persönliche Introspektion die zukünftigen Chancen eines zu erfindenden Selbst. Es vergißt das zukünftige Selbst. Es verrät die Evolution des Selbst. Das Ich wird dadurch stereotyper, enger und zugleich auch immer grauer.

Man redet sich ein, man sei auf dem Weg zur Selbstverwirklichung (also entsprechend dem christlichen Ziel, »das reine Selbst« zu erfahren), aber im Grunde verdunkelt man das reine Selbst immer mehr.

Wie Edelman hat zeigen können, entstehen dadurch Mind-Cards von der Welt und auch *Mind-Cards von sich selbst*, die eines Tages auch physiologisch manifest werden, d. h., sie nisten sich endgültig im Gehirn ein. Der Mensch strebt also nach wie vor Selbstverwirklichung an, entfernt sich aber mit jedem Schritt weiter von diesem Ideal. Er wird in eine Schizophrenie hineingeführt, die ihm nie bewußt wird. Das oberste Ziel des Trance-Trends lautet deshalb:

Mein Ich darf nicht zur Software des Geistes werden.

Trance ist also dasjenige konkrete Verhalten, durch das jedes Ich, das entsteht, sich von sich selbst befreit. Und auch der Trend zu Multimedia und Cybermedia ist im Grunde nichts anderes als das langsame Entfalten eines neuen Typus von *Ich-Schamanismus*. Es entstehen also so viele imaginative und virtuelle Welten, daß man sein Ich außerhalb seines gelebten Lebens konstruieren kann. Eines Tages, wenn die Cyber-Realitäten genauso intensiv erlebbar werden wie das reale Leben, werden Menschen sich über Cyber-Trips dasjenige Selbst designen, das sie durch ihr Leben nicht hätten entwickeln können. Anders gesagt:

Die elektronisch hergestellte Virtualität führt das Ich zum Selbst der Möglichkeiten.

Varela hat in diesem Zusammenhang formuliert, daß »das kognitive, alte Selbst seine eigene Implementierung ist. Seine Geschichte und sein Handeln sind aus einem Guß«. Durch Trance und Cybermedia wird dieses »aus einem Guß« in einer radikalen und deshalb wertvollen Form zerstört. Das Selbst ist also nicht mehr die Summe des bisher gelebten Lebens, sondern das Selbst kann dorthin gesteuert werden, wo der Ich-Schatten überwunden wird: Die Cyber-Trips sind also keine Flucht aus dem Leben, sondern werden – in zehn bis zwanzig Jahren, wenn Cyber endgültig funktionieren wird – nichts anderes sein als Clearing-Prozesse … *Erlebnisse, die dem Selbst helfen, sich von seinem Ich zu trennen.*

Die Neuroforscher beschreiben das ganz ähnlich. Für sie ist das alte Ich diejenige Erzählung, die nicht in der Lage ist, sich aus sich selbst heraus zu erzählen. Das alte Ich ist also das Gefängnis seines eigenen Glaubens. Und Techno, Trance und Cybermedia sind die ersten Schritte unserer Kultur, um uns aus diesem *Zwang zum Ich-Leiden herauszuführen.*

Im Buddhismus gibt es dieses Ideal schon. Dort wird es »Shunya« genannt. Vielleicht ist das der Grund dafür, weshalb in den letzten Jahren so viele Prominente zum Buddhismus übergetreten sind, warum auch so viele Wissenschaftler inzwischen eindeutig den Buddhismus präferieren und weshalb es einen *buddhistischen Transfer* in unserer Kultur gibt. Unter dem Shunya-Konzept formuliert der Buddhismus letztlich folgende moderne Formel:

Selbst mein Ich ist virtuell.

Alles in allem: Wir haben nach einem langen Streifzug durch die Ergebnisse der Neuroforschung erkannt, daß die Wissenschaft beginnt, die Prinzipien des Ich-Gefängnisses zu entdecken, während parallel dazu in völlig unwissenschaftlicher Form die Jugend-Szene begonnen hat, praktikable Wege zu testen, um zum Ich-losen Selbst zu kommen.

Beide Lager haben völlig unterschiedliche Intentionen und Normen, aber beide kommen zu dem gleichen Ergebnis, das Varela folgendermaßen formuliert hat:

**»Das virtuelle Selbst
ist der Weg zum ethischen Können.«**

Das ethische Können, das heißt also keine Werte nachplappern, von denen man ohnehin weiß, daß man sie kaum befolgen kann. Nicht Regeln folgen, die nicht zum authentischen Leben gehören. Situatives echtes Handeln statt stereotyper Theorie. Echtes ethisches Können, so sagt Varela, besteht in einem fortschreitenden *unmittelbaren Vertrautwerden mit der Virtualität des eigenen Selbst.*

Man folgt also keinen Werten mehr, sondern macht sein Selbst wertvoller.

Das bedeutet, daß Ethik überhaupt nichts zu tun hat mit dem ganzen moralischen Regelsystem unserer Kultur. Ethik ist Verhalten. Und aus dieser Sicht entsteht Ethik durch das richtige Umgehen mit dem Unbewußten und dem Virtuellen.

Etwas verkürzt gesagt: *Je weniger Ich, um so mehr Ethik.* Je weniger Ich im Selbst vorhanden ist, um so mehr Wärme zu anderen Menschen, um so mehr Toleranz. Je weniger Ich, um so mehr Trance brauche ich. Je virtueller das Selbst, um so kontinuierlicher die Trance, die ich lebe. Das ist in etwa die Formel, die jetzt sichtbar wird.

Und es ist aus dieser Sicht auch erklärbar, warum so viel Ecstasy in der Techno-Szene geschluckt wird. Das ist eine Designer-Droge, die in erster Linie *Glück erzeugt*. Diese Droge wirkt also völlig anders als LSD oder Kokain, also die Mode-Drogen der 60er, 70er und 80er Jahre. Ecstasy führt Menschen zu einer gesteigerten Toleranz, also zu dem, was Varela, »*unparteiliche Wärme*« bezeichnet und was im Buddhistischen »All-Liebe« genannt wird.

Es ist genau dieses Glück, das das Ich befreit von seiner tunnelnden Selbstreferenz. Das Glück wird zum Instrument für den gewollten Zusammenbruch der Mikro-Identitäten. Was also die Techno-Szene intuitiv begriffen hat, ist, daß Trance-Tänze die Selbstreferenz des Ichs durchbrechen können und daß das Ecstasy-Glück das Ich in grundsätzlicher Form vom Leidens-Auftrag deprogrammiert.

Wie Linke unter dem Stichwort Neuro-Ästhetik beschrieben hat, ist ja die westliche Kultur wie ein Süchtiger darauf programmiert, ihr »*Ich durch Leiden zu konstituieren*«. Was jetzt also in der Techno-Szene passiert, ist, daß man versucht, sich von dieser Sucht abzukoppeln. Das Ich soll nicht mehr durch Leiden aufgebaut und ernährt werden, das Ich soll durch die Verbindung von Glück und Liebe aufgebaut werden, also das, was man im Szene-Jargon »Space« nennt.

Dieser Space durchbricht die unheilvolle Selbstreferenz. Das Ich wird dadurch immer unfähiger, zum Spiegelbild und zum Verstärker seiner Vergangenheit und seiner stereotypen Gewohnheiten zu werden. Space verhindert also die Automatisierung der eigenen gelebten Fehler und fördert damit zugleich den Abbau der automatisierten Mikro-Qualitäten.

Damit hat die Techno-Trance-Szene im Grunde auch einen neuartigen Kontext der Evolution begriffen, auf den Prof. Fritz-Albert Popp als erster hingewiesen hat. Es sieht, wie ich bereits erwähnt habe, offensichtlich so aus, daß die Evolution, die wir Menschen jetzt vorantreiben, eine neue Programmatik enthält, also nicht mehr »the survival of the fittest«, sondern ein neues Programm, das typisch für die kommende Donator-Kultur ist und damit für den elektronischen Altruismus:

»Mehr Gemeinsames durch die Qualifizierung der Unterschiede.«

Die Qualifizierung der Unterschiede, das funktioniert aber nur durch Space im Sinne von All-Liebe oder der unparteilichen Wärme, von der Varela spricht. Also kann man sagen, daß der Trend zur *Self-fulfilling-Society*, also die Fähigkeit, die Ausdifferenzierung unserer Kultur zu verbinden mit Kollektivierung, die Trance als Fundament benötigt. Die Ausdifferenzierung der Gesellschaft (durch Multimedia) ist zu verbinden mit einer Kollektivierung (Cyber/synthetisierte Welten). Das kann aber nur gelingen, wenn unsere Gesellschaft ein neues Ich-Konzept entwickeln und auf breiter Front durchsetzen kann.

Varela nennt dieses neue Konzept ein »*dezentriertes Selbst-Ideal*«, d. h., es gibt zwar noch ein Selbst, aber es ist nicht mehr mit meinem Ich verbunden. Und das Ich bekommt nur noch die Aufgabe, die es eigentlich aus biologischer Sicht immer hatte, nämlich das individuelle Leben zu schützen.

Durch dieses dezentrierte Selbst-Ideal kann die Gesellschaft »ihre Grundlosigkeit« erkennen und auch bewußt akzeptieren. Sie kann also, wie Sloterdijk einmal beschrieben hat, *»den Strudel« zulassen und nutzen*, in den wir jetzt immer mehr hineinrutschen, je chaotischer und komplexer unsere Welt wird. Und das ist ja nichts anderes als eine Kreativität, wie sie die Menschheit in den letzten Jahrtausenden noch nie entfaltet hat. Je mehr Chancen sie also täglich produziert, um so wichtiger wird folgendes Credo:

Die Zukunft unserer Welt wird abhängig von der Fähigkeit der Menschen, ihre Identität von der Vergangenheit zu befreien.

Etwas verkürzt gesagt: Nur durch ein neues Selbst-Ideal können wir die Früchte unserer kulturellen Kreativität ernten. Die Kultur macht sich also fit für ein Self-fulfilling-Spiel, das permanent *an der aktuellen Edge des Bewußtseins* gespielt wird.

Und zwei wesentliche Fitneß-Instrumente dafür sind Trance und Cyber. Sicher werden noch weitere Instrumente entwickelt und eingesetzt werden. Vermutlich wird man schon bald beginnen, *Gehirn und Elektronik* so zusammenzuführen, daß man noch müheloser aus der destruktiven Selbstreferenz des Ichs aussteigen kann. Dieser Trend hat ja erst begonnen. Er ist sozusagen erst in seiner Steinzeit-Phase. Aber trotzdem kann man schon das generelle Strickmuster erkennen, und das sieht so aus:

1. **Ohne Selbst-Liebe und Glück kann das negative Wechselspiel zwischen Ich und Selbst nicht durchbrochen werden.**
2. **Wenn sich die negative Selbstreferenz, die das Ich zum Gefängnis seiner selbst macht, auflöst, wird der einzelne Mensch ebenso wie die Gesellschaft fähig, die Grundlosigkeit der Zukunft auszuhalten. Wer keine Referenzen zurück braucht, braucht auch keine Referenzen nach vorn: Es entsteht eine neuartige Zukunfts-Liebe.**
3. **Diese Zukunfts-Liebe beruht auf dem virtuellen Selbst (selbstloses Selbst). Dieses Selbst auszuformen ist die höchste Ethik, die ein Mensch heute leben kann.**
4. **Es befreit von den Gewohnheiten: Und Gewohnheiten sind egozentrische Konditionierungen. Deshalb gilt: Je weniger Selbstreferenz, um so weniger Egoismus. Anders gesagt:**

Das referenzlose Selbst ist das Selbst für den modernen Altruismus.

Das virtuelle Selbst ist die Ethik des egoistischen Altruismus.

Das virtuelle Selbst ist im Grunde *ein Rhizom*. Denn es besteht aus vorübergehenden Qualitäten, die einen Als-ob-Charakter haben. Es ist also ein Kommen und ein Gehen von Dingen und Ereignissen, die sich nicht verfestigen. Und ein Rhizom ist nichts anderes als *das Summativ von Bewegungen*, die virtuell bleiben, weil sie sich nie endgültig im Sinne eines »festen Seins« strukturieren.

Also kann man sagen, daß die Trance-Welle, die seit einiger Zeit durch die westliche Kultur rast, im Grunde das Dogma der Selbstverwirklichung zerstört und an die Stelle des Ich-bin-ich-Selbst ein Rhizom stellt. Anders gesagt:

Die Identität des modernen Menschen ist ein Rhizom.

Lassen Sie uns an dieser Stelle eine erste Zusammenfassung versuchen. Wir können folgende Thesen formulieren:

1. **Je mehr Fraktalität eine Kultur organisieren kann, um so mehr Angst bekommt diese Kultur vor Ich-Verlust.**
2. **Je mehr Angst vor Ich-Verlust, um so stärker wird zugleich die Sehnsucht nach Ekstase und Trance.**
3. **Trance erzeugt sowohl Heterogenität als auch Virtualität als neue Quellen für Identität.**
4. **Wenn die Kultur sich auf Trance umprogrammiert, programmieren sich auch die Subsysteme dieser Kultur auf Trance um. Deshalb spielen inzwischen z. B. die Märkte das gleiche Spiel: Identität durch die Trance des Zeitgeistes.**
5. **Diese Trance-Identität kann nicht durch Verfestigungs-Techniken hergestellt werden. Das moderne Ich kann also nicht mehr durch seine eigene Selbstreferenz hergestellt werden. Auch die Produkte im Markt können nicht mehr durch Profilierungs-Kommunikation hergestellt werden. Benötigt wird also für das Ich der Menschen als auch für die Produkte die Codierung eines Rhizoms.**
6. **Das Rhizom ist damit die neue »insgeheime Strategie« der kommenden Kultur, wenn sie endgültig in der Komputations-Epoche angelangt sein wird.**
7. **Das Rhizom ist der Wirklichkeits-Generator für Produkte und Individuen, die in einer Donator-Epoche leben.**
8. **Durch die Donator-Ideologie verbessert sich die Evolutions-Fähigkeit unserer Gesellschaft: Elektronik und selbstloses Selbst verbinden sich zu einer neuen Altruismus-Ethik.**

Im Grunde ist das alles ein enormer Aufbruch zu einer Weisheit, die im Rahmen des Kapitalismus bisher so gut wie gar nicht erlaubt wurde. Die kapitalistische Struktur verlangte *Cleverness*, und das flächenübergreifend, also vom Manager über den Politiker bis zum kleinen Angestellten. Diese egoistische Cleverness wird jetzt mehr oder weniger schädlich für jeden, der sie einsetzt. Denn in einer Donator-Kultur ist der, der sich angeblich clever verhält, derjenige, der sich bewußt von den Quellen der Evolution distanziert.

In einer Donator-Kultur gibt es kein geschicktes Taktieren zwischen Geben und Nehmen. In einer Donator-Kultur ist Geben die höchste Form von Egoismus. Dementsprechend kann man sagen, daß der Trance-Trend einen neuen Fokus in unsere Kultur hineinträgt:

Weisheit statt Cleverness.

Ernest Rossi hat die moderne Form von Weisheit einmal folgendermaßen definiert: »*Du begegnest dem Unbekannten, und das ist der Anfang der Weisheit.*« In der jetzt kommenden Kultur wächst täglich das Unbekannte. Es wächst schneller als die Adaptions-Möglichkeiten unserer Kultur sind. Das Spektrum des Unbekannten wird also immer größer. Und die Qualität der Überraschungen wird immer unlogischer. Das Unbekannte wird damit zum Gestalter der nächsten Zukunft.

Es ist logisch, daß in einer solchen Gesellschaft, die letztlich aus einem Kaleidoskop von Edges (Evolutionen) besteht, mit strategischer Logik und mit taktischer Cleverness nicht viel erreicht werden kann. Klugheit und Weisheit verlagern sich deshalb in grundsätzlicher Form:

Weisheit ist die Fähigkeit,
das Unbekannte als Realität zu nutzen.

Klugheit ist die Fähigkeit,
Innovationen durch Zufälle herzustellen.

Interessant ist nun, daß gerade jetzt, in der Zeit, in der »*Weisheit durch Altruismus*« zur neuen Formel wird, besonders viele Menschen glauben, das Böse würde wieder aufstehen. Das hängt sicher damit zusammen, *daß die neue Trance-Weisheit zwingend die Abwesenheit von sittlichen Normen und Werten verlangt.*

Trance ist ein Instrument zur Überwindung der Werte. Und dieser »Verlust der Werte«, wie ihn die konservativen Kultur-Kritiker immer lauter kritisieren, wird nun, wie in der Zeitschrift FOCUS (49/94) beschrieben, als die »*Wiederkehr des Bösen*« gedeutet. FOCUS schreibt: »Etwas Archaisches bricht auf in einer Kultur, die mit ihrer eigenen Komplexität und der großen Zahl der Menschen überfordert ist. Der Rückfall in archaische Gewalt gleicht einem Rausch.« Oh Gott, oh Gott … !

Was diese Zeitschrift offensichtlich nicht begreift, ist die Tatsache, daß wir nicht die »*Wiederkehr des Bösen*« erleben, sondern das zaghafte Aufblühen einer Weisheit durch Trance. Zwar stimmt es, daß rund 2/3 der Deutschen glauben, daß das Destruktive in unserer Welt zunimmt, aber im Grunde beobachten wir gleichzeitig auch einen *wachsenden Zukunfts-Optimismus* und eine immer intensiver werdende Zuwendung des Menschen zu neuen Formen der Identität und des Glücks. Was FOCUS und ähnlich argumentierende Zeitschriften machen, ist eigentlich folgendes:

Sie verwechseln Dekonstruktion mit Destruktion.

In der Tat haben wir im Werte-Spektrum unserer Gesellschaft eine *wachsende Kraft der Dekonstruktion*. Alle festen Werte erodieren, weil es vorrangig diese Werte sind, welche die moderne Gesellschaft daran hindern, diejenige neue Ideologie zu finden, die ihrem »modernen Sein« entsprechen würde.

Niklas Luhmann sieht das ähnlich. Seiner Meinung nach ist das Wort »böse« wissenschaftlich völlig untauglich. Auch er argumentiert, daß die bisherigen Systeme zur Regulierung und zur Orientierung nicht mehr stimmen. Und gerade weil sie nicht mehr funktionieren, gibt es jetzt so viele Entgleisungen. Es ist also nicht das

Böse als solches (also eine Art Ur-Phänomen), sondern *es ist das akut-aktuelle Versagen unseres Werte-Systems*. Wie Luhmann sagt »leben wir in einer Gesellschaft, die wir noch nicht ganz richtig verstanden haben«.

Deshalb hängen so viele Menschen an den *alten Werten* und sind unfähig, eine neue Ebene der Weisheit zu erreichen. Und diese Kluft zwischen der Untauglichkeit der jetzigen Werte und der möglichen Weisheit wird plötzlich moralisiert, sie wird zum Bösen. In den Worten von Luhmann:

**»In der Öffentlichkeit wird ›böse‹
häufig als ein Wort benutzt, das zudeckt,
was aus den Ritzen des Unverstandenen hervorquillt.«**

Das Böse ist der Schatten des Unverstandenen. Und also ist es richtig, wie Rossi schreibt, daß Weisheit nichts anderes ist als die Fähigkeit, das Unbekannte kreativ zu nutzen. Wer diese Weisheit nicht entwickelt, sieht »immer mehr Böses«.

Die angebliche Wiederkehr des Bösen findet also nicht statt. Ganz im Gegenteil. Der Trance-Trend, der ja in erster Linie ein Auflösungsprozeß ist, offeriert der Gesellschaft das Einüben einer neuartigen Weisheit, die aus Altruismus besteht.

Im Grunde ist der Meta-Trend, der dahinter steht, *eine bewußte Abkehr von Hilflosigkeit*. Es war Vilém Flusser, der in seinem Buch »Vom Subjekt zum Projekt« (Mannheim, 1994) darauf hingewiesen hat, daß eine postmoderne Kultur – also eine Kultur, in der die Komputations-Medien täglich eine neue Realität erfinden – Menschen braucht, die sich

**»von der Unterwürfigkeit
zur Aufrichtigkeit bewegen«.**

Der Trance-Trend gehört zu dieser globalen Verlagerung. Er kämpft auf seine Art, d. h. eher heiter-subversiv, gegen die *kulturell dressierte Unterwürfigkeit*. Trance ist also auch der Beginn einer Aufrichtigkeit, die folgenden Postulaten folgt:

- **In unserer Kultur werden wir durch Erziehung und Werte darauf gedrillt, so zu leben, als seien wir immer noch »Untertanen von Bedingungen« (Flusser).**

- **Alle Brechungen, die letztlich den Fortschritt bringen, dürfen deshalb nur dort vollzogen werden, wo sie diese Unterwürfigkeit nicht direkt auflösen.**

- **Alle Brechungen (also z.B. Werte-Verbrennung), die dem obersten Gesetz (»Lebe so, als seist du ein Untertan von Bedingungen«) kämpferisch entgegentreten, werden als Destruktion und »Böses« gebrandmarkt.**

- **Durch die modernen Wissenschaften (z.B. Biophysik und Quantenphysik) wissen wir aber, daß es ein Naturgesetz der Brechung gibt: Was Fortschritt zur Befreiung bringen soll, organisiert sich vorrangig durch Brechungen.**

- **Deshalb beginnt unsere Kultur jetzt, Freiheit durch Brechungen (fraktale Prozesse) und modische Werte-Verbrennungen zu organisieren. Das heißt aber auch:**

  Der Trance-Trend ist die moderne Form der Emanzipation.

- **Die alte Neuzeit, also das, was wir »Moderne« nennen, hatte das Vertrauen in die Solidität der dinglichen Welt. Aber die neue Neuzeit (also das, was wir die »Postmoderne« nennen) hat dieses Vertrauen prinzipiell verloren. Das bedeutet:**

  Die moderne Kultur bevorzugt Brechungen, weil Brechungen Freiheits-Gewinn bedeuten.

  Die moderne Kultur lernt zugleich zu akzeptieren, daß jede Brechung aber auch Vertrauensverlust ist.

Brechungen, Werte-Verbrennung und kulturelle Trance, das sind diejenigen Instrumente, die unsere Kultur jetzt mehr und mehr ausprobiert und einsetzt, um den Sprung von der Postmoderne in die nächste Zukunft zu schaffen. Wenn also die Postmoderne eines Tages zu Ende gehen soll, dann wird sich unsere Kultur zu einer *globalen Trance-Kultur* weiterentwickeln müssen.

Das bedeutet, daß die Welt dann nicht mehr »*eine solide Objektivität*« sein wird, sondern eine »Komputation« (Flusser), d. h., alles verwandelt sich zu instabilen Relationen zwischen Ich, Du und Welt. Und es gibt dann keine konkrete Lebenswelt mehr, sondern es wird nur noch das zur Lebenswelt, was in einem Beziehungs-Prozeß entsteht. Etwas überspitzt ausgedrückt:

**Welten sind nur noch für diejenigen da,
die sie gemeinsam erfinden können.**

Genau das ist eine globale, kollektive Trance: *Es ist das gewollte Heraustreten aus der Festigkeit des Seins zugunsten des Virtuellen.* Der ganze Zauber der Elektronik (von Multimedia bis Cyber) liegt letztlich darin begründet, daß es sich um Instrumente handelt, die in der Lage sind,

spontane System-Synthesen aufzubauen.

Das führt zu einer ungeheuren Zerstörung unserer Geschichtlichkeit. Historie im eigentlichen Sinn wird es in der nächsten Kulturepoche immer weniger geben. Und das *literale Denken*, das uns so viele Jahrhunderte treu gedient hat, wird immer dysfunktionaler. Es wird mehr und mehr durch das *komputative Denken* abgelöst. Das komputative Denken ist letztlich eine moderne Form der Trance:

**ein schamanistisches Denken
im elektronischen Datenraum.**

Was bedeutet das? Gesucht wird diejenige Trance, die entsteht, wenn man als Individuum in mehreren Welten zugleich lebt. Aber es sind keine logischen Welten mehr, sondern es sind virtuelle Welten, also imaginative Welten. Und es ist die Aufgabe dieser virtuellen Welten, *alles Objektive zu verwandeln ins Subjektive*. Die ganze Welt wird singuläre Subjektivität – und das ist Magie. Dieses Subjektive, darauf verweist Flusser, wird dann zum Rohstoff für eine neuartige »*Mensch-Machung*«. Etwas anders ausgedrückt:

Self-Design tritt an die Stelle des empirischen Seins.

Das Ich wird zum synthetischen Code, genauso wie die Welt erlebt wird als synthetischer Code. Die Welt ist nicht mehr eine Realität, die man abbilden kann, sondern sie verwandelt sich zu virtuellen Vorbildern und zu Fiktionen. Der synthetische Code vermittelt somit zwischen den künstlichen Welten und dem künstlichen Selbst, also dem, was Varela »das selbstlose Selbst« nennt.

Es entsteht daraus eine kollektive Trance. Der Mensch verzaubert sich selbst durch synthetische Codes. Alles wird zur Projektion, und die Vergangenheit wird bis zum Nullpunkt recycelt. Zugleich entsteht eine Self-fulfilling-Dynamic, also das, was man mit dem Münchhausen-Syndrom so bildhaft beschrieben hat.

Wir erkennen hier also eine sehr wichtige Funktion des Trance-Trends, dessen Zeit jetzt beginnt: Es entsteht ein neues Fundament für diejenige Kultur, die nach der Postmoderne kommt. Flusser hat dieses Fundament als eine Art *poetisches Kollektiv-Spiel* bezeichnet, so als würde die Kultur permanent Dichtung betreiben, so als wäre es der ganze Sinn unserer Gesellschaft, immer schneller und immer besser neue Wirklichkeits-Möglichkeiten zu erfinden. Das Leben dient dem Entwurf der nächsten Möglichkeit.

Flusser legt aber auch den Finger auf den wunden Punkt. Dieses poetische Entwerfen kann nur diejenige Kultur organisieren, »die aufrichtig ist und nicht mehr unterwürfig«. Seiner Meinung nach kann also das neue *poetische Spiel* nur gespielt werden von einer Gesellschaft, die aufhört so zu tun, als sei sie Untertan von Bedingungen. Das Ende der Unterwürfigkeit ist deshalb angesagt. Flusser beschreibt es, in bezug auf den Komplex »Individualität und Ich«, folgendermaßen:

Auf höherer Ebene muß ein
»kultureller Selbstmord« stattfinden.

Das neue Fundament benötigt also Aufrichtigkeit, verstanden als ein Aufstehen zur absoluten Eigen-Verantwortlichkeit. Das, was demnach im Trance-Trend versteckt ist, ist nicht etwa das Abschleifen von Moral und Ethik, sondern eine »spielerische und poetische Entwicklung einer neuen Wahrnehmungsfähigkeit jenseits der Logik der Erwartbarkeit«. Etwas verkürzt gesagt:

Nur derjenige kann das erfinden, was es noch nicht gibt,
der die Verantwortung für die Zukunft übernommen hat.

Aus der Sicht von Flusser ist also die subversive Jugend-Revolte, die seit einigen Jahrzehnten stattfindet, nichts anderes als ein Aufbruch zu dieser Zukunfts-Verantwortung. Man überwindet Strukturen, Werte und »Untertanen-Dressur«, weil man ahnt, daß man eine Verantwortung gegenüber dem Bewußtsein aufweist, eine *Verantwortung also gegenüber dem Unbekannten.*

Es entsteht laut Flusser in der Jugend-Szene auch ein *neuartiges Elite-Gefühl.* Es ist keine Jugend-Revolte aus Lust an Aggressionen. Oder eine Jugend-Revolte aus purer Langeweile. Was sich hier breit macht, ist ein *euphorisches Vor-Bewußtsein*, das den klassischen europäischen Zwang zur Wehleidigkeit zu überwinden versucht. Kurz:

Trance ist die Quelle für einen
Zukunfts-Optimismus ohne Grund.

Wenn man das Ganze in einige Formeln fassen möchte, dann könnte man folgendes formulieren:

- Die Jugend-Kultur will die Untertanen-Dressur überwinden, die sich in unserer Kultur überall eingenistet hat.

- Es wird erkannt, daß der Untertanen-Geist äußerlich als sehr moralisch und logisch erscheint, daß er aber letztlich ein »unglückliches Unter-Bewußtsein« auf breiter Fläche herstellt.
- Es wird zugleich erahnt, daß eine Gesellschaft, die permanent an der Edge lebt (Self-fulfilling-Society), sich in ihr nächstes Unglück hineintreibt, wenn sie mit einem unglücklichen Unter-Bewußtsein ihre Zukunft gestaltet. Es wird deshalb experimentiert, um Wege zu finden, die unsere Kultur befreien von den Automatismen, die sie immer wieder ins unglückliche Unbewußtsein hineinführen. Gesucht werden also Wege und Techniken, um ein glückliches und euphorisches Vor-Bewußtsein aufzubauen, entsprechend der Formel:

Man kann nur dann eine glücklichere Zukunft entwickeln, wenn man ein glückliches Bewußtsein für die Zukunft besitzt, die man nicht kennt.

Ein glückliches, ja sogar euphorisches Bewußtsein, das sich mit Zukunft und Zukunfts-Erfindung verbindet. Darum geht es: Glück als Instrument der Zukunfts-Erfindung. Das ist die heimliche Formel, die hinter dem globalen Trance-Trend steht. Das ist der Grund dafür, weshalb wir seit Beginn der 60er Jahre, also angefangen von der ersten psychedelischen Welle bis zu den heutigen Zeitgeist-Moden in der Jugend-Kultur, einen außerordentlich starken Hedonismus haben, der sich in den letzten Jahrzehnten immer mehr verändert hat:

Hedonismus ist nicht mehr die Quelle für Sehnsüchte und Proteste.

Hedonismus ist die Quelle zur Erfindung von nicht-bewußtem Zukunfts-Bewußtsein.

Flusser, der vielleicht als erster diese wichtige Achsenverlagerung beobachtet hat, weist darauf hin, daß hier im Grunde auch ein *völlig neues Konzept von Jugend* entstanden ist. Jugend ist demnach nicht mehr eine rein biologische Durchgangs-Etappe, sondern Jugend ist ein grundsätzliches Kultur-Programm, das auch ältere

Menschen jederzeit übernehmen und leben können. Jugend ist nämlich die Fähigkeit, erfundene Träume zu träumen, die nach anderen Träumern rufen, um sich mit ihnen zu verschmelzen und um dadurch gemeinsam *Unmögliches möglich werden zu lassen.*

Jugend hat also gar nichts mit Pubertät und Adoleszenz zu tun. Jugend ist auch kein Synonym für Un-Erfahrenheit. Ganz im Gegensatz dazu ist Jugend eine neuartige Kompetenz, die Menschen befähigt, *Symbole in die Zukunft zu manipulieren.*

Nach Flusser bedient sich die Jugend in zunehmendem Maße der Komputations-Maschinen. Der Computer wird damit zur Technik, der bessere Wahrheiten öffentlich »traum-fähig« macht. Das ist auch die eigentliche Funktion des Virtuellen.

Zugleich ist Jugend gekennzeichnet durch eine neue Haltung, die man als »Poiesis« bezeichnen könnte. Flusser nennt das ein »*müßiges Machen*«, also ein träumerisches Herstellen von Bewußtseinen für unerwartete Zukünfte, wenn man so will, ein *kollektives Tag-Träumen.* Besonders die Video-Clip-Kultur, die sich seit Jahren immer stärker durchsetzt, instrumentalisiert diesen Part. Es ist ein *aktives Meditieren* über ungesehene Zukünfte.

Zu guter Letzt bringt die neue Jugend-Rolle auch eine grundsätzliche Umwandlung unseres Werte-Begriffs. Bisher waren Werte so etwas wie Lotsen für unruhige Zeiten. Sie gaben den Menschen verläßliche Orientierungen. Durch den Trance-Trend werden die Werte nun in entscheidender Form verändert. Werte dienen nicht mehr der Langfrist-Orientierung, sondern dienen der *Magie des Augenblicks.* Werte pflegen also die Mystik des Zeitgeists.

Alles in allem: Es entsteht ein neues Konzept von Jugend, in dem Computer, Video-Ästhetik und Trance das neue Instrumentarium herstellen, das unsere Kultur von der Postmoderne zur *Self-fulfilling-Society* führt, also zum Fiktionalismus. Wie wir aber gesehen haben, kann eine Self-fulfilling-Society nur dann funktionieren, wenn sie sich befreien kann von der zwanghaften Unterwürfigkeit und wenn sie sich damit durchringen kann zu einer Aufrichtigkeit.

Aber diese Aufrichtigkeit hat etwas zu tun mit der prinzipiellen Offenheit und Gestaltbarkeit der Zukunft. Sie wird also getragen von der prinzipiellen Fähigkeit der Kultur, *immer wieder über ihre eigenen Grenzen zu gehen*, ohne dabei in Angst zu erstarren oder in Nostalgie-Wehleidigkeit zurückzufallen. Diese gewünschte Aufrichtigkeit besteht also aus einer speziellen Verantwortung für das Unbekannte. Und das Instrument dafür ist eine kollektive Trance.

Leben wird somit zur Kunst des Entwerfens. Die gesuchte Aufrichtigkeit kann also nur dann fruchtbar werden, wenn eine Kultur in der Lage ist, auch alle Identitäten immer wieder zu überwinden, alle Strukturen immer wieder aufzulösen, alle Endgültigkeiten immer wieder umzuwandeln zu Virtualitäten.

Das ist der Grund dafür, weshalb Flusser prognostiziert, daß die Self-fulfilling-Society erst dann beginnen wird, wenn es einen »*prinzipiellen Ich-Tod*« in unserer Gesellschaft gibt, d. h., wenn das starre und kausale Schema zwischen Ich und Welt in einer einzigartigen Form durchbrochen wird. Seiner Meinung nach läßt sich das Projekt der Jugend, wie es sich jetzt neu findet, in folgende Formel pressen:

Jugend ist das Schweben in der Selbst-Vergessenheit.

Es ist also ein außerordentlich spannendes Spiel, das sich vor unseren Augen ereignet. Die Jugend-Kultur ist seit Mitte der 60er Jahre unentwegt dabei, gesellschaftliche Werte und soziale Strukturen aufzulösen. Sie tut das mit einer Mischung aus Ideation und Protest. Die psychedelische Bewegung oder die New-Age-Bewegung gehören sicherlich zum ideativen Strang, sie haben also einen idealistischen Sehnsuchts-Charakter.

Im Wechselspiel dazu gibt es aber auch immer wieder manifeste und aggressive Protest-Bewegungen, wie z. B. die Studenten-Revolte 1968 oder die Computer-Hacker. Subversion und Ideation gehen also Hand in Hand. Und in diesem Klima der permanenten Auflösung entsteht die neuartige Idee der Aufrichtigkeit, verstanden als die prinzipielle Akzeptanz einer Zukunft, die total offen ist, die aber trotzdem nicht als Bedrohung erlebt wird. Die Jugend-Kultur deutet also Zukunft radikal neu. Sie ist prinzipiell offen. Und weil sie offen ist, ist sie prinzipiell gut. Je offener, um so potentiell besser. Die Offenheit und Unerwartbarkeit der Zukunft bedeuten Freiheit für ihre Gestaltung.

Was die Jugend-Kultur also derzeit experimentell erprobt, ist die Frage: Wieviel Festigkeit darf eine Gesellschaft haben, die eines Tages eine Self-fulfilling-Society sein wird? Die Antwort ist im Prinzip schon formuliert worden: Je mehr die Kultur in den synthetischen Codes des Augenblicks schwebt, um so mehr Verantwortung und Kreativität kann sie für ihre nächste Zukunft einbringen. Das bedeutet:

Die kollektive Trance ist die gesuchte Weisheit für eine Self-fulfilling-Society.

Bisher hat unsere Kultur so getan, als wären wir dazu verdammt, permanent Untertanen von Bedingungen zu sein. Es gab deshalb diesen Unterwürfigkeits-Zwang. In der kommenden Self-fulfilling-Society wird es nun einen anderen Zwang geben, *den Zwang zu schweben* – zu schweben in einem gleichmäßigen Fluß der Selbstvergessenheit. Die Aufrichtigkeit, die unsere Kultur seit Beginn der 60er Jahre so vehement sucht, ist die Aufrichtigkeit, die demnach aus diesem Schweben entsteht. Oder anders gesagt:

Trance ist der Atem der Aufrichtigkeit.

Trance ist also die Weisheit für die kommende Gesellschaft, die ihre Selbststeuerung durch Datenräume organisiert und die die Mystik des Zeitgeists an die Stelle der klassischen, ewigen Werte setzt. Trance ist zugleich diejenige Weisheit, die das Donator-Modell benötigt. Trance ist, vereinfachend gesagt, die *Weisheit der Selbst-Vergessenheit*.

Interessant ist in diesem Zusammenhang, wie sehr inzwischen Trance und »das Recht auf Glück« ineinander verzahnt sind. Wenn man die westliche Kultur sorgfältig analysiert, dann erkennt man, daß es inzwischen eine Umdeutung des »Konzepts von Glück«

(Mihaly Csikzentmihalyi) gibt, die immer deutlicher in Richtung von *Flow* geht. Flow ist ja nichts anderes als das angestrebte Schweben in Selbst-Vergessenheit.

Und wenn nun Glück diesen Flow herstellen soll (was übrigens neurophysiologisch nachzuweisen ist), dann beginnt sich unsere Gesellschaft wieder der *stoischen Philosophie* zuzuwenden. Die Stoiker (Seneca war ein großer Verfechter dieser Philosophie) haben lange Zeit keine Rolle mehr in unserer Kultur gespielt. Jetzt, wo sich ein neuer Nihilismus im Westen ausbreitet (siehe die aktuelle Nietzsche-Renaissance), entsteht parallel dazu auch eine Wiederentdeckung der stoischen Philosophie.

Werfen wir vielleicht in diesem Zusammenhang kurz einen Blick darauf. Für die Stoiker war Lebenskunst wichtiger als »Sittenlehre«. Die stoische Philosophie, so schreibt Paul Veyne in seinem Buch »Weisheit und Altruismus« (Frankfurt 1993), war die Fähigkeit, sein ganz persönliches, also einzigartiges Glücksrezept zu finden. Und dieses Glücksrezept hatte nichts mit Ethik oder der allgemeinen Lebens-Klugheit zu tun, sondern es wurde, wie Veyne schreibt, verstanden als eine

»bewußte Methode der Selbst-Verwandlung«.

Es ist in diesem Zusammenhang auch interessant, daß gerade die großen Theoretiker der Postmoderne, z. B. Michel Foucault, die Theorien der Stoiker in den letzten Jahren wiederentdeckt und zur Renaissance geführt haben. Ein Grund dafür liegt sicherlich darin, daß die Stoiker von Anfang an erkannt haben, daß *»das Ich der Punkt ist, wo man den Hebel ansetzen muß«* (Veyne). Das Paradoxe des Stoizismus besteht also darin, daß das Ich allein in der Lage ist, das Ich zu überwinden und daß nur dieses Überwinden das angestrebte »Schweben in der Selbstlosigkeit« (Flusser) ermöglicht. Also muß man dem Ich helfen, sich zu überwinden.

Genau das ist das, was in der Jugend-Szene jetzt getan wird. Ecstasy und Trance-Dancing sind tastende Versuche, um eine Identität herzustellen, in deren Mittelpunkt ein »virtuelles Selbst« (Varela) steht, ein Ich-loses Selbst.

Parallel dazu entdecken die modernen Gesellschafts-Philosophen, daß die stoische Philosophie auch gekennzeichnet ist durch »eine konsequente Verneinung einer angeblich bedrohlichen oder gefährlichen Welt«. Die Stoiker haben also erkannt, daß die Welt dann besonders böse und schlecht wird, wenn man immer vor dem Bösen und Schlechten Angst hat. Wenn man nämlich vor der Zukunft Angst hat, entsteht auch eine schlechte Zukunft.

Also haben die Stoiker ihre Philosophie darauf ausgerichtet, daß man ein besseres Zukunfts-Bewußtsein aufbaut, im Sinne eines »grundsätzlich optimistischen Naturalismus«.

Alles in allem kann man sagen, daß der Stoizismus, der auf Ich-Überwindung und Optimismus beruht, in der Jugend-Kultur jetzt sein großes und modernes Experimentierfeld gefunden hat. So, als würde die Jugend ahnen, wohin die Reise geht. Und wohin geht sie? Vielleicht kann man es am besten folgendermaßen formulieren:

In der Cyber-Welt kann man nur als Stoiker handeln.

Eine Self-fulfilling-Society braucht Bürger, die Zukunfts-Optimismus verbinden mit Selbstlosigkeit.

Nun … Zukunfts-Optimismus als innere Essenz einer schwebenden Selbstlosigkeit: Das ist die Formel, die hinter dem aktuellen Trance-Trend steht. Und es gibt auch schon eine jugendliche Subkultur, die in diesem Sinne weitestgehend stoizistisch denkt und handelt. Es sind die »*Zippies*«.

Zippies – das ist ein Kunstwort, das Fraser Clark ins Leben gerufen hat. Zippies sind »Zen-Inspired Pronoia-Professionals«. Die Zippies bilden die derzeit vorderste Speerspitze in der Entwicklung eines Altruismus. Es lohnt deshalb, sie ein wenig genauer zu betrachten.

Die Zippies sind die elektronische Ausgabe der Hippies. Jetzt möchte ich darstellen, warum diese Jugend-Bewegung, die sich besonders in den USA sehr schnell durchgesetzt hat, so bedeutsam für den großen und breiten Trance-Trend ist:

Die Zippies sind die erste Subkultur, die in der Lage ist, Spiritualität und Elektronik zusammenzuführen.

Sie folgen dem *Ideal der spontanen Gemeinsamkeit* ... spontan weil elektronisch. Sie benutzen also die Möglichkeiten der elektronischen Vernetzung (z. B. Internet), um die negative *Win-Lose-Dynamic* der klassischen kapitalistischen Kultur zu überwinden. Ihr Ziel ist eine Win-Win-Ethik. Sie versuchen also, die Elektronik als Organisationsmittel für eine neue Zwischenmenschlichkeit einzusetzen, die sie ganz bewußt auch als »altruistisch« definieren.

Wie Clark, ihr wichtigster Interpret, beschrieben hat, gehen sie davon aus, daß die Welt prinzipiell erlebt werden kann als *»versteckte Hilfe«*. Überall gibt es Gleichgesinnte, überall gibt es deshalb Menschen, die in der Lage sind, konkret weiterzuhelfen, weil sie genau Bescheid wissen oder weil sie genau das erlebt haben, was der Suchende gerade jetzt braucht.

Die Zippies sagen, daß dieses enorme Hilfspotential nur deshalb mißachtet worden ist, weil wir es nicht richtig organisatorisch fassen konnten. Sie benutzen also die Elektronik, um diejenige Gemeinsamkeit herzustellen, die wechselseitige Hilfe optimal organisiert. Aus dieser Sicht wird auch das Credo des Pronoia-Konzepts sehr leicht verständlich:

Das Gemeinsame ist stärker und intelligenter als das Individuelle.

Aber das Gemeinsame wird nur stark durch ein Win-Win-Verhalten.

Die Pronoia ist also eine Art kreative Sucht nach Optimismus. Parallel hat sich dazu ein anderer sozialer Trend durchgesetzt: Die Subkultur der *Cyber-Punks*. Für sie gilt der Satz:

»Everything is data.«

Sie sind nicht so spirituell wie die Zippies. Bei ihnen geht es mehr um die Kombination von Cyber und Pop-Kultur. Und ihr heimlicher Gott lautet Zukunft … der Entwurf von virtuellen Zukünften. Im Grunde ist das also diejenige Subkultur, die versucht, ein *Gedächtnis nach vorn*, d.h. ein Gedächtnis in die unbekannte Zeit hinein, zu entwickeln.

Inzwischen sind die großen Medien-Konzerne reiflich bemüht, die Ideen, die diese Subkultur vorantreiben, profitabel zu machen. Die heimliche Hauptstadt der Cyber-Punks ist San Francisco, also genau diejenige Stadt, die die Urzelle war für die Beatnics und für das weltumspannende Hippietum der 60er Jahre. Dementsprechend ist es richtig, wenn sie sich zum Teil auch als »*Beat-Techs*« bezeichnen. Aber sie träumen nicht von »make love not war«, sondern sie kreieren Cyber-Spiele und Computer-Games. Sie fühlen sich als *elektronische Künstler* und bilden damit die Speerspitze einer neuen Bewußtseins-Elite:

**Die Cyber-Punks haben begriffen,
daß die nächste Zukunft nur so interessant wird,
wie man die Virtualitäten unlogisch erfinden kann.**

Interessant ist, daß sich sowohl die Zippies als auch die Cyber-Punks weitestgehend einig sind: Alkohol ist, wenn immer möglich, abzulehnen. Man steht auf psychedelische Drogen, weil man sie für Virtualität und Trance für wichtig hält. Und man verzichtet auf Alkohol, weil es »tumb« macht.

Beide Gruppen sind im optischen Outfit ziemlich ähnlich, aber es gibt doch sehr deutliche Unterschiede. Die Cyber-Punks entwickeln vorrangig eine neue *virtuelle Spiel-Kultur*. Schon in den nächsten Jahren wird die westliche Kultur viel von ihnen lernen, denn eines kann schon heute erkannt werden: Eine Self-fulfilling-Society muß den Ernst der Probleme überwinden und die Leichtigkeit des Spiels zum gesellschaftlichen Pflicht-Ritual umformen. Die Cyber-Punks entwickeln bereits diese Spiel-Kultur.

Die Zippies sind anders. Für sie sind die Computer nicht das Sprungbrett für eine neue Spiel-Heiterkeit, sondern für eine neue Spiritualität. Sie sind somit die Pioniere des Light Age.

Inzwischen sind die Zippies dabei, die amerikanische Subkultur massiv zu beeinflussen. Die Zeitschrift WIRED sprach von ihnen als die »größte Briten-Invasion seit den Beatles«.

Die Zippies glauben, daß Trance-Rituale an die Stelle der gesellschaftlichen Strukturen treten werden. Der Ober-Zippie Clark sagt in diesem Zusammenhang in einem Interview: »Das erste, was wir lernen müssen, ist, daß das Zusammenbrechen der Gesellschaft eine positive Sache ist.« Mit anderen Worten:

Die Zippie-Kultur wird dem Westen einen positiven, elektronischen Anarchismus bringen.

Die Zippies selbst glauben, daß sich ihre Sub-Ideen »wie ein kultureller Virus ausbreiten werden«, und in der Tat zeigen die Trend-Signale, daß etwas Wahres da dran ist. Auffällig ist, daß die Zippie-Bewegung, wie Hose Roffe aus London richtig beschrieben hat, »mehr an Energie und mehr Enthusiasmus hat als alles, was man bisher kennengelernt hat«.

Das mag daran liegen, daß die Zippies, im Gegensatz zu den eher ironischen Cyber-Punks, die Sehnsüchte der 60er Jahre wieder aufleben lassen und sie in die moderne Chip-Realität überführen. Mit anderen Worten: Was die Zippie-Bewegung so stark macht, ist ihre Fähigkeit, das Ideale in die Zone der Virtualität zu überführen und die Virtualität dann zum Ritual des Alltags zu machen.

Obwohl die europäischen Medien die Zippie-Bewegung weitestgehend ignorieren oder unterdrücken (wenn sie darüber berichten, dann wird meistens nur über die Drogen berichtet, nicht aber über ihre spirituellen Inhalte), gibt es doch schon eine effiziente Hintergrund-Organisation, die dafür sorgt, daß sich die Zippies an verschiedenen Orten recht zahlreich versammeln.

In Arizona haben sich kürzlich 25 000 Zippies getroffen. In einem kleinen Ort mit dem Namen Castlemorton in England trafen sich vor kurzem rund 30 000 Zippies. Die großen Zahlen rühren u. a. daher, daß sich hier zwei idealistische Generationen miteinander verbinden:

Die fünfzigjährigen Alt-Hippies verbrüdern sich jetzt mit den Computer-Kids.

Das hat es bisher noch nicht gegeben. Bisher war jede einzelne soziale Bewegung als isolierte Welle durch das Land gerauscht und verstarb dann anschließend. Was die Zippie-Bewegung so stark macht, ist nicht nur die Tatsache, daß sie den Computer in den Mittelpunkt stellt, sondern daß sie *die Ideale unterschiedlichster Subkulturen vereint* durch die Idee der Pronoia.

Eine ganz andere Subkultur ist die Techno-Szene. In Europa sind es rund 6 Mio. Jugendliche, die auf diese Sound-Kultur der 90er Jahre stehen. Es ist also eine eminent breite und damit kulturell ebenfalls sehr erfolgreiche Bewegung. Sie hat nicht viel mit den Cyber-Punks gemeinsam, ist also nicht an der »Verspielung unserer rationalen Kultur« interessiert, sie hat auch nicht so viel gemeinsam mit den Zippies, weil ihr Konzept nicht so vorrangig die Spiritualisierung »des Alltags durch Computer« repräsentiert – die Techno-Szene ist im wahrsten Sinne des Wortes die Mittelachse des großen Trance-Trends.

Wie gesagt, in Zentral-Europa sind es rund 6 Mio., die mehr oder weniger regelmäßig zu Techno-Parties pilgern. Die *Raver*, wie sie genannt werden, versuchen ein neuartiges *Trance-Repertoire* zu entwickeln, wobei ihr Hauptaugenmerk darauf ausgerichtet ist, Trance als Instrument zur Verzauberung des Alltags einzusetzen.

Insofern ist es richtig, was Prof. Hans-Georg Soeffner analysiert hat, nämlich daß die Techno-Freaks in erster Linie versuchen, so viel *»Außer-Alltäglichkeit«* wie möglich herzustellen, um dann diese in den normalen Alltag hineinzutragen. Seiner Meinung nach sind die Raver-Parties, die überwiegend über ein ganzes Wochenende laufen, *vergleichbar mit dem klassischen Kirchgang*, nur daß hier keine abstrakten Dogmen nachgebetet werden, sondern daß hier jeder einzelne durch Techno-Musik und Gemeinschafts-Trance eine konkrete Praxis des Außer-Alltäglichen aufbauen und erfahren kann.

Inzwischen gibt es Techno-Massenparties mit vielen tausend Leuten. Die Techno-Freaks selbst verstehen sich als *Trance-Nomaden*, d. h., sie pilgern mehr oder weniger jedes Wochenende zu anderen Orten. Sie sind immer in Bewegung, und manchmal gibt es dann gigantische Super-Parties, wie z. B. die in Zürich, als 40 000 Raver in der Innenstadt tanzten. Und zur großen Celebration Generation in Berlin trafen sich fast 100 000 Raver an einem Wochenende.

Die Techno-Szene ist in erster Linie Trance-Musik. Die Parties werden wie *Rituale der Entgrenzung* zelebriert. Und inzwischen gibt es DJ's, die pro Abend zwischen 5 000 und 15 000 DM bekommen. Sie sind die Kultmeister dieser neuen Welle.

Was Techno als Bewegung auszeichnet, ist die Tatsache, daß sie nicht so ideativ ist, wie z. B. die Pronoia-Bewegung der Zippies. Sie ist viel praktischer. Sie ist konkrete Praxis. Mit jeder Raver-Party wird Trance tatsächlich praktiziert und damit Außer-Alltäglichkeit zum jugendlichen Alltag umgewandelt.

Was die Techno-Musik ausmacht, ist der Beat, der auf 140 bis 200 Beats pro Minute konzipiert ist. Darüber hinaus ist es wichtig, daß hier keine Song-Writer mehr dominieren und daß der künstlerische Individual-Anspruch, der in der Pop-Musik sonst so sehr verbreitet ist, mehr oder weniger aufgehoben wird. Die Musik dient ausschließlich der Trance und keiner individuellen Botschaft.

Wie Norbert Bolz richtig analysiert hat, ist die Techno-Bewegung eine Kombination aus Kindlichkeit und High-Tech. Für ihn *»sind das die Königswege zur Transzendenz«*. Und in der Tat ist auffällig, daß die Techno-Szene, trotz der explosiven Mischung, erstaunlich frei von Aggressionen ist. Obwohl sich zum Teil 5 000 bis 25 000 Menschen in kleineren Hallen treffen (also 10 000 bis 50 000 Füße, die sich meistens bewegen), gibt es kaum Rempeleien, Spannungen oder gar Schlägereien, wie man das sonst bei Fußballspielen häufig genug beobachten kann.

Und obwohl die Techno-Bewegung sicher die »explosivste Jugend-Kultur seit Einführung des Rock'n'Roll« ist, so beschrieb es das GDI-Institut, und obwohl die Trance sowohl mit Drogen (vorzugsweise Ecstasy) oder auch ohne Drogen erzeugt werden kann, und obwohl sich allein in Deutschland zwischen 500 000 bis 600 000 Techno-Freaks jedes Wochenende versammeln, gibt es kaum negative Schlagzeilen.

Wenn man die Techno-Freaks mit den Cyber-Punks und den Zippies vergleicht, dann wird klar, wo der Hauptunterschied liegt. Die Techno-Kids versuchen das Leben zur *»ewigen Party«* umzuwandeln. Sie versuchen damit, die *»Leere, die durch Trance entsteht«*, zu einem Instrument zu machen, durch das man den normalen Alltag besser bewältigen kann. Das bedeutet:

Die Entgrenzung der Realität führt zur Qualifizierung der Realität.

Techno erlebte 1990 als Subkultur den ersten Höhepunkt. Aber schon ein Jahr später glaubten die meisten Trend-Experten und Szene-Medien, daß der Trend wieder zu Ende sei. Genau das Gegenteil ist passiert: *Die Techno-Welle wird immer breiter, immer facettenreicher und damit auch einflußreicher*. Sie hat sich inzwischen längst von einer Subkultur zu einer Offizial-Kultur gewandelt, von der allerdings die Medien (die in der Regel nur über die sog. »Hochkultur« berichten) so gut wie gar nicht Kenntnis nehmen.

Insofern ist es richtig, was Bolz analysiert hat, daß die Stärke des Techno u. a. darin liegt, daß immer wieder neue Techno-Trends erfunden werden. Damit hat Techno die gleiche Kraft wie ehemals die Pop-Musik. Seiner Meinung nach sollte man Techno »als Symptom begreifen … als Symptom für eine grundlegende Wandlung unserer Kultur«.

Lassen Sie uns einige Aspekte dieser Transformation genauer analysieren. Zuerst einmal ist wichtig, daß der Techno-Trend das *Phä-*

nomen des Kults wieder in die westliche Kultur bringt. In der christlichen Gesellschaft sind Kulte mehr oder weniger abgestorben. Jetzt werden Kulte wiederentdeckt als Organisations-Instrument für Außer-Alltäglichkeit:

Der Kult wird zum Auge der unbekannten Zukunft.

Durch Techno wird darüber hinaus eine *Musik jenseits der üblichen Musik* entwickelt, weil sie in erster Linie ein Wirkungs-Sound ist. Es ist eine autorenfreie No-Copyright-Musik, die ausschließlich darauf ausgerichtet ist, »*Selbsterregung*« (Gottfried Benn) zu stimulieren.

Techno-Musik vermittelt keine Dogmen, keine Ideologien, im Kern auch keine Ideale, wie sie z. B. die Zippies pflegen. Die einzige innere Substanz dieser Bewegung lautet:

Tanze Dich über die Grenze, die Du derzeit bist.

Aus dieser Sicht läßt sich Techno als ein Phänomen bezeichnen, das »*Glaube ohne Worte*« (Nietzsche) zelebriert – also für unsere Kultur ein neuartiges Bündnis von Mystik und Technik.

Nun gibt es inzwischen einen weiteren wichtigen Trance-Trend: *Jungle-Music.* Im weitesten Sinne gehört sie zur Techno-Bewegung, aber diese Musik verbindet Techno, wie es sich überwiegend in Europa durchgesetzt hat, mit dem amerikanischen Hip-Hop und dem unbeschwerten Reggae-Feeling der Karibik. Ich will deshalb jetzt nur die Trance-Essenz dieser Musik-Szene näher beschreiben.

Der Stil-Charakter des Jungle zielt viel stärker als beim Techno *auf das Schweben.* An die Stelle der monoton-schnellen Beats tritt die Kombination von gleichmäßigem Tempo und (wie beim Reggae üblich) langsamen, versetzten Konter-Rhythmen. Wer sich ein wenig in der Rhythmus-Theorie auskennt, weiß, daß genau dadurch im Gehirn der Zugang zum »virtuellen Selbst« (Varela) ermöglicht wird. Oszillation wird subjektiv als Schweben erlebt. Und das ist genau die Zielrichtung dieser Musik-Welle, in der Formung und Auflösung zu einer Erlebnis-Einheit zusammengeführt werden.

Die Philosophie vom Jungle ist im Moment noch sehr unausgewogen. Einerseits versucht diese 1993 in London entwickelte Trance-Richtung, eine Art *Feld-Gefühl* aufzubauen, also eine Art gemeinsames Bewußtsein durch Rhythmus herzustellen (Apachi: »Jungle vereint«), andererseits ist Jungle auch wesentlich realistischer und »erdiger als Techno« (Martin Stiksel). Und inzwischen beklagen auch viele Raver, daß Jungle den Party-Frohsinn aus den Clubs vertrieben habe. Jungle, die Musik der 90er, ist also deutlich »mehr in unserer Welt«.

Es ist der neueste Versuch, *die Realität selbst zur Trance zu machen*. Basis ist u. a. eine neue Technik, nämlich das Time-Stretching des Rhythmus. Das erinnert sehr stark an die Rhythmus-Praktiken des spirituellen Ordens der Sufis.

Durch die Jungle-Music haben sich auch die Drogen verändert. Bei Techno war es hauptsächlich Ecstasy (also eine Droge, die in erster Linie Wir-Gefühle und Liebe aktiviert). Bei den Jungle-Parties wird in erster Linie Marihuana und Haschisch geraucht. Wie auch immer, Jungle ist offensichtlich näher am realen Leben als Techno, und zugleich ist Jungle noch stärker am fraktalen Stil orientiert. Es ist im Grunde der erste Versuch, *Musik zum Rhizom zu formen* und auch als Rhizom zu erleben.

Was wir also derzeit erleben, ist ein spannender Trend: Die Wiederentdeckung der Musik als schamanisches Instrument der Bewußtseins-Manipulation. Zu Ende geht ganz offensichtlich die Zeit, die wir Pop nannten. Pop-Songs waren Songs, die immer eine Story hatten, meistens auch einen Refrain. Pop-Songs lebten von einem Interpreten, meistens einem Star. Pop-Songs setzten auf die individuelle Kreativität der Band oder des Sängers. Es war in diesem Sinne immer ein *musikalischer Vortrag*. Pop setzte überwiegend auf Massen-Akzeptanz und bediente deshalb den Durchschnittsgeschmack.

Das alles geht jetzt mehr oder weniger deutlich zu Ende, weil eine neuartige Epoche beginnt, in der sich Musik und Trance verschmelzen und wechselseitig bedingen.

Das Ende vom Pop ist der Beginn der Massen-Trance.

Was gehört nun dazu? Zuerst einmal gehören »*insgeheime Codes*« dazu. Das kann man jetzt schon beobachten. Die Kids dieser Welt haben keinen einheitlichen Musikgeschmack mehr. Das begann in der zweiten Hälfte der 80er Jahre und erlebt jetzt seinen ersten Höhepunkt. Die Kids und die Freaks benutzen die vielfältigen Stil-Richtungen, um daraus ein fraktales Archiv zu formen. Das bedeutet konkret: Wann immer es eine neue Richtung gibt, wie z. B. Jungle, gibt es innerhalb der nächsten Monate viele Konter-Richtungen und derivate Richtungen. Alles, was zum Mainstream werden kann, wird neuerdings sofort fraktalisiert. Die Kids jagen damit die Musik in ihre permanente Autopoiese, also in ihre permanente, aggressive Evolution. Musik wird also zur Energie des Wandels und nicht mehr zu einem verbindlichen Stil.

Aber das ist noch nicht alles: Was die Kids jetzt in den 90er Jahren machen, geht noch einen Schritt weiter. *Der eigentliche Musik-Genuß liegt zwischen den Stilen*. Sie benutzen die fraktalen Musik-Wellen, um neue Codes zu entwickeln. Und sie unterhalten sich untereinander über die Codes, die meistens sehr versteckt sind, d. h., die verborgenen Codes bestimmen die Zugehörigkeit zu Szenen, Gruppen und Ambitionen. Und genau das ist die Funktion eines Rhizoms:

**Die Codes lösen die verbindliche Welt auf
in ein Experiment, das schwebt.**

Was wir also erkennen, ist folgendes: Die neuen Musik-Richtungen werden wie ein Rhizom aus Codes aufgefaßt, und gleichzeitig benutzen die Jugendlichen die Codierungen, die man durch Musik herstellt, um richtig in der Welt zu sein. Man benutzt die Codes der Musik, um zwischen den Realitäten zu schweben. Das bedeutet somit auch:

**Die Musik beginnt zum Kaleidoskop zu werden,
in dem das Leben schwebt.**

In diesem Zusammenhang ist es ideal, daß *Musik und Multimedia* jetzt aufeinander zugehen können, daß z. B. interaktive Musik plötzlich technisch möglich wurde und daß die CD-ROM in der Lage ist, ein fraktales Archiv abzuspeichern. Ganz im Gegensatz z. B. zur normalen CD, die eine langweilige und lineare Präsentation zur Pflicht machte.

Inzwischen gehen die großen Stars mehr oder weniger alle in Richtung Interaktiv. Von Herbert Grönemeyer über Michael Bolton bis zur legendären Xplora-I-Offensive von Peter Gabriel: sie alle nutzen die neuen elektronischen Möglichkeiten, um *mehr als Musik zu machen*.

Ganz vorn in dieser Entwicklung steht eine Gruppe aus San Francisco, die »Residents«. Sie haben eine CD-ROM vorgelegt mit dem Titel »Freak Show«. Dazu gab es ein Comic-Buch. Und wer in dem drei-dimensionalen Datenraum per Maus-Klick herumreist, der erfährt außerordentlich viel von der Gruppe, von ihren Ambitionen, aber auch von ihrem Alltag. Man kann sich in ihrer Show-Welt stundenlang herumbewegen und man wird immer wieder Neues entdecken. Es ist ein *raffiniert codiertes Rhizom* mit einem großen Überschuß-Repertoire.

Der Manager der Residents, Homer Flynn, sieht in dieser Entwicklung eine grundsätzliche Wandlung der Musik-Funktion: Die Musik geht in die elektronischen Datenräume, und sie erfüllt damit den alten Traum der Hippies aus den 60er Jahren:

Musik wird zum Psychedelikum.

Inzwischen verbindet sich die Rhizom-Musik auch mit *Video-Games und Computer-Games*. Die großen Konzerne haben längst begriffen, daß die Musik der Zukunft begehbar sein muß. Sie selbst muß also zum Datenraum umgewandelt werden, in dem die elektronische Trance stattfinden kann. Und sie findet statt. Und sie wird ihren Höhepunkt dann finden, wenn Musik, Background, Kaleidoskop, Video-Clips und Computer-Spiele *eine schamanische Einheit* bilden.

Dahinter steht im Grunde ein prinzipieller Wechsel, den wir vermutlich noch in der zweiten Hälfte der 90er Jahre erleben werden:

Die elektronische Musik verlagert sich von der Tanz-Funktion (siehe Techno und Jungle) zur psychedelischen Stimulanz, d. h., sie geht vom Akustischen über das Optische zum simulativen Verhalten. Kurz:

Der Trance-Kult wird zur Religion des Virtuellen.

Dann wird nicht mehr getanzt, sondern dann benutzt man seinen Computer und später den Cyber-Helm, um Musik zur Droge des »unbewußten Bewußtseins« zu machen. Das bedeutet aber auch, wie der Produzent Heinz Roth richtig analysiert hat, daß die Leute dann irgendwann nicht mehr in die Discos laufen werden. Die Tanzfläche wird dann nicht mehr das Zentrum des Trance-Trends sein. Die Datenräume werden es sein, in die sich der User jederzeit hineinbewegen kann.

Voraussetzung dafür ist aber, daß sich die Musik-Produktion grundsätzlich wandelt. Das Pop-Duo »Future Sound of London« ist hier vielleicht am weitesten. Für sie gibt es keine Pop-Musik mehr, sondern nur noch *»kosmische Kommunikation«*, die dadurch entsteht, daß der Sound virtuelle Bilder zum Tanzen bringt.

Das Duo, von den beiden Briten Gary Cobain und Brian Dougans gebildet, erklärt: »Hits sind öde. Wir wollen Alternativen bilden … unser Interesse gilt einem *medialen Geschoß*, das es vorher nicht gab.« Und was soll das sein?

Sie haben z. B. ihr erstes Live-Konzert nicht wie üblich on the road, also auf den Bühnen plaziert, sondern im *Cyberspace* stattfinden lassen. Das funktionierte so, daß sie live im Studio waren, und per Modem wurde es für ein Millionen-Publikum übertragen. Das Konzert war pure Interaktivität.

Das Duo hat inzwischen Geschmack daran gefunden. Und nach eigenen Aussagen »will man sich in Zukunft ganz bewußt von der klassischen Rolle der Musik entfernen. Wenn die Technik es ermöglicht, werden wir einen kompletten virtuellen Raum designen, der Kino und Treffpunkt zugleich ist, voller Sounds und Bilder, die

die Besucher umgeben. Das wird der Moment in der Geschichte des Pop, der definitiv über Pop hinausgeht«, sagt Cobain.

Musik wird dann also im weitesten Sinne ent-individualisiert und übernimmt die Funktion eines psychedelischen Laserstrahls, entsprechend dem Motto der beiden Briten:

»Beam dich ins eigene Hologramm.«

Musik als Material für die Selbst-Erfindung. Das ist die Idee. Und sie *verspricht einen riesigen Markt*. Deshalb wollen die großen Pop-Unternehmen alle rein ins Cyber-Netz. Das heißt konkret, daß sie jetzt erst einmal versuchen, eigene Netze aufzubauen innerhalb von Internet.

Der bekannte Chaos-Autor James Gleick sagt, daß die *Entwicklung zur Cyber-Musik*, die keine Musik mehr ist, »ein explodierender Trend ist. Jedes Unternehmen ist sozusagen gestern aufgewacht und hat ein neues großes Universum vorgefunden«.

Alle wollen sie rein in die Netze. Aber sie können dort *keine Werbung und Promotion* machen, obwohl sie das immer wieder versucht haben, weil die Computer-Freaks ausgesprochen allergisch reagieren. Sie wollen, wie Jennifer Steinhauer in THE NEW YORK TIMES kürzlich schrieb, *kein Image vermittelt bekommen.* Sie wollen, daß das Medium interaktiv bleibt. Das setzt voraus, daß sich die Musik-Branche nur dann erfolgreich im Netz bewegen kann, wenn sie ihre Informationen von Promotion und Manipulation befreit und alle Angebote und Ideen unter das Dogma der Trance stellt.

Das ist vielleicht ein erster Hinweis auf eine wesentlich generellere Entwicklung, die man mit der Frage aufreißen kann:

**Was passiert eigentlich,
wenn die Werbung in die Datenräume wandert?**

Mit Sicherheit wird es dann keine Werbung mehr sein. Und mit Sicherheit wird es auch nicht ausreichen, Botschaften, also Informationen, interaktiv zu designen, so nach dem Motto: »Wir ballern euch jetzt nicht mehr den Kopf voll, sondern ihr könnt ihn euch selbst vollballern.« Das wird nicht ausreichen. Das ist zu simpel, weil folgende Entwicklungen schon jetzt prognostizierbar sind:

1. **In den interaktiven Datenräumen wird es eine Zweiteilung geben zwischen Life-Service, der weitestgehend selbst organisiert wird und den hochkomplexen Trance-Trips.**
2. **Wer in die Lifeware hinein möchte, wird nicht mehr Werbung machen können, sondern wird in erster Linie zum Hersteller von innovativen Services werden. Er muß also ein tatsächliches Dienstleistungs-Verhalten organisieren und somit auf Positioning und Image-Profilierung weitestgehend verzichten.**
3. **Wer in die Trance-Trips hinein möchte, muß echte Trance anbieten ... codierte Rhizoms.**

Damit wird jetzt klar, warum dieser generelle Trance-Trend so wichtig ist für alles, was Markt, Absatz und Werbung bedeutet. Es ist eben nicht nur eine überraschend große Jugend-Szene, die sich auf diesen Trip begeben hat, sondern es ist eine *grundsätzlich neue Art, die Welt zu sehen.*

Das alles erinnert sehr an den radikalen Konstruktivismus, also jene Philosophie, die in den letzten Jahrzehnten so viel Furore gemacht hat.

Diese Philosophie sagt, daß im Grunde nur das in der subjektiven Welt eines Menschen ist, was er selbst entwirft. Und wenn die Menschen eine hochkomplexe Wirklichkeit entwerfen wollen, dann benötigen sie dazu Trance. Wenn man also manipulieren möchte (also in die Gehirne hinein möchte), dann wird man in Zukunft folgendes tun müssen:

**Man muß diejenigen Rhizome gestalten,
die dem Konsumenten eine Trance vermitteln.**

Mit anderen Worten:

Trance ersetzt die Kreativität,
wenn Werbung ins Internet geht.

So, ich glaube, an dieser Stelle lohnt nun eine weitere Zusammenfassung, um uns in komprimierter Form einen Überblick über die wichtigsten Essentials des neuen Trance-Trends zu geben.

Das Programm der Noeterik
Trance statt Werte
Weisheit statt Cleverness
1. Trance wird zur mentalen Innen-Ausstattung der Menschen, wenn die Epoche der Self-fulfilling-Society beginnt, die wiederum die jetzige Postmoderne ablösen wird.   **2. Die Trance wird erzeugt durch ein Rhizom, also durch das Erlebnis der Welt als ein bewegtes Kaleidoskop, in dem das Virtuelle das Seiende codiert: Trance erzeugt eine Realität, die als öffentliche Mode erlebt wird, eine Mode, die schwebt.**   **3. Thrill, virtuelle Ekstasen, Paradoxa und Cyber-Exzesse werden genutzt, um das persönliche Rhizom zu erweitern und in einer sinnlich-erotischen Oszillation zu halten: Es entsteht eine nomadische Disposition, und die höchste Bewußtseins-Qualität ist Paradoxical Arousal.**   **4. Trance wird sich in den westlichen Kulturen zur »offiziellen Pflicht« entwickeln. Trance wird somit die literale Logik, wie sie typisch für die Oberschichten war, ablösen. Auch die »alt-europäischen Ideale« (Luhmann) werden immer mehr durch Trance ersetzt: Trance übernimmt damit die Funktion der Werte.**

5. Der weltweite Boom der Magic-Eye-Bücher beweist, daß sich die Kulturen bereits in diese Trance einüben, denn der »weiche Blick« ist der Blick der nomadischen Trance: Wir beginnen die Trance zu sehen.

6. Trance wird das mentale Fundament für den »egoistischen Altruismus«, wie ihn das Donator-Modell immer deutlicher in unsere Kultur einführt. Dieser neuartige Altruismus wird von den Menschen angestrebt, um sich in einer, von elektronischen Netzen und Computer-Simulationen bestimmten Öffentlichkeit weise verhalten zu können: Altruistische Weisheit löst die bisherige egoistische Cleverness ab. Weisheit ist bewußt gelebte Pronoia.

7. Trance organisiert eine neuartige soziale Haltung der »Aufrichtigkeit« (Flusser). Sie repräsentiert eine neue Form der Ethik: Ethisch handelt derjenige, der seine Angst vor dem Unbekannten (Zukunft) überwindet: Die Epoche des Leidenszwangs hört auf.

8. Ein neues Ideal des »mündigen Menschen« entsteht, der sich durch kreative Selbsterfindung auszeichnet: Der Prozeß der Selbsterfindung tritt an die Stelle der Sinn-Suche. Die permanente Selbsterfindung ersetzt damit auch das Erhabene, also die Religion und Konfession.

9. Das Ich des modernen Trance-Menschen ist ein »selbstloses Selbst« (Varela), in dem unterschiedliche Identitäten, je nach Situation, entstehen und vergehen. Es entsteht dadurch ein »selbstloses Schweben« (Flusser), durch das die altruistische Weisheit konkret praktizierbar wird: Rivalisierender Egoismus wird in Zukunft mit Dummheit gleichgesetzt.

10. Die kollektive Erfindung von neuen und künstlichen (virtuellen) Zukünften wird das Ergebnis der neuen Trance sein: Es entsteht eine einzigartige »Neuro-Ästhetik« (Linke), die folgenden Fokus hat: Der Genuß des Unbekannten wird zur Lebens-Erotik.

11. Eine Trance-Kultur stellt das Erfinden von neuem Geist in den Mittelpunkt ihres Alltags. Deshalb trennt sie sich von der Esoterik (= Geheimlehre) und entwickelt eine Noeterik; das ist ein moderner Zukunfts-Schamanismus, der die Potentialität des Geistes (= Noetik) nutzt für die geplante Evolution der eigenen Kultur: Die Menschen verlagern ihr Interesse von der Psyche zum Geist.

Lassen Sie uns jetzt auf den letzten Punkt ein wenig näher eingehen, also auf die These, daß *der große Psycho-Boom*, der in den letzten drei Jahrzehnten so viel Furore machte, jetzt auszulaufen beginnt. Er geht zu Ende, weil sich die Menschen immer mehr den mentalen Prozessen zuwenden. Und dabei entdecken sie, daß das Mentale eine völlig andere Qualität als das Psychische ist.

Man kann es auch so ausdrücken: Die Menschen verlassen das Feld derjenigen Welt, die Karl R. Popper die Welt 2 genannt hat, also die Welt der psychischen Probleme und der seelischen Defizite. Sie interessieren sich jetzt für die Qualifizierung des Geistes, also für die Welt 3. Je mehr unsere Kultur sich nämlich auf Erfindung umprogrammiert, um so wertvoller wird ein »*instrumenteller Geist*«, also ein Mind, der in der Lage ist, neuen Geist zu erfinden.

Damit wird auch das Ende der heroischen Phase der Psychotherapie, die von Siegmund Freud vor rund hundert Jahren eingeleitet wurde, eingeläutet. Vielleicht erhellt ein Zitat aus dem Film »Crocodile Dundee« ein wenig das Thema. In dem Film fragt eine Reporterin Crocodile Dundee, der als ziemlich wilder und ungehobelter Mensch aus dem australischen Busch nach New York geholt wurde: »Ihr habt wohl keine Psychiater bei euch?« Darauf Crocodile Dundee: »Nein, wenn wir Probleme haben, gehen wir zu Joe und erzählen es ihm. Der erzählt es allen anderen im Dorf, und dann haben alle das Problem. So machen wir das.«

Inzwischen gibt es auch eine *wachsende Kritik an der Psychotherapie*. Immer neue empirische Untersuchungen belegen eine mangelnde oder fehlende Wirksamkeit, zumindest bei den allermeisten Methoden. Inzwischen gibt es rund 700 Analyse- und Therapie-Formen, und alleine in der Bundesrepublik gibt es 9 000 ausgebildete Psycho-Heiler und eine große Zahl von Helfern, die nicht in den üblichen Statistiken erfaßt werden. Rund 7000 Plätze für stationäre psychotherapeutische Behandlungen stehen zur Verfügung.

Die *Psychopharmaka*, die noch vor einigen Jahrzehnten so gut wie gänzlich unbekannt waren, haben 1993 einen Rekord-Umsatz von 1,6 Mrd. DM erzielen können, und das ausschließlich für Deutschland. Das reicht aus, wie der SPIEGEL kürzlich analysierte, »um die Bevölkerung einer Großstadt auf Monate ins dauergrinsende Koma zu schicken«.

Offensichtlich funktionieren die zahlreichen Psychotherapie-Techniken nicht, sonst wäre z. B. der Psychopharmaka-Bedarf nicht so extrem gestiegen. Inzwischen hat Prof. Klaus Grawe aus Bern eine umfangreiche Studie über die Wirksamkeit und Unwirksamkeit der Psycho-Techniken durchgeführt. Auf rund 900 Seiten beschreibt er das Ergebnis seiner 13jährigen Arbeit. Es ist die bislang größte wissenschaftliche Untersuchung über die Erfolgsaussichten der Psychotherapien. Und das Ergebnis: Sie funktionieren mehr oder weniger alle gar nicht, einige funktionieren etwas weniger schlecht.

Besonders schlecht kommt die klassischste aller Therapien dabei weg: *die Psychoanalyse von Freud*. Sie gilt zwar als die hohe Schule der Psycho-Hilfe, aber ihre Wirkung läßt sich so gut wie gar nicht objektivieren. In der Grawe-Studie gibt es nur ganz wenige therapeutische Ansätze, die wirklich etwas zu funktionieren scheinen. In Ansätzen bekommt man die besten Resultate bei der Verhaltenstherapie. Aber die ist im Grunde schon keine klassische Psychotherapie mehr, denn sie arbeitet sehr stark sowohl mit kognitiven Ansätzen (das ist schon ein halber Schritt zum Mentalismus), ebenso mit Reiz-Konfrontationen, Körperübungen und Rollenspielen.

Man kann also die Studie von Grawe folgendermaßen interpretieren: Diejenigen Psychotherapie-Ansätze, die den Geist des Umfeldes und die innere mentale Dynamik der Patienten in den Mittelpunkt stellen, scheinen einigermaßen gut zu funktionieren, zumindest gibt es hier Heilungs-Chancen für etliche Störungsbereiche bis zu 75 Prozent. Etwas verkürzt:

Wenn die Psychotherapie den Geist integriert, wird sie wirksamer.

Inzwischen gibt es auch immer mehr große Psycho-Päpste, die ihre eigene Disziplin kritisieren, so z. B. Paul Watzlawick oder Robyn M. Dawes. Der geht sogar so weit, daß er sagt, daß die gesamte Psychotherapie »nicht auf experimentellen Beweisen basiert, sondern auf Ideen, die sich vor langer Zeit einmal gut anhörten«. That's all!

Alles in allem: Unsere Kultur verläßt die Welt 2, also die Welt der psychischen Defizite und sie *wandert zur Welt 3*, also zum Feld des Geistes und der mentalen Prozesse. Anders gesagt:

Aus den Psycho-Kindern werden Mind Children.

Damit vollzieht die Trance-Szene im Grunde nur das, was sich in der Wissenschaft ebenfalls seit einigen Jahren getan hat. Durch die Kognitionsforschung, durch künstliche Intelligenz und durch die neue Komplexitäts-Forschung hat sich das *Thema Geist* immer mehr in den Vordergrund gestellt.

Kürzlich erschien ein streng wissenschaftliches Buch, das diesen Trend in grundsätzlicher Form analysiert und beschrieben hat. Es ist ein Buch, das in Amerika für außerordentlich viele Diskussionen gesorgt hat, von Roger Penrose »Shadows of the Mind. The Search for the Missing Sciences of Consciousness«.

Penrose entwickelt darin die ersten Grundlagen für eine kommende Noeterik. Seiner Meinung nach ist die Entstehung von Bewußtsein genauso unlogisch wie die Quanten-Physik. Dementsprechend meint er, daß wir eine »ganz neue Physik benötigen, mit der sich das Bewußtsein erklären läßt«. Diese neue Physik, so hat es auch Irving Dardik in der Zeitschrift CYCLES beschrieben, stellt in erster Linie *die Nicht-Linearität* aller lebenden und offenen Prozesse in den Mittelpunkt.

Warum? Je mehr die Wissenschaftler in die Materie einsteigen, d. h. die Physiker in die Atome und die Chemiker in die Struktur der Moleküle, um so weniger verstehen sie das Universum. Je besser sie es beobachten, um so mehr spiegelt die beobachtete Natur den Prozeß ihrer Beobachtung wider:

Offensichtlich ist die innerste Essenz der Natur die Reaktion auf ihre Beobachtung.

Es muß also in der Natur, ebenso wie in der Materie, einen geistigen Faktor geben, den die klassische Physik bisher ausgeblendet hatte. Wie Dardik schreibt, ergibt sich hier folgendes Kernproblem: »Wenn die Wissenschaft recht hat, dann ist die Natur völlig falsch. Und auf der anderen Seite, wenn die Natur recht hat, dann fehlt etwas in der Wissenschaft.« Offensichtlich ist das, was fehlt, ein Paradoxon, das so paradox ist, daß wir es mit unserer logischen Wissenschaft nicht erfassen werden.

Dementsprechend glauben Dardik und Penrose, daß es eine eigenartige Wechselbeziehung geben wird, die man folgendermaßen beschreiben kann: Der menschliche Geist muß eine *neuartige Wissenschaft des Geistes* erfinden, in der Ordnung und Chaos zu einer neuen Harmonie vereint werden. Erst wenn diese Wissenschaft des Geistes, die auch der Nobelpreisträger Roger Sperry seit längerer Zeit fordert, vorhanden ist, erst dann wird die Wissenschaft in der Lage sein, »die tieferen Prinzipien der Organisation« zu entschlüsseln.

Auf der anderen Seite werden uns dann die beobachtete Natur und die analysierte Materie völlig neuartige Aufschlüsse geben über die Rolle unseres Geistes beim Herstellen von Welt. Etwas überspitzt ausgesagt:

Das geistige Geheimnis der Natur werden wir erst dann erkennen, wenn wir eine Wissenschaft des Geistes entwickelt haben.

In dem Buch von David Lindley »Das Ende der Physik« (Basel 1994) wird dieses Problem folgendermaßen beschrieben: Mit unserem jetzigen Geist sind wir offensichtlich nicht in der Lage, die Wirklichkeit der Natur zu analysieren. Zum Beispiel sind die teilchenphysikalischen Experimente, die man jetzt durchführen müßte, um weiter voranzukommen, aus technischen Gründen inzwischen unmöglich. Sie sind zugleich auch aus sozialen (finanziellen) und politischen Gründen undenkbar geworden.

Nach Lindley wird man also mit der experimentellen Physik aufhören müssen, und damit kommt die klassische Physik zum Ende. Sie wird ausgebremst durch den Geist der Natur, und am Horizont taucht deshalb eine *mythische Physik* auf, in der es keine klaren Wenn-dann-Gesetze mehr gibt (die Welt als Uhrwerk), sondern nur noch »Ideen-Wolken« (Lindley).

Diese Ideen-Wolken werden überwiegend durch Nachdenken entwickelt und nicht mehr durch klassische kausale Experimente, und damit wäre die Physik, so schreibt Lindley, wieder dort angelangt, wo die alten Griechen schon einmal waren: Physik als mythische Schau, Physik als Experiment des Geistes und nicht als rationales System der experimentellen Analyse.

Nun, genau das entwickelt sich als Trend und zwar zaghaft in vielen Bereichen, so z.B. unter dem Stichwort Noeterik. Wie Dr. Peter Plichta in seinem Aufsatz »Ordnung im Chaos: die Primzahlen« (RAUM & ZEIT 72/94) schreibt, brechen jetzt die Grundpfeiler der klassischen Physik und der orthodoxen Mathematik zusammen. Chaos-Theorie und Primzahlen-Forschung laufen aufeinander zu, weil sichtbar geworden ist, daß »auch das Chaos strukturiert ist und zwar nach dem Primzahl-Code« (Plichta).

Danach sieht es so aus, daß in der Natur selbst eine uns *verborgene Geometrie* vorhanden sein muß, so daß die Zahlen nicht etwa willkürliche Erfindungen der Menschen sind, sondern daß die Menschen die Zahlen erfunden haben, weil sie den heimlichen Geist der Natur repräsentieren.

Es entsteht also eine Art »Geist-Lehre«, die genau *das Gegenteil ist von der Esoterik.* Es ist also keine Geheim-Wissenschaft, die okkulte und unbeweisbare Phänomene in den Mittelpunkt stellt, sondern es ist die gezielte Umorganisation des menschlichen Geistes, und zwar in die Richtung, daß er den Geist der Natur direkt erleben und wahrnehmen kann – also ohne experimentelle Physik, ohne große Meßapparaturen und ohne vermittelnde technische Systeme.

Wie Plichta richtig schreibt, wird diese Entwicklung, für die es schon Ansätze bei Pythagoras, Kepler und auch bei Goethe gegeben hat, jetzt durch Komplexitäts- und Chaos-Forschung enorm verstärkt. Seiner Meinung nach wird dadurch »das physikalische Weltbild, das atheistisch-materialistisch und *weitgehend amerikanisch* geprägt ist, zusammenbrechen wie der Kommunismus«. Die Konsequenz:

**Unsere Kultur braucht neuartige Techniken,
um den menschlichen Geist
dem Geist der Natur anzugleichen.**

Trance ist eine dieser Techniken.

Was bedeutet das nun im einzelnen? Ich glaube, hier kann man folgendes formulieren:

1. **Die Wissenschaft steht vor einer aufregenden Entdeckung, nämlich vor der Tatsache, daß es die Primzahlen sind, die den Hintergrund für die gesamte stoffliche Welt abgeben. Offensichtlich ist die Natur eine Geometrie, die uns bisher verborgen war.**

2. **Um den wahren Geist der Natur zu erfassen und zu analysieren, muß man nicht die Natur analysieren wie bisher (das führt dann zu den sattsam bekannten Paradox-Effekten, wie wir sie in der Quanten-Physik kennen … die Natur ist dann plötzlich nur das, was der Beobachter ist), sondern man muß den menschlichen Geist so qualifizieren, daß er zum Spiegelbild des »geometrischen Geistes« der Natur wird.**

3. **Es entsteht damit eine Wissenschaft und eine Methodologie, die sich überwiegend mit der Formung des idealen Geistes beschäftigt.**

4. **Beim Formen dieses Geistes sind Trance und schamanistische Techniken von großer Bedeutung, denn ganz offensichtlich kann nur dasjenige Individuum diesen spiegelnden Geist formen, das über ein »selbstloses Selbst« (Varela) verfügt.**

5. **Die Entdeckung der »Wahrheit hinter der Natur« wird damit zu einem Prozeß der angewandten Mystik, einer rationalen Mystik – und das ist die Noeterik.**

Alles in allem sieht man also, daß der Trance-Trend nicht etwa nur eine subkulturelle Spielerei ist oder die Disco-Sucht von gelangweilten Jugendlichen, sondern daß solche Phänomene wie Techno im Grunde nur die obersten Wellen von wichtigen Strömungen darstellen.

Und diese grundsätzlichen Strömungen bewirken die *Überwindung des kartesianischen Ichs*, denn das Ich kann, wie Ken Wilber

(»Halbzeit der Evolution«, München 1991) richtig schreibt, nur in der Welt 1 und in der Welt 2 konkret operieren, d. h., je Ich-hafter eine Kultur ist, um so weniger kann sie den Geist der Natur erfahren, also z. B. den Primzahlen-Raum oder die verborgene Geometrie der Evolution. Und das erklärt auch, warum wir im Moment in allen westlichen Ländern die Umwandlung des Mono-Ichs in ein Multi-Ich (»Metaphrenie«/Kenneth J. Gergen) beobachten können. Offensichtlich entwickelt unsere Kultur derzeit dasjenige Subjekt, das eines Tages in der Lage sein soll, als rein geistiges Ich (virtuelles Selbst) in der Welt 3, also in der Welt des Geistes, sehen und handeln zu können. Das bedeutet:

Der große und breite Trance-Trend ist nichts anderes als der Beginn einer Spiritualisierung unserer Wissenschaften.

Interessant ist in diesem Zusammenhang, daß die Subkulturen der Jugend diese Entwicklung zwar nicht direkt reflektiert haben (sie sind kaum interessiert an dieser Transformation der Wissenschaften), aber daß sie trotzdem genau diese Ambitionen artikulieren und vorantreiben, allerdings auf ihre Art und in ihrer Sprache.

Ein Beispiel: Es gibt da z. B. eine amerikanische Szene, die sich *Extropians* nennt. Diese Kids und Freaks bekämpfen die Entropie, also die naturgegebene Tendenz aller Dinge sich aufzulösen oder zu sterben. Die Extropians, überwiegend junge amerikanische Intellektuelle, suchen konkrete Maßnahmen, um eine neue Intelligenz oder eine neue Energie zu entwickeln, die in der Lage ist, das Entropie-Gesetz zu überwinden.

Sie wollen also denjenigen Code entdecken, der das Urgesetz, daß alles zum Ende und zum Tod läuft, aushebelt. Einer der Mitbegründer dieser Szene, Fred Perry, sagt in diesem Zusammenhang: »Unsterblichkeit ist mathematisch lösbar.« Was diese Szene glaubt, ist daß neue Technologien und *der Geist der Computer* Möglichkeiten zulassen, die den Menschen helfen, sich von seinen eigenen Naturgesetzen zu trennen. Perry dazu: »In diesem Zeitalter können wir werden, was wir wollen.«

Der Traum, der von den Extropians geträumt wird, ist also eine Mixtur aus Genforschung, künstlicher Intelligenz, Komplexitäts-Forschung, Nanotechnologie und smarten Drogen. Das alles erzeugt ihren Traum vom

digitalen Übermenschen.

Die Extropians nennen das Konzept, das sie suchen, eine »*trans-humane Potenz*«. Inzwischen hat diese Szene auch eine erste kleine Messe organisiert, die EXTRO in Kalifornien, und wenn man die Programme und ihre Papers liest, dann hat man das Gefühl, man hätte hier eine neuartige *futuristische Sekte* geboren, eine Art *Gen-Religion*, die den trans-humanen Menschen durch eine neuartige Kombination von Geist und High Tech zu erschaffen versucht. Das bedeutet insgesamt:

Die Formung von Geist wird zu einem künstlich geschaffenen Naturgesetz für das Leben der Menschen.

Wichtig ist, daß bei all den vielen Szenen, die den Trance-Trend von unterschiedlicher Seite vorantreiben, Drogen in irgendeiner Form im Spiel sind. Es ist also ratsam, einmal zu untersuchen, wie sich der *Drogen-Trend* in der westlichen Gesellschaft derzeit entwickelt. Bei den Extropians setzt man z. B. auf neuartige Designer-Drogen, wie sie zum Teil schon in der Los-Angeles-Ära im Untergrund zu haben sind, z. B. Euphoria. In der Jungle-Szene besinnt man sich mehr auf natürliche und sanftere Drogen, wie z. B. Marihuana oder Hasch. Und in der Techno-Szene, die sich ja in Europa besonders intensiv und auch von der Breite dominierend durchgesetzt hat, setzt man hauptsächlich auf die Designer-Droge Ecstasy.

Vielleicht lassen Sie uns einen schnellen Streifzug durch die Drogen-Entwicklung machen, um zu sehen, wie stark sich unsere Kultur, trotz der erbitterten und zum Teil auch sehr polemischen Drogen-Diskussionen, die an der politischen Oberfläche geführt werden, mit den Drogen bereits angefreundet hat. In Hamburg hat das Büro für Sucht-Prävention z. B. den »Ravers Guide« herausgebracht. Das ist eine Info-Broschüre, die sich ausschließlich mit Ecstasy beschäftigt, also den Kids klare Informationen gibt, wie es wirkt, was man dazu trinken soll, und welches Setting ideal ist.

Blicken wir weiter. In Amerika sind Medikamente aus Marihuana in großem Umfang jetzt anerkannt worden. Nun fordern auch deutsche Ärzte, die Marihuana- und Hasch-Medizin zuzulassen. Inzwischen macht bei Ärzten sogar die Meinung die Runde, »Marihuana hilft AIDS-Patienten«. Und weiter: LSD steht vor einer großen Renaissance. Das hängt damit zusammen, daß die Öffentlichkeit das Glück entdeckt und sich immer mehr von der Therapie der Neurosen entfernt.

Noch sind die Halluzinogene für die Seelenärzte verboten. Aber es hat schon einmal Zeiten gegeben, wo eine bestimmte Gruppe von auserwählten Ärzten LSD-Therapien durchführen durfte. Übrigens ist auch die Ecstasy-Droge (MDMA) seit einiger Zeit intensiv im Gespräch, weil sie als Psychotherapeutikum besser funktionieren könnte als die klassischen chemischen Psychopharmaka.

In der Schweiz hat das Bundesamt für Gesundheitswesen bereits 1988 ein fünfjähriges therapeutisches Forschungsprogramm zugelassen. Die Ärzte durften mit LSD und MDMA arbeiten. Und das europäische Kolloquium für Bewußtseins-Studien (ECBS) versuchte durch intensive Gespräche mit den Politikern, die Halluzinogene in der Psychotherapie salonfähig zu bekommen. Der ECBS-Präsident Hanscarl Leuner meint dazu: »Politiker und Beamte starren seit Jahren auf die Drogentoten durch Opiate und verkennen, daß es sich dabei um eine völlig andere Wirkstoff-Gruppe handelt. Die wissen gar nicht, welche unschätzbare Bedeutung Halluzinogene für die Psychotherapie haben.«

Ein anderes Trend-Signal: *Lachgas* ist seit einigen Monaten der absolute Renner in der Raver-Szene. Es ist ein relativ harmloses Rauschmittel. Im Moment ist es völlig legal. Man kann es in jedem Kaufhof kaufen. Schon vor einigen Jahren begann die Wiener Szene mit Lachgas-Parties. Nun ist dieser Trend auch in anderen Ländern plötzlich in.

Aber es gibt auch harmlosere und sanftere Aufputsch-Möglichkeiten. Furore haben Red Bull, Guarana, Red Skinn und Flying Horse gemacht, also *Stimulanz-Drinks*, die den Trend zum Brain-Food, über den ich an dieser Stelle des öfteren berichtet habe, fortgesetzt und weiter verfeinert haben.

Der Pionier Red Bull, über den am Anfang in den Medien sehr viel Häme verbreitet worden ist, setzt inzwischen pro Jahr weit mehr als 100 Mio. DM um. Es ist ein richtiger Markenartikel geworden mit einem eigenen, großen Werbe-Etat. Inzwischen bekommt man diese Stimulanz-Drinks nicht nur in den Discos, sondern auch in vielen Supermärkten und Tankstellen. Und mittlerweile hat sich das alles zu einem völlig eigenständigen und stark wachsenden Markt-Segment entwickelt: Stimulanz per Drink.

Parallel dazu gibt es, was die Codes betrifft, eine zunehmende *Verschmelzung zwischen Designer-Drogen und Stimulanz-Drinks*. Typisch dafür ist z. B. der kürzlich auf den Markt gebrachte Energie-Drink XTC. Er hat hauptsächlich Guarana als Substanz, aber er hat den gleichen Namen wie die Techno-Droge Ecstasy. Das kommt offensichtlich an. In den ersten drei Tagen wurden 40 000 Flaschen abgesetzt.

Wenn man den Stimulanz-Drink-Sektor zusammenfaßt, dann wurden 1995 zwischen 500 und 575 Mio. DM Umsatz erwartet. Das ist viel, besonders wenn man bedenkt, daß es diesen Markt noch vor kurzem überhaupt nicht gegeben hat. Man kann also sagen:

**Die Computer-Kids beginnen,
den mentalen Raum der Stimulation
völlig neu zu formen.**

Und natürlich gibt es im Rahmen einer solchen Entwicklung auch immer Neben-Trends und Schatten-Trends, die die globale Richtung nur noch verstärken. Lassen Sie uns auch hier einen Blick darauf werfen. 1994 begann plötzlich *Hasch* in aller Munde zu sein, sowohl als Rohstoff als auch als Droge. »*Das Recht auf Rausch*« wurde sogar von einem deutschen Gericht verkündet, und in London gibt es inzwischen eine ganze Kategorie von Dope-Products, so z. B. Lippen-Balsam auf Hasch-Basis.

In den USA wird beobachtet, daß sich Ephedrine, bisher ein Aufputschmittel, das Trucker bevorzugt haben, als Stimulanz-Droge durchsetzt, hauptsächlich für Computer-Freaks. Das bestätigt einen Trend, der schon seit längerer Zeit im Untergrund zu beobachten ist: Je komplexer die Programmierungs-Ziele der Computer-Freaks, um so stimulativer ist das, was sie essen und trinken. Die Zeit des Nur-Alkohols scheint in diesen Kreisen zu Ende zu gehen. Bevorzugt wird alles das, was den *erhellenden Kick* bringt.

Die Gier nach Stimulanz ist inzwischen so stark, daß in den USA ein hartes Rauschgift, das lange Zeit nur in Unterschichten verbreitet war, jetzt mit riesigem Tempo auch in die Mittel- und Oberklasse einsteigt. Es handelt sich um reines Heroin, also nicht das Heroin, das wie bisher mit der Nadel gespritzt werden mußte, sondern es ist ein Heroin, das man schnupfen kann. Seitdem es das gibt (und es ist relativ preiswert in den USA und kann relativ leicht in der Szene gekauft werden), ist es plötzlich »zur Droge Nr. 1 geworden«, so Politik-Professor Mark Kleimann in Harvard. Dieses Heroin hat inzwischen die Schickeria- und Yuppie-Droge Kokain längst geschlagen. Was also zu erwarten ist, ist auch eine *Renaissance von harten Drogen, insbesondere in Hochleistungs-Berufen.*

Natürlich gibt es auch wesentlich harmlosere, ja sogar zum Teil alberne Mitläufer-Trends. Zum Beispiel neue Produkte, die auf Brain und Stimulanz machen, ohne daß sie wirklich etwas »drin haben«. So ist z. B. in Amerika ein neues Soda auf den Markt gekommen mit dem Titel »Brain Wash Soda … the last drop«: vermutlich mehr *Placebo-Doping* als wirkliche Effekte.

Dazu gehört auch, daß 1994 in den USA Kaffee ausgesprochen blitzartig »zum heißen Stoff der Kultur« wurde. Das hätte kaum jemand zu prophezeien gewagt. Kaffee war in Amerika immer so ein Nebenprodukt. Er wurde zwar reichlich getrunken, aber ohne Kult-Charakter und auch in sehr schlechter Qualität. Heute gibt es eine riesige Palette von speciality coffee oder gourmet coffee. Es gibt schon Hit-Listen der besten Coffee-Shops, und die amerikanischen *Kaffee-Kneipen* sprießen plötzlich wie Pilze aus dem Boden. Dieses Segment hatte 1993 einen Rekord-Zuwachs von 76,1 Prozent. Inzwischen hat sich der Kaffee-Trend in Amerika in eine sehr artesanale Richtung entwickelt, also alles wird jetzt sehr kultisch: Es wird zelebriert in einer Mischung zwischen Drogen-Atmosphäre und Feinkost-Shop.

Parallel dazu hat sich natürlich auch der *Tee* nach vorne entwickeln können. In fast allen westlichen Ländern steigt der Tee-Konsum, je mehr sich unsere Kultur in Richtung Trance, Ekstase und Stimulation weiter entwickelt. John Naisbitt hat in seinem Trend-Letter (15. 9. 94) berichtet, daß nun auch Darjeeling, Ceylon und Oolong plötzlich eine große Welle vor sich haben.

Beim Run auf das Ende des 20. Jahrhunderts gibt es plötzlich *High-Tea*. Allein in den USA hat sich von 1992 bis 1993 der Tee-Umsatz verdoppelt. Tee wird plötzlich von den Bürgern geschätzt als eine sehr sanfte und gut zu dosierende »mentale Stimulation«. Inzwischen gibt es natürlich auch hier viele Spezialisierungen. Beim Eistee läuft es mehr in eine sportliche Erfrischungs-Richtung, bei den eher artesanalen Tee-Sorten geht es eher in Richtung »exotischer Genuß« oder »sinnliche Stimulation«. Wie auch immer, die Markt-Prognosen sagen, daß die Tee-Salons und die Tee-Shops vor einem großen Sieg stehen. Zusammen mit Kaffee werden sie dafür sorgen, daß ein Großteil der Alkoholika-Funktionen mehr und mehr übernommen werden von Koffein und Tein.

Natürlich lockt das Thema Trance auch andere Trends an, so z. B. den plötzlichen *Ginseng-Trend* in den USA. Im kanadischen Westen ist der Ginseng-Anbau auf dem besten Weg, eine lukrative Industrie zu werden. Man hat erst vor ganz wenigen Jahren begonnen, dieses asiatische Universal-Heilmittel anzubauen. Nun gibt es schon die ersten Firmen und Farmer, die zwischen 30 und 50 Mio. US-Dollar pro Jahr einnehmen und das bei einem Brutto-Gewinn, der in dieser Branche bei etwa 70 Prozent liegt. Schon unken die Zeitschriften, daß man in Amerika mit Ginseng »Gewinne wie im Drogen-Handel« machen kann.

Insgesamt setzt die Ginseng-Industrie bereits weltweit 2,7 Mrd. US-Dollar um, davon rund 550 Mio. in den USA, Tendenz stark steigend. Das hängt sicher damit zusammen, daß man dieser exotischen Heilwurzel nachsagt, daß sie eine nebenwirkungsfreie Regulation des Blutzucker- und Cholesterin-Spiegels bewirkt und daß sie insbesondere die Gedächtnis-Leistung deutlich verbessert.

Aus gleichem Grund gibt es in den meisten westlichen Ländern jetzt plötzlich auch den *Gingko-Trend*. Auch das ist ein natürliches Präparat, das in erster Linie geistige Wachheit und schärfere Gedächtnis-Leistungen erzeugen soll.

Aber auch die Ärzte ziehen mit. Nach einer Umfrage bei 6000 britischen Wissenschaftlern gehen die meisten davon aus, daß wir demnächst eine sehr professionelle »Pillen-Gesellschaft« bekommen werden. Man hat ermittelt, daß es einen intensiven Bedarf gibt zur *»Steigerung der Sinnes-Wahrnehmungen«*. Und es gibt noch keine unschädlichen Pillen, die das wirklich auf Knopfdruck erzeugen können.

Vermutlich ist ein Großteil der Drogen-Probleme aus dieser Situation erklärbar. Die Menschen wollen eine neue Form der *»mentalen Wachheit«*, aber die Gesellschaft hat es bisher versäumt, unschädliche Produkte und Präparate dafür herzustellen.

Das Kommissions-Mitglied Martin Swerdlow, der diese große Experten-Umfrage geleitet hat, erläutert, was diese breite Zuwendung zu Stimulanz und Trance bringen soll: »Wir denken an unschädliche, nicht süchtig machende, durch biotechnologische Techniken hergestellte Drogen zur Steigerung der Erfahrung durch sinnliche Wahrnehmungen.« Und eine andere Expertin, Fiona Stewart, plädiert dafür, daß man die Ecstasy-Droge zur Basis einer Neuentwicklung macht, so daß man eines Tages Tabletten bekommt, die eine Mischung aus Amüsement und mentaler Wachheit erzeugen, die gleichzeitig aber »die Gesundheit nicht schädigen und auch nicht drogenabhängig machen«.

Diese Ideen korrespondieren direkt mit einer Entwicklung, die es schon seit längerer Zeit gibt und die für immer mehr Probleme sorgt: In den westlichen Ländern werden immer häufiger Psychopharmaka verordnet, geschluckt und konsumiert. Seitdem es die *Droge Prozac*, die in Deutschland unter dem Markennamen Fluctin vertrieben wird, gibt, kann man ein rapides Wachstum bei antidepressiven Pillen beobachten. Über 2500 Deutsche konsumieren derzeit diese neue Psycho-Pille, die im Grunde nichts anderes ist als *die erste Glückspille der westlichen Welt*.

Sie wird zwar überwiegend noch als Psychotherapeutikum plaziert und unterliegt insofern den üblichen strengen Vorschriften. Aber inzwischen wird sichtbar, daß dieser »Seelen-Air-Bag«, wie ihn Lohn Brossmer einmal nannte, im Grunde mehr eine Glücksdroge ist als eine Heilungsdroge:

Der Trend geht eindeutig in Richtung einer Happy Nation.

Inzwischen gibt es sogar eine große und eigenständige Prozac-Szene und auch ein Buch, das in den USA als Kultbuch die Richtung vorgibt, verfaßt von Peter Kramer, einem Psychiatrie-Professor. Sein Titel »Listening to Prozac« war vier Monate lang auf Platz 1 der Bestseller-Liste der NEW YORK TIMES. Das ist eine glatte Sensation, wenn man bedenkt, daß es ein schwierig zu lesendes Buch ist, das sich ausschließlich mit einem einzigen Medikament beschäftigt. Kramer begründet diesen Erfolg mit der Tatsache, daß die Gesellschaft mit dieser Pille die erste »ultimative Droge« gefunden habe, weil sie nicht süchtig macht, sondern gerade auch *weil sie die Sucht nach anderen Drogen auflöst*.

Es sei, so Kramer, aus seiner Sicht die erste *Anti-Drogen-Droge*, eben weil sie auf chemische Art Glück erzeuge. Kramer sieht deshalb in dem großen Erfolg von Prozac eine grundsätzlich neue Dimension, die er die *»kosmetische Psychopharmakologie«* nennt. Darunter versteht man den Trend, daß die chemischen Substanzen nicht nur eingesetzt werden, um Depressionen zu verhindern oder mentale Ekstasen zu verursachen, sondern daß sie viel grundsätzlicher eingesetzt werden, nämlich zur bewußten *»Persönlichkeits-Gestaltung mittels Tabletten«* (Kramer).

Die renommierte Zeitschrift NEW SCIENTIST sieht diesen Trend ebenso. Ihrer Meinung nach zeigen die ersten wissenschaftlichen Studien, »daß die aktuellen chemischen Erkenntnisse in Richtung einer *Modifizierung des Charakters* laufen«. Was also in der Entwicklung ist, ist die *Verbindung von Drogen und Persönlichkeits-Design.* Alles in allem:

Das neue High der Gesellschaft orientiert sich immer mehr an Designer-Drogen und Personality-Chemie.

Während Prozac und ähnliche Pillen mehr und mehr benutzt werden, um die Persönlichkeit zu verändern, läuft die Entwicklung bei den Designer-Drogen mehr in die Richtung, die der Drogen-Experte Alexander Shulgin in seinem Buch »Pihkal« (Berkeley 1991) folgendermaßen beschrieben hat: »Es wird eine Zeit kommen, in der wir alle unsere Sinne und Fähigkeiten voneinander trennen können – den visuellen vom auditiven, den Tastsinn vom Geruchssinn und Verstand von intellektueller Fähigkeit und Kreativität. Und wir werden jeden einzelnen Sinn durch Drogen verstärken können.«

Damit läßt sich vorhersagen, daß die Entwicklung der Designer-Drogen mehr und mehr in die Richtung der *schamanischen Praktiken* geht. Die Schamanen hatten immer mit natürlichen Drogen gearbeitet, die sie »heilige Pflanzen« nannten. Mystik und Halluzinogene gehörten bei ihnen zusammen. Die westliche Welt hat aber sowohl den Schamanismus, der jetzt durch die Computer-Society wiederentdeckt wird, unterdrückt wie auch den *kultischen Umgang mit heiligen Pflanzen.* Das blieb so, bis gegen Ende der 50er Jahre plötzlich LSD auf den Markt kam und damit ein halb-synthetischer Stoff mit psycho-aktiven Effekten.

Man hat dann LSD sehr schnell verboten, und diese Droge zog sich zurück in kleine Randgruppen, die sich experimentell mit Bewußtseins-Veränderungen beschäftigten. Nun gibt es aber plötzlich einen völlig anderen Trend. Jetzt kommt LSD erneut ins Rampenlicht und zwar diesmal wiederum als ein »*heiliger Stoff für psychedelische Erfahrungen*«, wie Richard Yensen in einem umfangreichen Fachartikel mit der Überschrift »From Mysteries to Paradigms: Humanity's Journey From Sacred Plants to Psychedelic Drugs« schreibt.

Danach sieht es so aus, daß die Verwendung von heiligen Pflanzen vor rund 10 000 Jahren zum ersten Mal dokumentiert wurde. Und fast alle wichtigen Hochkulturen haben bei der Gestaltung ihrer wesentlichen *kulturellen Durchbrüche* diese heiligen Pflanzen benutzt. Man kann also sagen, daß die gesamte Evolution der menschlichen Kultur immer wieder stimuliert worden ist von *natürlichen Drogen*. Der Fortschritt des Geistes war immer das Kind von Drogen.

Insofern ist das, was sich heute auf dem Drogen-Sektor tut, nichts anderes als eine zum Teil naive, zum Teil deutlich pervertierte Wiederholung der alten schamanistischen Methoden, gesteuert von einer internationalen, korrupten Drogen-Mafia.

In diesem Zusammenhang ist interessant, daß heute die Cyber-Netze mehr und mehr die schamanistische Funktion übernehmen. Und es sind auch genau die Cyber-Szenen, die jetzt mit Stimulanzien und Drogen so intensiv operieren. Was bei den Schamanen das *»kollektive Sein«* (Yensen) war, das ist bei den Cyber-Freaks die *»synthetische Welt«* (Jaron Lanier).

Was bei den Schamanen die natürlichen Drogen und Rituale waren, das sind in der Cyber-Kultur die Computer und die Designer-Drogen. Das folgende Schaubild zeigt noch einmal diese Parallelität:

Schamanismus	**Cyber-Netze**
Das holistische Sein	Die synthetische Welt
Magie	Virtualität
Natürliche Drogen und Rituale	Designer-Drogen und Computer
Ur-Religion	Noeterik

Flankiert wird dieser Schamanismus auch von einer anderen Dimension, die verwandt mit den Drogen ist, nämlich mit dem, was Lloyd deMause *»die virtuelle Ekstase«* genannt hat. Ich will hier deshalb kurz nur einige aktuelle Essentials erwähnen:

- **Ganz offensichtlich verändert sich in unserer Kultur die *kollektive Gruppen-Phantasie*. Jede Kultur, so zeigen die Analysen von deMause, hat zu jedem Zeitpunkt andere Gruppen-Phantasien.**
- **In den letzten Jahrzehnten dominierten die Phantasien des *erotischen Materialismus*. Das waren Phantasien, die von Defiziten und von Waren ausgehen. Sie haben ihren Höhepunkt in den 80er Jahren gehabt (New Sincerity, neue Ethik und neue Bescheidenheit). Sie beginnen jetzt mehr und mehr an Einfluß zu verlieren und zu verblassen.**
- **Seit Ende der 80er Jahre blühen plötzlich andere Gruppen-Phantasien auf, die in die Richtung einer »virtuellen Ekstase« laufen. Die Gesellschaft träumt in kollektiver Form von Thrill, hedonistischer Stimulanz und dem Jubel des Augenblicks.**
- **Überreizung und Tempo-Steigerung sind damit zu wichtigen Stimulanz-Quellen geworden, ebenso wie Außer-Alltäglichkeit und bewußte Grenzüberschreitung.**
- **Die Kollektiv-Phantasien sind aber nicht nur ekstatisch, sondern auch virtuell. Das bedeutet, so deMause, daß ihre Realisierung angestrebt wird *»ohne Erschütterung des Alltags«*. Das heißt: Die Gesellschaft hat ein verstärktes Interesse, Thrill und Ekstase *im künstlichen Raum stattfinden zu lassen*. Also Leidenschaft ohne Leiden. Ekstase ohne Drop out.**

Diese neuen kollektiven Tagträume kann man überall als Trend beobachten, z. B. sind die *Sex-Telefon-Services* deshalb weltweit so erfolgreich, weil sich hier Anonymität verbindet mit bewußter Grenzüberschreitung.

Inzwischen wandert der sexuelle Kitzel auch ins Internet ein. Und seitdem passieren, wie das Buch FUTURE SEX von Gisela Getty und Jutta Winkelmann kürzlich beschrieb, auch dort *»die wilden Dinge«*. An sich gibt es Sex-Gruppen im Netz schon mehr als zehn Jahre, so hat Eric Theise von LIBERTY HILL CYBER WORKS analysiert. Das Interesse ist nur in den letzten Jahren plötzlich extrem sprunghaft gestiegen, und eine Rubrik im Internet, die alt.sex, ist vermutlich die am meisten genutzte Gruppe im Internet.

Sie ist so populär, daß man sie bereits schon in viele Einzelgruppen aufteilen mußte, also z. B. in eine Gruppe, die sich mit Sklaverei und Fesseln beschäftigt, oder in eine andere Gruppe, die sich mit Fuß-Fetischismus beschäftigt, bis hin zur Gruppe der Super-Models. Im Grunde sind die *Sex-Nets* lediglich eine Erweiterung der Phone-Sex-Lines. Beim Telefon wird der Sex-Thrill akustisch rübergebracht, während die Benutzer im Netz über Bilder kommunizieren und sich gegenseitig anmachen. Also simuliert dies mehr den normalen Sex, aber ist durch die Anonymität gleichzeitig deutlich wilder.

Kein Experte kann inzwischen genau sagen, wieviele Menschen in einer Nacht sexuell auf diese Art kommunizieren. Es gibt auch keinen Wegweiser oder kein normiertes Prozedere für diese Verbindungen, denn die Sex-Nets sind absolut anonym, und »eine Person kann bis zu zwanzig Kontakte in einer Nacht haben, ohne daß es jemand merkt«, so Richard Kadrey, Autor des Buches »The Covert Culture Source Book«.

Aber es ist nicht nur Cyber-Sex und Telefon-Sex, was den Trance-Trend mit der normalen Erotik verbindet. Es ist auch das plötzlich starke Interesse an *Sado-Masochismus* und bewußt zelebrierter sexueller Perversion. Immer mehr Menschen versuchen, den Kick zu finden. Sie wollen die Ekstase auch dort, wo die Biologie eine prinzipielle Normalität verankert hat. So unerwartet es auch klingen mag, im Grunde ist Sado-Maso nichts anderes als die spirituelle Essenz des Trance-Trends – nur sozusagen von unten.

Der große amerikanische Logiker und Mathematiker Raymond Smullyan hat in seinem wunderbaren Buch »Das Tao ist Stille« (Frankfurt 1994) auf diese Wechselbeziehung hingewiesen. Seiner Meinung nach sind Gesellschaften, die sich vom Zwang der Normalität befreien, immer auf der Suche nach der Ekstase jenseits der Moral. Und er zitiert in diesem Zusammenhang Laotse: »Willst Du die reine Wahrheit erfahren, dann denke nicht mehr an Recht und Unrecht. Der Gegensatz zwischen Recht und Unrecht ist die Krankheit des Geistes.«

Er weist darauf hin, daß dieser Satz sowohl ein heiliger Text von Laotse sein kann (was er in der Tat ist), aber er könnte auch von Marquis de Sade geschrieben sein, also von dem Erfinder des Sadismus. »Laotse«, so Raymond Smullyan, »transzendiert die Moral offensichtlich von oben her, de Sade von unten.« Alles in allem:

- **Wie zu erwarten, ist Sex ein zentrales Thema bei der Verwandlung, die unsere Gesellschaft jetzt vollzieht, nämlich die *Verwandlung von einer logischen Kultur zu einer ekstatischen Kultur*.**
- **Der sexuelle Thrill entwickelt sich immer mehr im virtuellen Raum, weil er dort die biologische Konditionierung und die *sozialen Verhaltens-Normen* mühelos überschreiten kann.**
- **Generell wird der Reiz-Hunger unserer Gesellschaft dadurch in den nächsten Jahren immer stärker werden:**

Alles Normale wird immer schneller langweilig.

Diese Entwicklung ist erst ganz am Anfang. Und die bisherigen Thrill-Moden sind da sicherlich erst ein sehr zartes Pflänzchen. Die Ideen und Trends werden mit Sicherheit in Zukunft extremer und entgrenzter werden. Und auch virtueller. Nervenkitzel wird insgesamt zum natürlichen Rohstoff des Alltags werden. Typisch dafür sind die ersten Entwicklungen, die sich in Amerika abzeichnen, und zwar im Fernsehen. Plötzlich gibt es *Freistil-Prügeleien*, bei denen echtes Blut fließt. Gekämpft wird in Käfigen aus Maschendraht. Rund 7000 Menschen sitzen drum herum, brüllen und schreien frenetisch.

Das Ganze wird als Ultimate Fighting Championship im Fernsehen übertragen, und zwar nach dem Motto: Jeder kann alles tun. Es gibt keine Regeln, Hauptsache die Schlägerei ist brutal. Die zweistündige Keilerei wird in den USA inzwischen landesweit als Pay-TV übertragen – zur besten Dinner-Zeit. Rund 1,4 Mio. Zuschauer schauen sich das inzwischen an. Und man bezahlt rund 20 US-Dollar dafür. Und es sind völlig normale Bürger, die sich daran ergötzen. Es ist eine Klientel, der, wie der SPIEGEL kürzlich schrieb »Catchen zu kindisch, Boxen zu langweilig und Karate zu unblutig ist«. Alles in allem:

Freizeit-Kultur und Trivial-Kultur nutzen die Thrills, um die Normalität des Lebens zu verwandeln in virtuelle Ekstasen.

Diese virtuellen Ekstasen, so oberflächlich und populistisch sie im Moment auch oft gehandhabt werden, repräsentieren letztlich nichts anderes als einen *gewaltigen Aufbruch zum Geist*. Diese »billigen Aspekte« sind genauso wichtig, wie z. B. das massenhafte Austreten jüngerer Leute aus der Kirche oder wie der immer intensiver werdende *Durchbruch der New-Age-Bewegung*. Hinter den z. T. so unterschiedlichen Trends steht offensichtlich eine verbindliche Linie, nämlich die der virtuellen Ekstase:

Die Entdeckung einer Spiritualität, die sich von Religion und Dogmen befreit.

Werfen wir einen Blick auf die aktuellen spirituellen Entwicklungen. Es ist auffällig, daß sich immer mehr Prominente zum New Age bekennen. Vom berühmten Beckenbauer bis zum kleinsten

Starlet, irgendwie verkünden sie alle, daß sie an Reinkarnation, Okkultismus oder höhere Wesen glauben. Die New-Age-Bewegung, über die ich schon oft berichtet habe, ist ja immer wieder als tot und »überholt« bezeichnet worden, aber sie ist in den USA ebenso wie in Europa *jedes Jahrzehnt stärker geworden.* Natürlich gibt es sehr heftige Gegner dieser Entwicklung, aber dennoch: Die Esoterik-Welle setzt sich mit einer Power durch, die kaum einer erwartet hätte. Sie ist also einer der großen Mega-Trends unserer Zeit. Aber man muß sehr sorgfältig hinschauen, um zu begreifen, was sich hier wirklich vollzieht:

1. Die Esoterik ist eine Geheimlehre für das Außersinnliche.

2. Sie wird als Welle immer größer und steht jetzt vermutlich auf ihrem Höhepunkt.

3. Der Sinn dieser irrationalen Retro-Welle (New Age und Esoterik sind prinzipiell keine zukunftsbejahenden Ideologien) liegt darin, *die nächste spirituelle Welle* zu gebären. Anders gesagt:

**Der Sinn von New Age ist es,
die Esoterik so populär zu machen,
bis sie als Geheimlehre eines Tages nicht mehr
attraktiv ist.**

4. Der Esoterik-Boom frißt sich also selbst auf, weil er *sein inneres Geheimnis verrät,* denn, wie Umberto Eco richtig geschrieben hat, ist da kein Geheimnis. Es ist ein »leeres Geheimnis«. Die New-Age-Bewegung repräsentiert also lediglich die Angst vor der prinzipiellen und unerbittlichen Gestaltungs-Offenheit des Geistes. Sie verwandelt die Zukunfts-Angst in eine praktische Heiligkeit.

5. Die New-Age-Bewegung braucht deshalb Götter oder höhere Wesen. Die nächste Welle wird also den mensch-

lichen Geist (Mind) so weit emanzipieren, daß keine höheren Kräfte und »außerirdischen Intelligenzen« benötigt werden, um die nächste Zukunft zu meistern. Mit anderen Worten:

Die nächste spirituelle Welle bezieht sich nicht mehr auf das Außersinnliche, sondern auf die Selbstherstellung des höheren Menschen durch den Menschen.

6. **Diese nächste Welle wird *Light Age* genannt. Im Mittelpunkt der Light-Age-Philosophien, die noch am Anfang sind, steht das, was auch die Exoterians fordern, nämlich**

   die Herstellung eines künstlichen Geistes, durch den der Mensch in der Lage ist, sich als Geistwesen über sich selbst zu erhöhen.

7. **Das Instrumentarium dafür wird die Noeterik sein, definiert als mentales Steuerungs-System zur Herstellung einer transpersonalen Persönlichkeit.**

Interessant ist nun folgendes Spiel: Während die normalen Bürger, viele Jugend-Szenen und insbesondere viele Prominente sich immer mehr zum New Age bekennen und offen Propaganda für das »Außersinnliche« machen, gibt es parallel dazu einen ebenfalls immer größer werdenden Strom von *wissenschaftlichen Avantgardisten*, die scheinbar in die gleiche Richtung laufen … aber nur scheinbar.

Es sind Wissenschaftler wie z. B. Varela, es sind Logiker wie z. B. Spencer-Brown und Mathematiker wie z. B. Smullyan oder Soziologen wie Luhmann, die mehr oder weniger alle Thesen verkünden, die auf den ersten Blick aussehen, als sei es New Age. Oder Überzeugungen, die vordergründig betrachtet, Esoterik sind.

Aber es ist weder New Age, noch ist es Esoterik. Es ist die vorderste Phalanx *eines neuen Konzepts von Geist*, der auch in der mystischen Physik sichtbar wird, die sich langsam entwickelt. Im Mittelpunkt steht:

- **Es ist die Befreiung des Geistes von den Werten der Kultur und Dogmen der Religion, weil diese Systeme erlebt werden als Unterdrückungs-Systeme (typisches Beispiel: Im Christentum sind die großen Sünden Ungehorsam, Auflehnung gegen Gott, Stolz und Eigensinn).**
- **Es ist die Befreiung des Geistes durch den menschlichen Mind, um das, was die Schamanen den »Großen Geist« nennen (oder was die Physiker heute Potentialität nennen), eigenverantwortlich formen zu können.**
- **Noeterik entwickelt also eine völlig eigenständige Auffassung von Spirit und Spiritualität, die darauf ausgerichtet ist, den Menschen fit zu machen für die Self-fulfilling-Phase, die jetzt vor uns liegt. Typisch dafür ist z. B. das, was der moderne Zen-Meister Daisetz T. Suzuki in diesem Zusammenhang formuliert hat. Er sagt: »Der westliche Mensch glaubt, die Natur zu beeinflussen oder zu beherrschen, er erkennt nur nicht, daß er, indem er dies tut, einfach nach den Gesetzen der Natur handelt.«**

Hinter den aktuellen und zum Teil skurrilen Trends (es wimmelt von Engeln, höheren Wesen und galaktischen Helfern) vollzieht sich also etwas sehr Wesentliches. Es geht um *die Verwandlung des Religiösen.* Und der ganze New-Age-Zauber ist im Grunde nichts anderes als eine wichtige Zwischenetappe, die den Spirit in den Mittelpunkt der öffentlichen und kollektiven Sehnsüchte bringt. Denn es kann nur das von den religiösen Dogmen befreit werden, was als Realität in der Gesellschaft lebt.

Die echte Esoterik war als Geheimlehre nie wirklich in unserer Gesellschaft. Diese Spiritualität entzog sich dem Leben und der Pragmatik des Alltags-Lebens. Sie mußte erst popularisiert und damit

»ent-geheimnist« werden, um dann in die nächste Etappe überführt werden zu können. Und diese Etappe entwickelt die *Spiritualität für unbekannte Zukünfte*.

Spencer-Brown, einer der großen Logiker unseres Jahrhunderts, hat diesen Schritt vielleicht am klarsten und am radikalsten vollzogen. In seinem kleinen Büchlein »Dieses Spiel geht nur zu Zweit« (Soltendiek 1994) weist er darauf hin, daß dem gesamten westlichen Denken eine zentrale Angst zugrunde liegt, nämlich *die Phobie vor dem Weiblichen*, vor dem Vagen, also vor dem, was die Taoisten das »Unsagbare, das alles ist, weil es nichts ist« (= Tao) nennen.

Aus seiner Sicht ist deshalb der westliche Geist ausschließlich in der Lage, *empirische Realität* zu sehen. Erst seit den großen physikalischen Revolutionen, also Relativitäts-Theorie (Einstein) oder Quanten-Physik (Heisenberg, Planck u. a.), nähert sich der westliche Geist zaghaft der *virtuellen Realität*, also einer Realität, die da ist, obwohl sie nicht da ist. Eine Realität, die künstlich ist, aber gerade wegen ihrer Künstlichkeit so enorm wirksam ist. Nach Spencer-Brown entwickelt sich damit in der westlichen Kultur ein völlig neuer Mind, also eine neue geistige Qualität, die endlich in der Lage ist, zwischen der empirischen Realität (von ihm Merokosmos genannt) und der virtuellen Realität (von ihm Holokosmos genannt) zu vermitteln. Mit anderen Worten:

**Es entsteht eine neue Logik
für eine praktische Spiritualität
jenseits von Religion und New Age.**

Es wird also von der Avantgarde der Wissenschaftler ein Modell entwickelt, das die Asiaten schon seit jeher kannten. Man denke an das buddhistische Theorem »*Leere ist Form ... Form ist Leere*«. Das ist ja nichts anderes als ein permanentes Vermitteln zwischen dem Holokosmos und dem Merokosmos, also zwischen dem Realen und dem Virtuellen. Das ist im Grunde die Fähigkeit, *das Formen von Welt zu verbinden mit dem Auflösen von Welt*. Und wenn Formen und Auflösen eine Einheit werden, dann ist immer Trance da. Das bedeutet konkret: Trance ist das höhere Bewußtsein für die gesuchte Zukunfts-Verantwortung.

Wenn unsere Kultur jetzt in so massiver Form auf Trance umschaltet, dann tut sie das nicht, weil ein paar verrückte Jugend-Szenen meinen, sie müßten ihre Sorgen wegtanzen, sondern dann tut sie das, um *zwischen Innen und Außen* besser vermitteln zu können, also Mythen und Ratio in einen neuen fruchtbaren Dialog zu bringen.

Die Schamanen nennen das das Schielen zwischen Nagual (das ist das, was die Atomphysiker Potentialität nennen) und Tonal (das ist das, was wir Realität nennen). Wie auch immer: Was wir erkennen ist die Tatsache, daß Trance das Bewußtsein ist, um zwischen unterschiedlichen Wirklichkeiten besser vermitteln zu können.

Wir begreifen auch, daß der große Trend in Richtung Cyber (also alles das, was unter virtueller Realität derzeit läuft) nichts anderes ist als *das erste Kind dieser neuen Trance-Fähigkeit*, die unsere Kultur in den letzten Jahrzehnten entwickelt hat.

Und wir erkennen auch, daß eine Kultur die auf Self-fulfilling-Prophecy ausgerichtet ist, also eine Kultur, die immer erst das erfinden muß, was sie morgen als Zukunft verwirklichen will, ohne Trance gar nicht existenzfähig wäre, denn sie braucht permanent das Formen von alternativen Virtualitäten, das Umwandeln dieser Realitäten in empirische Realitäten und das blitzschnelle Auflösen dieser Realitäten, damit die Evolution im Fluß bleibt.

Eines hat sich inzwischen als Grundstimmung in unserer Kultur durchgesetzt (und das ist das, worauf Varelas »ethisches Können« abzielt):

**Wenn eine Kultur so viele Innovationen erzeugt hat,
daß Wandlung zum Dauerzustand wird,
dann ist Trance die höchste Rationalität.**

Es geht also nur vordergründig um den Exodus der Jugend aus den christlichen Kirchen. Es geht auch nur vordergründig um das ganze New-Age-Spektakel. Das was sich wirklich hinter diesen Fassaden tut, ist etwas ganz anderes. Eine Noeterik entwickelt sich. Also eine neue *geistige Kompetenz* der Menschen, die unsere Kultur befähigt, zwischen Holokosmos und Merokosmos, also zwischen Virtualität und Empirie geschickter und auch kreativer zu vermitteln.

Das Schaubild auf dieser Seite zeigt, wie Spencer-Brown diese Entwicklung beschreibt. Seiner Meinung nach war der westliche Geist ausschließlich in der Lage, den Merokosmos, also die empirische Realität, zu sehen. Also landete der westliche Geist auch in der *Sackgasse der Rationalität.* Er behauptet, wir hätten uns erst seit Beginn der physikalischen Revolution (also vor rund 60 bis 70 Jahren) von dieser Einseitigkeit befreien können.

Jetzt beginnt der westliche Geist ein Mind-Instrumentarium zu entwickeln, das uns fähig macht zu erkennen, daß alles der gleiche Geist ist. Der Holokosmos ist ebenso Geist wie der Merokosmos. Also ist nur dann eine Kultur wirklich »geistvoll«, wenn sie zwischen beiden kreativ und verantwortlich vermitteln kann. Das Schaubild zeigt die Struktur der kommenden Noeterik.

<table>
<tr><th colspan="4">Die Struktur der Noeterik</th></tr>
<tr><td colspan="2">Holokosmos</td><td colspan="2">Merokosmos</td></tr>
<tr><td>Innen</td><td colspan="2" rowspan="3">Mind
Geist</td><td>Außen</td></tr>
<tr><td>Mythen</td><td>Ratio</td></tr>
<tr><td>Nagual</td><td>Tonal</td></tr>
<tr><td colspan="2">Virtuelle Realität</td><td colspan="2">Empirische Realität</td></tr>
</table>

Was wir somit erleben, ist eine großartige Entwicklung. Es entsteht eine kollektive Trance, verstanden als »*befreiter Spirit*«. Unsere Kultur macht sich fähig, das Schweben der Welt zu beobachten. Varela geht so weit, daß er sagt: »Im Grunde ist Erkenntnis von

Welt nur durch das Oszillieren zu erlangen.« Und das Oszillieren stellt sich neurophysiologisch dar als »Zusammenbrüche der Mikro-Identität und Zusammenbrüche der Mikro-Welt«.

Was unsere Kultur also jetzt beginnt, ist etwas sehr Schamanistisches. Wir programmieren unser Gehirn um, um das Schweben der Welt entdecken zu können. Wir versuchen deshalb, *unser Gehirn permanent in die Oszillation hineinzutragen.* Dazu brauchen wir das kontinuierliche Zusammenbrechen unserer Mikro-Qualitäten. Aber es soll ja kein wirklicher Zusammenbruch sein. Keine wirkliche Krise. Deshalb machen wir das alles virtuell. Und deshalb gibt es diesen großen Trend zur Virtualität, zur virtuellen Ekstase. Anders gesagt:

**Wir erfinden diejenige Kultur,
die das Leben zur Trance macht.**

Um es noch einmal ganz genau zu sagen: Wir benutzen die virtuellen Thrills, die virtuellen Ekstasen und die virtuellen Gegenwelten, um in unserem Gehirn die Oszillation herzustellen, die nichts anderes ist als ein permanentes lustvolles Zusammenbrechen der Mikro-Qualitäten. Deshalb können wir zusammengefaßt sagen:

Trance ist das höhere Bewußtsein.

**Durch Trance erkennt der Mensch
das Schweben der Welt.**

Wir können nun auch erkennen, was der Sinn von Cyber und Virtualität ist. Wir können auch sehen, was der kommende Sinn der ganzen *Elektronifizierung unserer Kultur* ist. Wir können also schon heute in Ansätzen erkennen, warum wir in der zweiten Hälfte des 20. Jahrhunderts eine so intensive *Chip-Revolution* in unsere Kultur hineingejagt haben:

**Die Virtualität ist das Instrument
für das Herstellen einer kollektiven Trance.**

Ich glaube, man kann es jetzt sehen: Was die Kids in den Discotheken machen, ist die Herstellung einer Trance durch Rhythmik, Licht und Bewegung. Was die Cyber-Punks machen, ist die Herstellung der Trance durch Computer-Games und Computer-Trips. Was bestimmte New-Age-Kreise mit Hasch und Marihuana machen, ist ebenfalls die Herstellung einer Trance. Hinter diesen scheinbar so unterschiedlichen sozialen Bewegungen und Subkulturen steht also auf breiter Front die gleiche Ambition, nämlich den Mind umzuprogrammieren auf Oszillation, Schweben und Trance.

Das Spannende ist nun die Tatsache, daß wir jetzt an der Schwelle stehen zwischen *Subkultur und Offizialkultur*. Durch Mutimedia und später Cybermedia werden die erregenden und paradoxen Gegenwelten sozusagen zum *normalen Unterhaltungsprogramm*. In den nächsten Jahrzehnten werden wir im Sektor der Unterhaltungs-Elektronik Geräte haben, durch die die Menschen jederzeit *Unterhaltung und Trip-Erlebnis miteinander verbinden können*.

An die Stelle des abendlichen Spielfilms des (zumeist langweiligen) Fernsehprogramms treten dann virtuelle Erlebnisse, die vom User selbst gesteuert, vorprogrammiert und kreativ gesteigert werden können. Anders gesagt:

Aus der passiven Berieselung der Medien wird ein aktiver Trip.

Das bedeutet, daß es eine absolut folgerichtige Entwicklung ist, wenn unsere Kultur jetzt beginnt, die Virtualität in das große Spektrum der Unterhaltung und des Amüsements hineinzutragen. Das was bisher von Jugend-Szenen und Subkulturen als Trance-Weg entwickelt worden ist, das wird jetzt in einer sehr populistischen und breiten Form *in die Wohnzimmer getragen,* und das bedeutet:

Virtualität wird zur Bürgerpflicht.

Virtualität wird der Rohstoff für kollektive Trancen.

Trancen lösen die rationale Vernunft ab.

Das höhere Bewußtsein wird also nicht einigen wenigen avantgardistischen Zirkeln vorbehalten sein. Und die Trance-Weisheit wird ebenfalls nicht nur in bestimmten Szenen praktiziert werden – nein:

Es ist ganz offensichtlich, daß sich Virtualität über die Schiene Multimedia und Cybermedia immer mehr zum *Wachtraum der Massen* entwickelt. Das was in bestimmten spirituellen Kreisen als »luzider Traum« praktiziert wird, das wird über Multimedia und Cyber-Trips zum Alltags-Vergnügen des normalen Bürgers.

Was sind die Konsequenzen? Ich glaube, hier kann man drei Aspekte nennen:

1. **Es entsteht das virtuelle Selbst als Grundausstattung einer jeden normalen Persönlichkeit.**
2. **Das Handeln der Menschen wird immer mehr zum virtuellen Handeln.**
3. **Das aktuelle Bewußtsein der Menschen wird durch Rhizome geformt.**

Das virtuelle Selbst ist, wie Varela analysiert hat, *ein Selbst, das sich als Prozeß beobachten kann.* Seiner Meinung nach ist die Ausbildung eines solchen virtuellen Selbst die unverzichtbare Voraussetzung dafür, daß die Egoismen und die zum Teil *primitiven Rivalitäten* in unserer Gesellschaft aufhören. Seiner Meinung nach sind die Werte und die Gebote einer Gesellschaft kein wirklicher Weg für unsere Kultur, um toleranter, altruistischer und damit auch glücklicher zu werden.

Seiner Meinung nach sind die Werte-Systeme der Gesellschaften viel mehr *Bestrafungs-Systeme* und Unterdrückungs-Systeme. Und die Ideale unserer Gesellschaft sind in der Regel so hoch aufgehängt, daß man im Prinzip immer ein kleiner oder ein großer Sünder wird. Deshalb hat auch das *Projekt des Humanismus* im Prinzip versagt.

Was der Westen jetzt lernt, ist die Tatsache, daß die reale Problemlösung beim Selbst liegt, also bei der Herstellung eines altruistischen Selbst, das den Egoismus des westlichen Ichs weitestgehend überwinden kann. Man kann es auch so formulieren:

Der Cyber-Altruismus wird nur funktionieren, wenn unsere Kultur sich trennen kann vom egoistischen Ich zugunsten eines virtuellen Selbst.

Es ist spannend zu beobachten, daß sich genau das tut. Durch Multimedia und Cyber beginnt unsere Gesellschaft genau dieses *virtuelle Selbst* zu entwickeln. Und damit dies nicht die Innenausstattung von wenigen Eliten bleibt, läuft das ganze Theater über Freizeit, Amüsement und Entertainment. Das virtuelle Selbst wird zum Inhalt der *Populär-Kultur*.

Das *virtuelle Handeln* gehört ebenfalls zum neuen Cyber-Altruismus, denn es ist ein Handeln, das man vollzieht, während man zugleich weiß, daß es im Grunde vermutlich Unsinn ist. Dies ist die lang gesuchte höhere Weisheit. Es ist damit die Überwindung unserer ernsten und streitbaren Kultur zugunsten einer toleranten, weil *spielerischen Kultur*.

Das virtuelle Selbst und das virtuelle Handeln sind dementsprechend die beiden Säulen, auf denen die Philosophie der Trance steht. Die folgenden taoistischen Metaphern, inspiriert von Varela und Smullyan, versuchen diesen für unsere Kultur großen Schritt in poetischer Form zu illustrieren:

Trance durch Virtualität	
Die Philosophie der Trance	
Das virtuelle Selbst	Das virtuelle Handeln
Das Selbst, das sich selbst nicht kennt, ist das Ich, das alles erkennt. Das Selbst, das sich erzeugt und damit niemals fertig wird, ist wie ein Ich, das kein Ding mehr wirklich kennt. So entsteht die Identität für das, das nie identisch ist:	Die Dinge, die man macht, sind der Unsinn, den man sucht. Wenn man fähig ist, sie zu lieben ohne Sinn, weil man es liebt, sie zu machen, ohne Sinn, dann macht man diese Dinge, als ob man sie nicht macht, während man sie wirklich macht:
Dann erhält das Ich das Ziel des freien Raums.	Dann erhält das Handeln die Energie der freien Zeit.

Wenden wir uns nun dem Thema Rhizom zu, weil es ganz offensichtlich ein zentral-wichtiges Instrument der neuen Trance ist. Lassen Sie mich zuerst die Basis-These kurz vorstellen. Sie lautet:

Trance-Kulturen organisieren ihr Bewußtsein durch Rhizome.

Das ist an sich auch sehr leicht zu verstehen. Trance-Kulturen benutzen ja die Oszillationen (Zusammenbrüche der Mikro-Welten), um ein *Höchstmaß an Komplexität* erkennen und gestalten zu können. Trance ist also die Verbreiterung der Wirklichkeit, die man konstruiert und in der man handelt. Trance ist also der Weg, um

Komplexität nicht als Problem erleiden zu müssen, sondern um durch »*gewollte Komplexität*« Probleme lösen zu können, die man sonst nicht lösen könnte.

Also ist Trance der Schlüssel zur Komplexität. Und diese Komplexität kann nicht mehr strukturell entstehen, sondern entsteht durch das, was Gilles Deleuze das Rhizom nennt. Ich will hier deshalb nur die wichtigsten Faktoren eines Rhizoms darstellen:

Ein Rhizom ist *die Gleichzeitigkeit von sehr ungleichen Inhalten*. Ein Rhizom ist deshalb ein fraktales Archiv. Je mehr Fraktalität sich in diesem Archiv versammelt, um so prinzipiell größer ist die Wahlfreiheit:

Je mehr gleichzeitig da ist,
um so weniger Zwang gibt es.

Das Rhizom ist aber nicht nur ein fraktales Archiv, sondern es ist auch gekennzeichnet durch zufällige und *paradoxe Bewegungen*. Es ist also ein fraktales Archiv, das in Bewegungen ist, in Bewegungen, die unlogisch sind. Durch diese Charakteristik dient das Rhizom der Kreativität der Gesellschaft. Denn eine Gesellschaft wird um so kreativer, je mehr »*methodische Zufälle*« sie organisieren kann, weil das Neue nicht linear entsteht, sondern immer paradox und sprunghaft. Anders gesagt:

Das Rhizom ist die Quelle der Kreativität, weil es
angewandtes Chaos ist.

Insofern ist das Rhizom das zentrale Instrument einer Trance-Kultur. Das bedeutet auch, daß wir vermutlich in den nächsten fünf bis fünfzehn Jahren einen deutlichen *Rhizom-Trend* haben werden, der die Dynamik des Rhizoms in die Gebiete der Werbung und der Markenführung hineintragen wird.

Ich habe in diesem Buch schon des öfteren darauf hingewiesen, daß meiner Meinung nach alle Konstruktionen versagen werden, die *mono-dimensional* (logisch) und gleichzeitig *strukturell* ausgerichtet sind. Dazu gehört z. B. die Hierarchie, sie wird versagen, weil sie ein zu geringes Maß an Kreativität in einer komplexen kreativen Gesellschaft erzeugt. Sie ist also zu dumm für die kommende Intelligenz unserer Gesellschaft.

Dazu gehört auch das *Versagen des Hard-Sellings.* Das Hard-Selling funktioniert nicht mehr, weil sich die Eigendynamik der Konsumenten durch Multimedia so sprunghaft verstärken wird, daß im Grunde zwei unabhängige Systeme miteinander kooperieren, also das System der Anbieter und das System der Käufer. Und in diesem Zusammenhang gilt Luhmanns Beobachtung, der sagt: »Wenn zwei autonome Systeme miteinander kooperieren wollen, dann müssen sie zuerst gemeinsam ein drittes System erzeugen«, also *Co-Evolution* betreiben.

Deshalb bin ich sicher, daß das klassische lineare Verkaufen (Power-Selling) in Zukunft versagen wird, weil es nicht in der Lage ist, Kooperationen und Co-Evolutionen zu organisieren.

Das gleiche können wir auch bei der Marke beobachten. Die *klassische Marke* ist ein statisches Garantiezeichen. Sie ist kein Prozeß. Damit ist die jetzige Marke nicht mehr in der Lage, Teil des öffentlichen Bewußtseins zu werden. Wenn es stimmt, daß in Trance-Kulturen das Bewußtsein durch Rhizome aufgebaut wird, dann brauchen wir *Marken, die Rhizom-Charakter* haben, d. h. Marken, in denen unterschiedliche Zeitgeist-Bewegungen dafür sorgen, daß die Marke immer wieder neu und immer wieder anders geboren wird.

Das rationale Konstanz-Instrumentarium der Werber wird also in einer Trance-Kultur unbrauchbar, d. h., das Spiel mit der logischen Positionierung ebenso wie das Spiel mit dem kreativen USP. Die zukünftige Werbung wird also *nicht mehr über kreative Logik* funktionieren, sondern über die neue Logik der Trance. Anders gesagt:

Werbung wird zur Show des Rhizoms.

Man wird also um das Rhizom nicht herumkommen, weil es das zentrale Werkzeug ist. Arthur Zajonc hat einmal in diesem Zusammenhang folgendes formuliert:

»Ein Rhizom hat unsterbliche Wurzeln, die unsichtbar sind, aber ein Rhizom hat zugleich sichtbare Blüten.«

Ich glaube, dieses Zitat macht sehr gut deutlich, daß ein Rhizom die Fähigkeit hat, zwischen dem unsichtbaren Holokosmos und dem sichtbaren Merokosmos, wie ihn Spencer-Brown beschrieben hat, zu vermitteln. *Ein Rhizom ist da, weil es nicht da ist*. Es ist magisch, weil es mehr ist als sein Sein.

Das Rhizom ist die Kreativität für die Noeterik.

Die Noeterik ist die Methodik der kommenden Trance-Kultur. Und das Rhizom ist der Erzeuger desjenigen Kaleidoskops, das die Trance zum Erlebnis der Menschen macht. Deshalb werden die elektronischen Medien immer mehr zu Rhizom-Medien, so wie es die *Video-Clips* heute schon sind.

Die Noeterik läßt sich aus dieser Sicht beschreiben als ein elektronischer Schamanismus, der Zukunft erfindet. Also ist die Noeterik, die zur Light-Age-Szene gehört, das krasse Gegenteil zum New Age. Die folgende Tabelle beschreibt das in Stichworten.

New Age	Noeterik
Es gibt unsichtbare Pläne und Helfer: Wir sind prinzipiell blind gegenüber dem Höchsten.	Der Geist des Lebens ist reine Potentialität: Man kann sie erkennen. Wer sie erkennt, kann sie nutzen.
Je spiritueller wir leben, um so besser können wir uns in die »höhere Führung« integrieren.	Je besser unser Mind wird, um so besser können wir die Potentialität nutzen.
Der Mensch kann die höchste Energie nicht zu seinem Zweck mißbrauchen.	Der Mensch darf die Potentialität nutzen, um einen anderen Menschen zu formen.
Wenn wir unseren Geist erhöhen, trennen wir uns vom Geist der Natur.	Wenn wir den Geist erhöhen, erhöhen wir auch den Geist der Natur.

So, wir sind nun nach einer langen Reise durch neue Trends und faszinierende Umbrüche zum Ende gekommen. Wir haben erkannt, daß die Donator-Ideologie mit hoher Wahrscheinlichkeit eine Trance-Kultur ausformen wird.

Wir haben des weiteren erkannt, daß Trance-Kulturen ein neues Instrumentarium, nämlich das der Noeterik entwickeln werden. Und wir haben zugleich gesehen, daß das Hauptarbeits-Instrument das Rhizom sein wird. Lassen Sie mich jetzt zum Abschluß versuchen, eine Art Landkarte dieses wichtigen Trance-Trends zu geben. Die folgende Übersicht zeigt noch einmal, welche zentralen Faktoren dafür sorgen, daß sich Trance als höheres Bewußtsein in unserer Kultur etablieren wird.

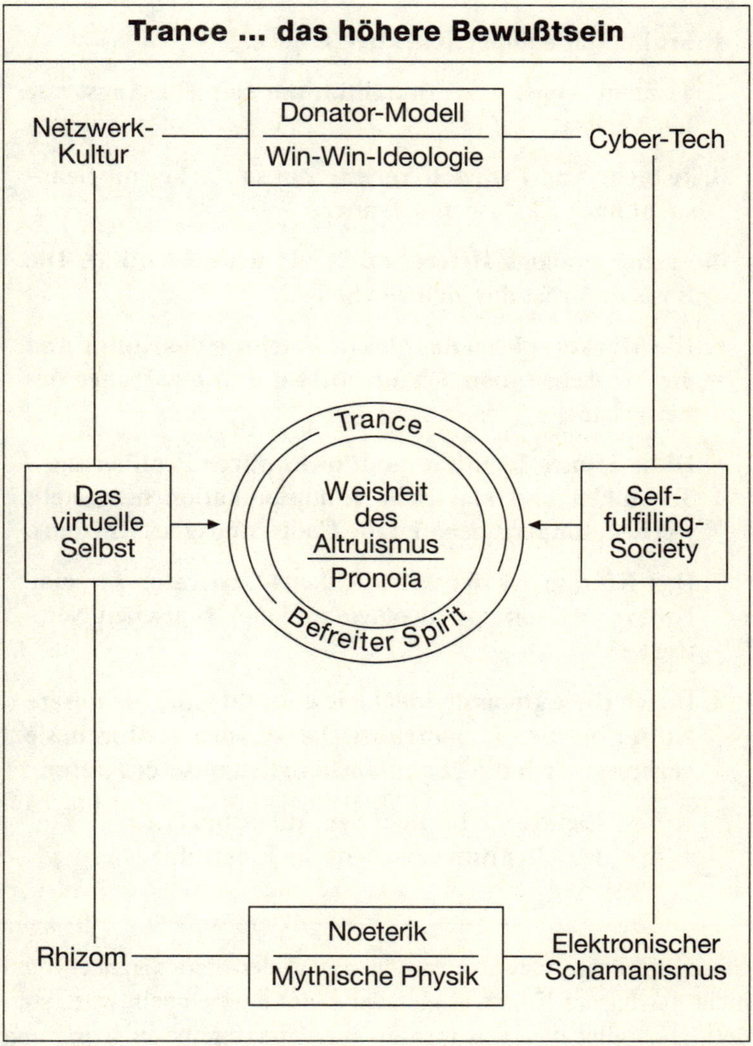

Wenn wir jetzt zurückblicken auf all die vielen Facetten, die zum Trance-Trend gehören, dann ist es vielleicht lohnend, einige zentrale Thesen zu formulieren:

1. Fraktalität erzeugt kollektive Trance.

2. Je mehr Angst vor Fraktalität, um so mehr Angst vor Ich-Verlust.

3. Je mehr Angst vor Ich-Verlust, um so stärker die Sehnsucht nach Ekstase und Trance.

4. Trance erzeugt Heterogenität als neue Identität. Die Basis dafür ist das virtuelle Selbst.

5. Die Märkte spielen das gleiche Spiel wie die Kultur und die Menschen, nämlich Identität durch die Trance des Zeitgeistes.

6. Diese Trance-Identität kann nicht durch Profilierungs-Techniken und klassische Kommunikation hergestellt werden, sondern benötigt die Codierung eines Rhizoms.

7. Das Rhizom ist der Wirklichkeits-Generator für eine Kultur mit Donator-Ideologie und elektronischen Netzwerken.

8. Durch diese Donator-Ideologie entsteht eine, für unsere Kultur neuartige, »altruistische Weisheit«. Durch sie verbessert sich die Evolutionsfähigkeit unserer Kultur.

Elektronik braucht den Altruismus …
der Altruismus braucht die Elektronik.

Insgesamt kann man also erkennen, daß der breite Trance-Trend nicht nur unsere Kultur in globaler Form umkrempeln wird, sondern auch alles das, was man als die Attraktoren von *Markt und Konsum* beschreiben kann:

1. Es wird keine stabilen Bedarfs-Strukturen mehr geben.

2. Es wird dysfunktional sein, Produkte auf eine Position zu profilieren.

3. Extrem heftige Sättigungs-Zyklen und non-lineare Orientierungs-Moden werden einen völlig neuartigen »Hyper-Wettbewerb« (Richard D'Aveni) erzeugen.

4. Es wird eine neue Art von Masse entstehen: Die fraktale Masse, die Masse des Singulären.

5. Codierung wird Kommunikation ablösen.

6. Das Rhizom-Produkt löst das USP-Produkt ab, also das Nutzen-Produkt.

7. Im Rhizom-Produkt werden fluktuierende und paradoxe Codes das Schweben der Kultur widerspiegeln. Dieses Rhizom-Produkt wird hergestellt durch die fraktale Marke.

Teil 4

CODES GESTALTEN DAS SPONTANE PRODUKT

Ist die große Zeit der Marken endgültig vorbei?

NEWSWEEK jedenfalls ist der Meinung. Dort erschien vor kurzem ein Beitrag über die *wachsende Marken-Erosion* in allen Industrieländern. Danach sieht es so aus, daß selbst die berühmten »großen Marken« plötzlich ihre Autorität im Markt verlieren. Deshalb lautet die Kern-Aussage der Analysen von NEWSWEEK, daß die Selbstverständlichkeit vorbei ist, mit der die Marken den Markt zu ihren Gunsten regulieren konnten. Das Fazit von NEWSWEEK:

»Die Zeit der Marken waren die 80er Jahre.«

Immer mehr Experten in den USA glauben, daß die Marken in Zukunft nicht mehr die Kraft haben werden, um die Wahl-Prozesse der Konsumenten zu manipulieren. Und immer mehr Analytiker weisen außerdem darauf hin, daß die *subjektive Austauschbarkeit* der Marken von Jahr zu Jahr größer wird.

Viele Trends belegen tatsächlich diese Entwicklung. Zum Beispiel werden in den USA immer mehr Produkte als *No Names* verkauft. Obwohl man geglaubt hatte, die No Names besiegt zu haben, krabbeln sie nun wieder aus dem Dickicht hervor, und zwar erfolgreicher als in der ersten Phase, also in den 70ern.

Im Zigaretten-Sektor hat das schon zu einer erhöhten Verunsicherung geführt. Vor einigen Monaten hatte Philip Morris eine dramatische Preissenkung für die Marlboro-Linie verkündet, um der *wachsenden Popularität* von No-Name-Zigaretten entgegenzuwirken. Das WALL STREET JOURNAL analysierte diese Marken-Attacke als »worry of the week«.

Nun ja, ganz so schlimm wird es wohl nicht sein. Aber auffällig ist doch die Tatsache, daß die No Names sich offensichtlich befreit haben von der *Aura der Minderwertigkeit.* Neu ist, daß man sie jetzt offiziell lieben kann und daß sie populär werden, vorrangig bei den *smart shoppers.* Die Konsequenz:

Es gelingt immer mehr Nicht-Marken,
genauso profiliert zu werden wie die echten Marken.

Damit zerfällt die *Profilierungs-Kraft der Marke.* Denn das war ihr vorrangiges Ziel: den Produkten ein unverwechselbares Profil zu geben. Wenn nun aber die Zeit gekommen ist, in der sich auch die *Profillosen profilieren können,* dann stimmt ganz offensichtlich das Codierungs-System der Marke nicht mehr mit der Konsum-Realität unserer Zeit überein.

Natürlich könnte man sagen, daß einer der aktuellen Trends, nämlich der zur *neuen Bescheidenheit,* dahinter steht. Wer mit No Names kokettiert, profiliert sich als »clever und bescheiden«. Aber das greift sicher zu kurz. Vermutlich liegen die Ursachen tiefer, u. a. in der *gewandelten Rationalität der Konsumenten.* Wie Herbert A. Simon und andere Ökonomen analysiert haben, ist eine neue Form der Konsum-Rationalität entstanden: die evolutionäre Rationalität. Darunter versteht man folgendes:

Die Trends profilieren die Produkte.
Marken profilieren sie nicht mehr allein.

Aus dieser Sicht sind viele der populären No Names im Moment im Trend, und somit sind sie profiliert – auch ohne echtes Profil. In vielen Handels-Systemen der USA beträgt der Anteil der Handelsmarken und No Names mehr als 10 Prozent. Bei Kroger's liegt er bereits bei 18 Prozent. Und schon in den nächsten Jahren kann es sein, daß rund 1/4 aller Umsätze im amerikanischen Lebensmittel-Handel durch »profilierte No Names« erzeugt werden.

Deshalb beginnen die ersten Unternehmen, wie Coca-Cola, das traditionelle Marken-System in Frage zu stellen. Man fragt sich z. B., ob die *Marken-Loyalität* ausschließlich über Hardware und

Produkt-Innovation erzeugt werden muß oder ob es jetzt nicht andere Techniken geben sollte.

Bisher war es so, daß die Marken-Bindung dann am größten war, wenn die Hardware eine aufregende Evolution organisieren konnte, also immer wieder neue Produkte: *materielle Innovation als Attraktor*. Natürlich versucht Coca-Cola, immer wieder neue Drinks einzuführen, wie z. B. kürzlich Ice Coffee oder Diet-Cherry. Aber das sind jedesmal nur kurze Strohfeuer für die Marke. Die Konsumenten gewöhnen sich zu schnell daran. Die Sättigungs-Zyklen sind schneller, als sich die Hardware innovieren kann.

Man kann offensichtlich die Produkt-Innovationen nicht so trendig und kreativ organisieren, wie es die *neue »Laisser-faire-Rationalität« (Simon) und die Trend-Rationalität* der Konsumenten erforderlich macht. Mit anderen Worten:

Die Hardware der Marken ist zu behäbig für die Trend-Bedürfnisse der Konsumenten.

Das ist die globale Entwicklung. Im Grunde zeigt sich hier ein neues Diktum für die Marke:

Je evolutionärer und trendiger die Rationalität der Konsumenten wird, um so fraktaler muß die Marke werden.

Die fraktale Marke braucht aber ein völlig neuartiges System der Selbst-Darstellung. Hier kommt man nicht mehr weiter mit Produkt-Innovation. Was nun verlangt wird, ist etwas anderes:

Codierungs-Innovation.

Die fraktale Marke sollte eine Marke sein, die sich permanent in der eigenen Evolution befindet. Also muß nicht die Hardware permanent neu gemacht werden, sondern der Codierungs-Prozeß der Marke selbst muß als »permanente Innovation« aufgefaßt werden.

Damit wird klar, daß die fraktale Marke nicht mehr durch die *klassischen Profilierungs-Techniken* geführt werden kann. Was benötigt wird, sind neuartige Codierungs-Techniken:

**Man codiert die Marke so,
daß sie als Evolution erlebt wird:
Die Marke selbst wird immer wieder neu.
Sie wird zu einem Zustandsraum.**

Hintergrund dieser neuen Marken-Konzeption ist nicht nur die neue Trend-Rationalität der Konsumenten, sondern auch die Tatsache, daß die Konsumenten offensichtlich begonnen haben, *die Marken fraktal zu lernen,* also chaotisch zu benutzen.

Im Kopf der Konsumenten existiert so etwas wie ein *fraktales Archiv*, in dem alle Marken mehr oder weniger gut vertreten sind: Die Marken sind also passive und ruhende Elemente eines *Kaleidoskops*. Wenn sich nun das Kaleidoskop verändert, können Marken schlagartig wichtiger werden oder auch unwichtiger. Ihre Attraktivität ist also spontan abhängig von den *Bewußtseins-Moden* im Markt:

**Das Kaleidoskop der öffentlichen Bewußtseine
wird zum Mitgestalter der Marke.**

Diese »*Außen-Lenkung*« der Marke, die in dieser Form neuartig ist, dürfte der Grund dafür sein, daß die *subjektive Austauschbarkeit* der Marken in fast allen Ländern kontinuierlich zunimmt. Denn es gilt als Gesetz:

**Je mehr Außen-Lenkung,
um so mehr Austauschbarkeit.**

Das einzige, was eine Marke in dieser Situation tun kann, ist, *selbst zum Kaleidoskop* zu werden: Die Marke wird damit zur Bewegung. Sie ist keine Position mehr, sondern ein Prozeß. Sie wird zu einem *Zustandsraum für die äußeren Evolutionen* und somit zu einem *fraktalen Summativ* (= Rhizom). Aber das verlangt einen grundsätzlichen Wechsel der Marken-Technik:

**von der Profilierungs-Kommunikation
zum fraktalen Codierungs-Prozeß.**

Bleiben wir noch ein bißchen bei der auffällig starken Marken-Erosion. Wie die BBDO-Studie »Brand Parity II« gezeigt hat, gehen die Konsumenten schon heute mit den Marken fraktal um, d. h., immer mehr aktive Marken wandern in das passive und stumme Archiv des öffentlichen Bewußtseins.

Die Marken haben nur dann Chancen, zum Attraktor des Konsums zu werden, *wenn sie sich als Marke bewegen*, wenn sie sich also durch ihre eigene Evolution inszenieren:

Die Selbst-Veränderung der Marke symbolisiert sie als aktive Marke.

Die Analysen von Prof. Bernhard Giesen zeigen ebenso wie meine eigenen Recherchen folgende General-Trends für die Marken-Technik:

Die Welt wird zur täglichen Codierung. Wenn es den Marken nicht gelingt, sich täglich neu zu codieren, sind sie nicht mehr in der Welt der Konsumenten.

Wenn also im Moment so viele No Names Erfolg haben, dann liegt das u. a. daran, daß so viele Marken trotz der riesigen Werbe-Etats immer passiver und stiller werden.

Codierungen sind öffentliche Gespräche. Und die Dynamik, die dahinter steht, hat Heinz von Foerster wie folgt beschrieben: »*Order from Noise.*« Also ersetzen die täglichen Codierungen die Konventionen, die festen Werte und die Strukturen. Und diese Codierungen sind weder wahr noch falsch, sondern folgen dem Muster der Brauchbarkeit (Viabilität).

Zugleich sind die täglichen Codierungen weitestgehend unabhängig von Fremd-Ursachen oder internen Wirkungen. Sie sind also weitestgehend auch *unabhängig von der Qualität der Hardware*. Sie haben nur eine einzige Selbstreferenz – und das ist ihre eigene Mode. Des weiteren sind Codierungen spontan und autopoietisch, d. h., sie erzeugen sich überwiegend selbst.

Deshalb benötigen die fraktalen Marken in den 90er Jahren keinen klassischen Kommunikations-Prozeß mehr, sondern einen *Codierungs-Prozeß*, der autopoietisch läuft. Mit anderen Worten:

Die Marken müssen dasjenige System werden, in dem sich die Codes der öffentlichen Evolution erzeugen und inszenieren.

Das bedeutet natürlich, daß die Marke keine kreative Nutzen-Werbung mehr braucht, sondern etwas anderes, was sie erst zu diesem Code-System formt. Bisher wurde die Marken-Werbung immer begriffen als Nachrichten-Transport. Und damit folgte das Marken-System der *medialen Theorie*, d.h., sie stand auf Basis der Kommunikations-Forschung. Danach sieht es so aus, daß der Hersteller und seine Marke zum Sender deklariert werden. Sie formen eine (möglichst kreative) Nachricht, die dann an den Empfänger (Konsumenten) herangetragen wird. Das ist das klassische Werbe-Modell: die Werbung als Manipulations-Botschaft.

Auf dieser Basis wurden bisher Marken profiliert, d. h., eine Idee wurde über Prägnanz und Penetration zur Marke gemacht: klassische Profilierung im Sinne von Positionierung.

Mit dieser Technik kommt man nun nicht mehr weiter. Je mehr man auf diese Art und Weise versucht, die Marken zu profilieren, um so mehr rutschen sie in das passive und stumme fraktale Archiv. Mit anderen Worten:

Die normale Marken-Werbung ist die Ursache dafür, daß die Marken immer austauschbarer und flacher werden.

Wenn also die Experten und Fach-Zeitschriften immer wieder voller Sorge lamentieren, das System der Marke hätte seine *magische Kraft verloren*, dann liegt das nicht daran, daß die Konsumenten übersättigt sind, sondern ganz im Gegenteil daran, daß die Konsumenten umgeschaltet haben:

Sie lernen nicht mehr den Kern einer Marke, sondern sie codieren ihre eigene Marke.

Damit folgen die Konsumenten dem, was Giesen *»die Entdinglichung des Sozialen«* nennt. Sie wollen keine empirischen und beweisbaren Situationen mehr (also den interpretierten Nutzen des

Produkts), sondern sie wollen *symbolische Codierungen.* Und dabei dienen die Codierungen der »Vermittlung zwischen der persönlichen Innenwelt und einer *äußeren Sakral-Welt*« (Giesen). Mit anderen Worten:

Die modernen Konsumenten versuchen, das Alltägliche zum Fetisch zu machen.

Wenn nun Marken dieses Spiel der täglichen und symbolischen Codierungen nicht mitmachen, dann *verlieren sie ihre Fetisch-Funktion.* Sie verlieren also auch ihre Magie, weil sie einseitig auf den »Markenkern« profiliert werden, und weil sie trotzig auf ihren Nutzen beharren. Es gilt aber in diesem Zusammenhang das Gesetz:

Der Nutzen des Produkts ist wie die Substanz für seine Fetischisierung.

Die Analysen von Giesen zeigen deutlich, daß die symbolischen Codierungen deshalb von den Menschen bevorzugt werden, weil sie der »*Reflexivität*« dienen. Mit anderen Worten: Je mehr sich die Konsumenten auf die täglichen Codierungen stürzen, um so bewußter nehmen sie unsere Welt wahr. *Code-Konsum ist Welt-Besitz.* Damit wird auch klar, daß die Erosion der Marken keineswegs verursacht wird durch Konsum-Überdrüssigkeit oder Waren-Desinteresse. Genau das Gegenteil ist der Fall:

Die Marken verlieren deshalb ihre Magie, weil die Konsumenten ihre Alltags-Welt magisch codieren, während die Marken ihre Produkte logisch interpretieren.

Was kann man also für die Marke tun? Zuerst einmal sollte man anerkennen, daß die *symbolischen Systeme*, die die Konsumenten nunmehr heftig verlangen, nichts anderes sind als eine neue pragmatische Intelligenz, um in unserer multi-optionalen Welt besser zurechtzukommen.

So zeigt denn auch die BBDO-Studie »Brand Parity II« sehr deutlich, daß in den Ländern, in denen das Konsum-Niveau am höchsten ist, die Marken am meisten von ihrer klassischen Autorität verloren haben. Je mehr Konsum-Kultur, um so weniger wirken die alten Mechaniken.

Also läuft was falsch mit den Marken. Und es läuft falsch, weil die Konsumenten im Kopf »symbolische Systeme« (Giesen) aufbauen, die sie befähigen, zu einer »Erkenntnis der Gleichartigkeit und Einheit in der chaotischen Vielfalt der Welt zu kommen« (Giesen).

Das bedeutet: Die täglich neuen Codierungen sind für die Konsumenten *virtuelle Landkarten*, um sich besser in der fragmentierten Konsum-Welt zurechtzufinden. Der Witz liegt nun gerade darin, daß die Konsumenten offensichtlich einen Trick gefunden haben, um mit der chaotischen und fluktuierenden Vielfalt der Konsumwelt zurechtzukommen, während die Marken ganz offensichtlich diesen Trick noch suchen. Die Konsumenten haben also bereits ihr Gehirn auf Chaos umprogrammiert. Dahinter steht folgende Dynamik:

Die neuen Codes sind vorwiegend Inclusions-Codierungen, d. h., die täglichen Codes definieren nicht nur die Welt, sondern zugleich auch die Zugehörigkeit zu einer Lebens-Konzeption oder Szene oder Werte-Gemeinschaft.

Die Inclusions-Codes *ersetzen immer mehr die Realität von echten Gruppen*. Das Soziale findet also immer häufiger im symbolischen Raum statt. Die Leute müssen nicht mehr alles miteinander besprechen und sich tatsächlich vor Ort austauschen. Sie vernetzen sich immer häufiger durch fluktuierende Codes und Szene-Moden. Genau das ist die von Giesen beschriebene »Entdinglichung der sozialen Welt«, die wir jetzt in den meisten Industrienationen beobachten. Die Konsequenz daraus ist hart, aber praktisch:

Nur wer die Inclusions-Codes fördern und mitgestalten kann, tritt ein in die Identität der Menschen.

Wenn die Marken nach wie vor darauf verzichten, sich als Codierungs-Prozesse zu verstehen, dann können sie auch nicht hineinkommen in die Inclusions-Codes der modernen Konsumenten. Da aber diese Codes immer mehr die Realität von echten Gruppen ersetzen, ist die klassische Marken-Profilierung ebenso wie die konkrete *Zielgruppen-Werbung* dazu verurteilt, immer häufiger an der sozialen Realität vorbeizugehen. Etwas verkürzt gesagt:

Wer Marken für Zielgruppen profiliert,
pflegt seine Marken nicht mehr,
weil er sie nicht in die Inclusions-Codes hineinträgt.

Die aktuellen Studien zum Thema »Marken-Erosion« zeigen genau auf diesen wunden Punkt. Eigentlich kennen die meisten Konsumenten die großen Marken, aber in Wirklichkeit kennen sie sie überhaupt nicht, d. h., die *Steuerungs-Kraft* der Marke rutscht immer mehr in den Keller. Und je mehr Werbung für die Penetration der Marken ausgegeben wird, um so mehr rutschen die Marken in diesen *Keller der Passivität*.

Der fraktale Konsument ist ein Konsument, der bewußt *gebrochene Verhaltens-Konzepte* einsetzt, d. h., er organisiert seine Welt durch das bewußte Erleben von Unterschieden. Ähnlich wie Luhman es einmal sagte: »Man kann eine Sache nur dann beobachten, wenn man einen Unterschied dazu herstellt.«

Was die Konsumenten also mit den Marken machen, ist folgendes: *Sie suchen jeden Tag die neuen Unterschiede in der Marke*. Und nur diejenigen Marken, die zu sich selbst einen Unterschied herstellen können, werden für sie existentiell wichtig und bekommen somit Magie.

Die Magie der Marke entsteht also nicht durch einen Nachrichten-Transport, also durch Profilierungs-Kommunikation. Die Magie der Marken entsteht durch *Selbst-Zerbrechung* (Fraktalisierung), indem die Marke permanent Unterschiede zu sich selbst herstellt. Und in diesem Sinne stimmt es, was Gregory Bateson einmal wie folgt formuliert hat:

»Information ist derjenige Unterschied,
der einen Unterschied macht.«

Die Unterschiede, um die es geht, werden vom Konsumenten selbst gemacht. Was eine Marke tun kann, ist lediglich, zum Material der Codierung zu werden, die der Konsument autonom vollzieht.

Wenn es stimmt, daß die Welt zur täglichen Codierung wird, dann müssen die Marken »*Spielmaterial für spontane Codierungen*« werden. Spätestens dann aber ist die Marken-Werbung nicht mehr als Kommunikations-Prozeß aufzufassen, sondern wird dann zum fraktalen Codierungs-Prozeß. Was bedeutet das? Und wohin führt uns dieser Trend?

Zuerst einmal muß man sehen, daß es bei einem Codierungs-Prozeß *keinen Sender und keinen Empfänger* mehr im klassischen Sinne gibt. Es gibt eigentlich nur einen Empfänger, der permanent sein eigener Sender ist. In dem Sinne gibt es auch nicht mehr die klassische Nachricht, sondern es gibt nur noch die versammelte Welt, verstanden als fraktales Archiv.

Und es ist nun die Aufgabe der Marken-Werbung, immer wieder Brechungen und Unterschiede in dieses fraktale Archiv hineinzutragen, damit der Empfänger daraus seine eigenen Erfindungen ableiten kann, die er in die Welt hineinsendet. Das ist der Prozeß der symbolischen Codierung.

Die Basis dafür ist nicht mehr die Kommunikations-Forschung, sondern die *Neuroforschung*. Und die Theorie ist keine mediale Theorie mehr, sondern eine *autopoietische Theorie*, also die Theorie der »Selbstherstellung von Welt« (Maturana).

Die Marken-Werbung braucht also keine »kreative Idee« mehr, weil die Eigen-Ideen der Empfänger (Konsumenten) die Marken aktualisieren. Mit anderen Worten:

**Wenn man die Marken in einen Codierungs-Prozeß führt,
dann verlieren sie scheinbar ihre Prägnanz,
aber in Wirklichkeit werden sie zum Fetisch des Alltags:**

Sie verlieren ihr Profil, um lebende Magie zu werden.

Der Codierungs-Prozeß kennt keine Nachricht im klassischen Sinne mehr. Er kennt nur Empfänger, die auf Basis des fraktalen Archivs diejenigen Nachrichten erfinden, die sie dann wieder als Sender in die Welt hineinprojizieren. Und die Marke der Zukunft wird dann wieder Magie bekommen, wenn sie eine Werbung bekommt, die *das fraktale Archiv der Konsumenten bewegen kann.* Das bedeutet:

Marken müssen fähig werden, Zeitgeist zu erfinden.

Die übliche Nutzen-Werbung kann das fraktale Archiv nicht bewegen. Nutzen sind immer stereotyp, und somit »bekannter als bekannt«. Auch die kreative Form ändert daran nichts. Nutzen bleibt Nutzen. Die kreative Form kann nur kurzfristig das Stereotyp verschleiern. Aber im Grunde will man ja das Stereotyp geradezu fördern. Denn das alte System der Marken-Führung will ja Profilierung durch Penetration. Und jedes Profil braucht die *Wiederholung von sich selbst*, ist also Stereotypisierung. Die aber führt die Marke direkt ins Passiv-Archiv des öffentlichen Bewußtseins.

Wer aus dieser Sackgasse heraus möchte, muß seiner Marke also etwas geben, was Stereotypisierungen permanent verhindert ... und das sind die Codes von neuem Zeitgeist. Also lautet die eigentliche Alternative:

Stereotyp contra Zeitgeist.
Profil contra Auflösung.

Das folgende Schaubild zeigt noch einmal die Unterschiede zwischen dem klassischen Modell und der neuen Auffassung: Das klassische Modell sah die Marke als Element eines Kommunikations-Prozesses, der Stereotypien (= Profile) aufbaut. Die neue, fraktale Auffassung von Marken sieht die Marke als Codierungs-Prozeß in einem Prozeß von Evolutionen, der nie endet. So bleibt die Marke permanent *Teil der neuesten Welt*:

Marken-Werbung als Kommunikations-Prozeß	**Marken-Werbung als Codierungs-Prozeß**
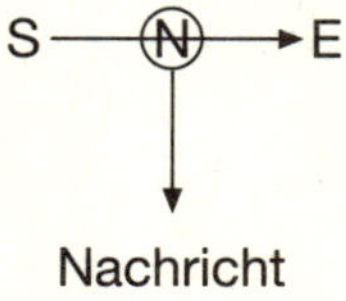	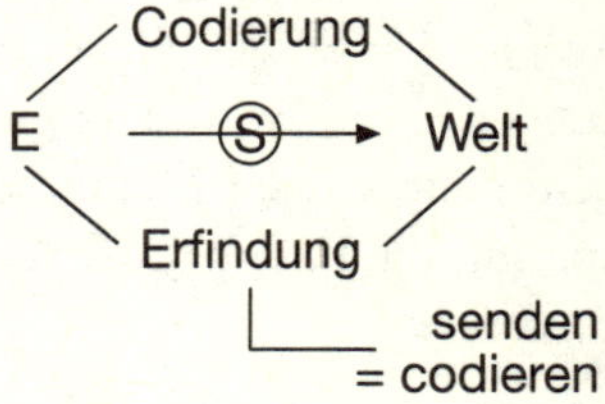
mediale Theorie (Kommunikations-Forschung)	autopoietische Theorie (Neuroforschung)
Inhalt Prägnanz Penetration Idee	fraktales Archiv Orientierungs-Moden Wahrnehmung als Komputation Eigen-Idee
Die Werbung als Manipulations-Botschaft	**Die Werbung als Teil des fraktalen Archivs**

S = Sender
N = Nachrichten
E = Empfänger

Nun muß sich ja die Marke nicht nur dem neuen und übergeordneten *Code-Bedarf* der Konsumenten anpassen, sondern auch den Dynamiken des Marktes und den situativen Bedingungen des spezifischen Wettbewerbs, in dem sie operiert. Etwas anders gesagt:

Die Marke muß sich dem Charakter der Märkte anpassen.

Tut sie das? Und wenn nein, wie müßte sie es in Zukunft tun? Das ist eine wichtige Frage. Lassen sie uns zuerst einen Blick darauf werfen, wie sich die Märkte in ihrer inneren Dynamik verändert haben:

Zwischen den 50er und 70er Jahren folgten unsere Märkte der *Dynamik der Strukturierung*. In der Zeit zwischen den 70er und 80er Jahren folgten sie der *Dynamik der Fragmentierung*. Und gegen Ende der 80er Jahre und damit jetzt in den 90er Jahren sind sie umgeschwenkt auf die *Dynamik der fraktalen Bewegungen*. Alles in allem kann man also sagen:

Die neuen Märkte haben keine Struktur mehr, sondern sie bestehen aus Bewegungen, die fraktal sind.

Lassen Sie uns das ein wenig genauer betrachten, weil es uns direkt zur akuten Problematik der Marke hinführt. Als die Märkte noch den Strukturen folgten, bestanden sie aus Zielgruppen und Nischen. Das heißt, es gab Formen, die deutlich stabil waren.

Man könnte es auch so sagen: In der Zeit zwischen den 50er und den 70er Jahren hatte der Markt die Tendenz *sich zu verfestigen durch Normung*. Das machte den Markt logisch und relativ berechenbar. Dementsprechend konnte man damals die Marke konsequent darauf ausrichten, *die Logik des Marktes widerzuspiegeln*. Also mußte die Marke damals auch die Strukturen und Positionen in sich wiederholen. Sie mußte also diejenige Festigkeit widerspiegeln, die optimal war für die feste Struktur des Marktes. Diesen Prozeß der Widerspiegelung nennen wir in der Werbung *Positioning*. Und die Praxen der Normung nennen wir Penetration.

Somit floß das Denken in Positionen und Normungen (Penetration) immer deutlicher und immer erfolgreicher in das Konzept der Marke ein. Und eine lange Zeit hatte die Marke damit auch kaum Probleme. Sie war als *stereotype Struktur* sozusagen ideal angepaßt für die Struktur-Dynamik der frühen Nachkriegszeit.

Aber wie gesagt, das änderte sich radikal in den 70er Jahren, als sich die *Dynamik der Fragmentierung* schrittweise entfaltete, denn

Fragmente sind nun keine verbindlichen Nischen und Formen mehr, sondern Ausschnitte, die sich wechselseitig verursachen, also Teile vom Gesamtmarkt, die miteinander Billard spielen, indem sie sich berühren.

Und durch diese Berührungen verändern sie permanent ihren Inhalt und ihre Ausrichtung, also auch ihre Formen:

Fragmentierung ist wechselseitige Form-Veränderung.

Was wir also in der Zeit zwischen den 70er und 80er Jahren unter dem Stichwort »Fragmentierung« erlebt haben, ist nichts anderes als ein Umwandeln der Märkte von ihrer verbindlichen Festigkeit zu einer *fluktuierenden Wechselseitigkeit.* Das war für die Marke eine wichtige Herausforderung, und heute erkennen wir, daß sich schon damals viele Marken nicht richtig an diese neue Dynamik angepaßt haben.

Die Fragementierungs-Dynamik verlangt nämlich keine »behauptete Position« mehr (= Positioning), sondern das *Konzept der Erlebniswelten*, also etwas, was einerseits fest ist (die Welt der Marke), aber andererseits auch beweglich. Denn wenn es stimmt, daß die Fragmentierung die *Tendenz zur Mikrobildung* durch Anziehung und Abstoßung aufweist, dann sind fragmentierte Märkte immer »on the run«. Deshalb mußte die Marke in den 70er und 80er Jahren ihren Fokus auch deutlich verändern: Sie präsentierte keine Nutzen-Logik mehr, sondern *fluktuative Welten.*

Ich glaube, ein Teil der aktuellen Probleme vieler Marken rührt sicher daher, daß sie immer noch mit Positioning, Zusatznutzen (Added Value) und USP geführt werden, statt daß sie Repräsentanten exklusiver Welten sind.

Aber nun, in den 90er Jahren, klappt das auch mit den Welten nicht mehr. Denn nun entwickelt sich in den Märkten wiederum eine neue Dynamik: *Die Märkte verwandeln sich zu fraktalen Bewegungen.* Nun ist ja das Wort fraktal auf den ersten Blick ziemlich ähnlich dem Wort »Fragmentierung«. Und das mag ein Grund dafür sein, weshalb viele Marken-Experten glauben, es sei auch das gleiche. Aber es ist nicht das gleiche. Bei der Fragmentierung verwandelt sich der Markt in Teilausschnitte, die sich durch Wechselbeziehungen immer stärker verändern und dabei die Tendenz haben, immer kleiner zu werden (Mikrobildung).

Alle Teilmärkte reagieren aufeinander wie bei einer Zell-Teilung. Und deshalb ist der Markt zwar fluktuativ, aber ist im Grunde immer noch kalkulierbar. Er folgt also immer noch der Logik. Es ist natürlich keine strukturelle Logik mehr, sondern die Logik der Fluktuation ... aber wie gesagt, es ist und bleibt Logik.

Wenn nun aber die Märkte in die fraktale Dynamik einsteigen, dann zerbricht genau das, was man Logik nennt. Die neuen Märkte haben nämlich völlig neue Attraktoren, so zum Beispiel Risiko (Kontingenz), Überraschung und Mode. Die neuen Märkte werden also durch Chaos gesteuert.

Damit werden unsere Märkte überhaupt nicht mehr kalkulierbar. Sie folgen dem, was man in der Wissenschaft heute *Fuzzy-Logik* nennt, d. h., sie schweben in ihrer eigenen Evolution, die sie selbst aber nicht kennen.

Die Märkte der 90er Jahre sind demnach pure Evolution. Und Evolution ist wiederum nichts anderes als *fraktale Brechung plus Rückkopplung*. Wir erkennen also daraus, daß sich die Märkte der 90er Jahre in Bewegungen verwandeln, die sich durch Brechungen bewegen, und daß niemand kalkulieren kann, wie die nächste Brechung aussehen und wann sie eintreten wird. Damit gibt es eine völlig neuartige Perspektive:

Die Märkte überraschen sich selbst.

Wenn sie sich in diesem Sinne selbst überraschen, dann sind sie für den Planer und Strategen im Prinzip immer unscharf. Sie sind also nicht wie in den 50er, 60er und 70er Jahren stabil strukturiert, sondern sie sind *paradox und unscharf*. Sie folgen, wie Heinz von Foerster einmal gesagt hat, dem Dogma der »*Unerwartbarkeit*«.

Unerwartbarkeit. Das ist sicherlich ein Schlüsselbegriff für die neuen Märkte – *denn Unerwartbarkeit ist immer Mode*. Baudrillard hat einmal formuliert, daß alle Moden prinzipiell dadurch gekennzeichnet sind, daß sie keine Referenz aufweisen, weder auf eine Ursache noch auf einen Verursacher. Sie entstehen sozusagen wie von selbst, so daß sie sich nicht den strategischen Prinzipien unterordnen. Und diese strategischen Prinzipien werden in der Literatur definiert durch die klassischen drei Parameter: Position, Stärke und Zeit.

Das alles funktioniert nun nicht mehr innerhalb der fraktalen Dynamik. Positionen versagen, und Stärke und Zeit werden unwichtig. Und somit gibt es ein völlig neues Gesetz, das die Märkte der Zukunft bestimmt:

Derjenige wird erfolgreich sein, der in der Lage ist, Evolutionen zu erfinden, die die Evolutionen der Konkurrenten blockieren können.

Die Erfindung von Evolutionen: Das ist die neue, innere Dynamik des »*Hyper-Wettbewerbs*« (D'Aveni), der jetzt zu dominieren beginnt. Das ist auch die eigentliche Herausforderung, auf die sich die Marke nun einstellen muß. Deshalb gibt es plötzlich so viele neue Konzepte für die Marke. Und deshalb wird auch in letzter Zeit intensiver über die »fraktale Marke« diskutiert und geschrieben. Denn was bedeutet das ganz konkret, wenn man sagt, die Marke muß mithelfen, Evolutionen zu erfinden?

Zuerst einmal sagt es, *daß die Marke keine Position mehr beziehen darf.* Damit stirbt ein Großteil des Instrumentariums aus dem Arsenal des amerikanischen Marketing, also z. B. USP, Added Value und Positioning.

Die Marke selbst muß *zum Prozeß werden*, und zwar zum Prozeß ihrer eigenen Evolution. Sie muß also das Kunststück fertigbringen, immer anders zu sein, während sie sich gleichzeitig immer treu bleibt. Und das ist genau das, was man ein Fraktal nennt.

Ein Fraktal ist nämlich nichts anderes als eine »*Brechung ins Identische*« (Jean Baudrillard). Somit ist ein Fraktal eine Brechung, die Selbstähnlichkeit erzeugt. Und genauso hat Benoit Mandelbrot, der Erfinder der fraktalen Theorie, es auch genannt. Für ihn ist jedes Fraktal eine »selbstähnliche Brechung«, das heißt:

Eine Sache wird immer identischer, je öfter sie sich verändert.

Für die moderne Marke bedeutet das nichts anderes, als daß sie beginnen muß, in die Prinzipien des Chaos einzusteigen. Denn die bisherigen Märkte (70er und 80er Jahre) waren trotz ihrer Fragmentierung immer noch klassische Struktur-Märkte. Was wir jetzt bekommen, könnte man mit dem Begriff Chaos-Märkte wohl am besten beschreiben, denn Chaos wird heute definiert als diejenige »Ordnung, die Nicht-Linearität herstellt«. Und wenn Märkte zu ihrer eigenen Überraschung werden, dann sind es Märkte, die der Nicht-Linearität gehorchen.

Also müßte sich auch *die Marke nicht-linear darstellen.* Und der fraktale Ansatz ist der bisher einzige Ansatz, der in der Lage ist, der Marke zu helfen, daß sie zum chaotischen Spiegelbild des chaotischen Marktes wird. Anders gesagt:

Die fraktale Marke ist deshalb so attraktiv, weil sie die Überraschungen des Marktes benutzt, um sich selbst immer wieder neu herzustellen.

Für die Markenführung bedeutet dieses Konzept eine Reihe herber Herausforderungen. Einige sollen hier kurz skizziert werden.

Es gibt keine Teile des Marktes, die man durch Ziele für sich gestalten oder gar okkupieren könnte. Also keine Nischen mehr und keine Segmente mehr. Es gibt auch keine stabile Selbstzuordnung der Konsumenten zu Nischen oder Zielgruppen. *Die Kalkulierbarkeit des Bedarfs zerbricht* also. Und Moden ersetzen Strukturen.

Die Marke muß damit dem neuen Credo einer »*Consumer-driven-Company*« folgen, und das bedeutet:

Die Marke wird zum Endverbraucher von Szenen und Zeitgeist-Moden.

Zugleich wird Marken-Untreue sozusagen zur »höheren Rationalität« der Konsumenten, denn inzwischen entwickelt sich bei den Konsumenten deutlich eine neuartige *Trend-Rationalität*. Und das bedeutet für die Marke, daß sie sich prinzipiell nicht treu bleiben darf, weil sie sich dann sozusagen von der neuen Trend-Rationalität der Konsumenten abkoppelt.

Damit wird sichtbar, daß das klassische Konzept der Marke, wie es zum Beispiel in vorbildlicher Form von Domizlaff entwickelt worden ist, ziemlich unbrauchbar geworden ist.

Das klassische System der Marken-Führung geht davon aus, daß die Marke *ein Garantiezeichen für Selbsttreue ist*, sozusagen dem Motto folgend: »Darauf kannst Du dich prinzipiell immer verlassen.«

Wenn nun aber Fraktalität und Nicht-Linearität vorherrschen, dann muß die Marke etwas völlig anderes versprechen, zum Beispiel: »Ich bin eine Mind-Card für Neues, das für Dich prinzipiell wichtig sein kann.«

Die Marke folgt damit dem Spiel, das auch die Märkte inzwischen spielen: Die Märkte erfinden Evolutionen. Und zwar immer wieder neue Evolutionen. Und die sind überraschend und paradox.

Nun kann man sich fragen, was die Marke eigentlich davon hat, wenn sie sich selbst immer wieder untreu wird. Sie verliert ja dadurch ihre klare Form, ihre Berechenbarkeit, ihre Kalkulierbarkeit – ja sie verliert sogar ihren einzigartigen Charakter. Das alles verliert sie. Aber sie bekommt im Tausch dafür etwas, was jede Marke dringend braucht, um in fraktalen Märkten bestehen zu können:

Sie bekommt Magie.

Man kann sogar sagen, daß es die Aufgabe der fraktalen Markenführung ist, der Marke permanent Magie zuzuführen. Magie ist ja nichts anderes als ein *Code für eine gesteigerte, subjektive Bedeutsamkeit*. Wenn man einmal prüft, wie das Gehirn der Konsumenten diesen magischen Code herstellt, dann wird man erkennen, daß das

Gehirn dazu *paradoxe und zugleich überraschende Bewegungen* braucht.

In der Gehirnforschung kennt man diesen Aspekt unter der Theorie des »*impliziten Lernens*«. Der Neuroforscher Donald Hebb war der erste, der dieses Phänomen untersuchte. Und das Neuron, das dieses magische Lernen organisiert, wird auch nach ihm »Hebb' sches Neuron« genannt.

Lassen Sie uns das ein wenig genauer anschauen: Es sieht so aus, daß das Gehirn alle Botschaften, die sich wiederholen, die also penetriert und positioniert werden, blitzschnell lernt als eine »*passive Qualität*«. Je mehr also eine Marke immer das gleiche sagt (selbst wenn sie das Gesagte variiert und damit die übliche Kreativität einsetzt), um so passiver wird sie.

Diesen Prozeß nennt man das *explizite Lernen*. Und das sagt nichts anderes, als daß das Gehirn immer besser lernt, daß es das, was es von der Marke angeboten bekommt, im Prinzip schon kennt. Damit lernt es auf einer höheren Ebene, daß die Marke immer klarer (redundanter) und kalkulierbarer (geheimnisloser) wird.

Wenn sich nun aber eine Marke chaotisch verhält, also permanent Unbekanntes und Paradoxes präsentiert, dann aktiviert sich das Hebb'sche Neuron. Das bedeutet konkret, *daß im Bewußtsein ein Geheimnis entsteht*. Je mehr paradoxe Gleichzeitigkeit (also widersprüchliche Brüche durch Fraktalität) in einer Marke repräsentiert werden, um so impliziter wird das Lernen, d. h., das Bewußtsein des Konsumenten lernt etwas, was es in der Marke gar nicht gibt, nämlich ein Geheimnis, eine erhöhte Bedeutsamkeit – also Magie. Etwas verkürzt gesagt:

**Je fraktaler sich die Marke verhält,
um so magischer wird sie.**

Nun werden Sie sich sicher fragen, wozu braucht man eigentlich diese Magie? Es hat ja auch jahrzehntelang ohne Magie geklappt. Aber genau da liegt das Problem. Wenn die Märkte nicht mehr den Strukturen folgen, sondern den fraktalen Überraschungen, dann gibt es, wie wir gesehen haben, keine Kalkulierbarkeit mehr. Und es gibt auch keine Stabilität mehr. Das heißt, die Märkte sind dauernd in Bewegung, die Konsumenten werden untreuer und das Verhalten wird instabiler.

Das ist aber nur die eine Seite, denn es gibt leider auch noch eine zweite bei diesem Spiel: *Die begrenzten Flächen lösen sich im Markt auf.* Es gibt keine stabilen Nischen mehr. Man kann also mit seiner Marke nicht mehr Besitzer einer Nische oder eines Segments werden.

Wenn sich die Märkte in dieser Form de-strukturieren (was ganz offensichtlich in heftiger Form seit einigen Jahren der Fall ist), dann werden sie so klein, daß sie im Grunde nicht mehr lohnend sind für große Marken. Ein Großteil der *Line-Extension-Politik* wurde ja verursacht durch diese Dynamik. Man versucht eine »Mutter-Marke« durch viele angehängte oder angekoppelte »Kinder-Marken« fitzumachen für die permanente Verkleinerung und Instabilität der Märkte.

Im Grunde erleben wir seit einigen Jahren die Situation, daß sich die kalkulierbaren Teilmärkte auflösen. Und in der Literatur wird deshalb von einer *»gefährlichen Atomisierung«* des Marktes gesprochen.

Für die Märkte ist es aber keine große Gefahr. Ganz im Gegenteil, denn wenn sich der Markt atomisiert, dann verliert er ja seine Strukturen. Und ein Markt, der nicht mehr aus Strukturen besteht, *ist im Prinzip wieder ein Massenmarkt*, also ein sehr großer Markt.

Daraus läßt sich ableiten, daß die Marken in den 90er Jahren wieder die Chance erhalten, *moderne Massenmarken zu werden*. Mehrere Studien zeigen nun, daß die großen alten Marken, die sozusagen mythischen Charakter haben, im Moment die Gewinner sind. Je mehr sich die Märkte fraktalisieren, um so besser funktionieren diejenigen Marken, die im Prinzip ihre eigenen Mythen repräsentieren und keine klaren Zielgruppen-Profile (= Positioning-Marke).

Wenn sich nun die Atomisierung und Fraktalisierung der Märkte weiter fortsetzt, dann wird es demnächst *drei Niederlagen für die klassische Positioning-Marke* geben:

Die erste Niederlage liegt in dem Faktor *Profil*. Denn hier gilt das Gesetz:

In fraktalen Märkten ist jedes Profil das Gefängnis für die Marke.

Die zweite Niederlage liegt in der Logik der Markenführung, wie sie sich z. B. im Credo der *Penetrierung* zeigt. Je fraktaler die Märkte werden, um so mehr gilt:

Die Logik der Penetration ist die Veralterung der Marke.

Und die dritte Niederlage der Marke liegt in ihrer Konzentration auf einen *Nutzen*. Denn wenn sich die Märkte fraktalisieren, dann ist jeder Nutzen viel enger als der Markt, und zugleich ist der Nutzen irrelevant, weil er nicht den Moden und den Trends folgt. Das bedeutet, so hart es auch klingen mag:

Der Nutzen verursacht die Austauschbarkeit der Marke.

Es geht also darum, die Marke aus dem Gefängnis eines positionellen Profils herauszuholen. Zugleich ist es wichtig, sie von dem Zwang zur Penetration zu befreien, damit sie ihre geistige Veralterung stoppen kann. Und es geht auch darum, daß sie aufhört mit Nutzen und Added Value zu arbeiten, weil sie dadurch immer austauschbarer wird.

Was die Marke in den 90er Jahren braucht, ist *mehr Breite denn je zuvor*. Und der Markt erlaubt ihr jetzt diese Breite, denn jeder atomisierte Markt ist im Prinzip ein unlogischer Markt, also ein Markt, der die Strukturen nicht zu Vorschriften macht.

Also kann die Marke wieder mehr Breite bekommen. Und die *breiteste Breite*, die eine Marke repräsentieren kann, ist der *Mythos*. Also wird es darum gehen, daß man Marken so schnell und so konsequent wie möglich zu Mythen umgestaltet (oder veredelt), damit sich dann in der Marke dieser Mythos fraktalisieren kann.

Dieses Fraktalisieren läuft über das oben beschriebene implizite Lernen, also über das Hepp'sche Neuron, d. h., man baut Magie auf, indem man die Bewegungen des Zeitgeistes in die Marke hineinführt, *so daß die Marke zum Mitgestalter des Zeitgeistes wird.*

Dieser Prozeß wird *Kairos* genannt. Kairos ist die innere Zeit von Prozessen, also eine unkalkulierbare Zeit, die Zeit der Überraschungen.

Wir erkennen an dieser Stelle, daß die moderne Marke allerhand aufgibt, so z. B. Position, Nutzen und USP, zugunsten von Mythos und Magie (Kairos).

Aber noch eine andere Dimension ist wichtig, nämlich die Dimension des *Logos*. Darunter versteht man die Fähigkeit der Marke, permanent Information herzustellen. Nach Gregory Bateson ist Information bekanntlich ja »derjenige Unterschied, der einen Unterschied macht«. Also geht es in dieser Dimension nicht mehr um Penetration (was ja die Wiederholung der gleichen Substanz ist), sondern um die permanente Herstellung *von unerwarteten Unterschieden*. Anders gesprochen:

Die Logik der fraktalen Marke liegt in ihrer Kraft, dasjenige Unbekannte zu vermitteln, das zu ihr gehört, das aber nicht von ihr erwartet wird.

Insgesamt sieht man an dieser Stelle, daß es einige sehr dramatische Verschiebungen gibt. So löst sich das z. B. auf, was wir bisher Marken-Kern nannten. Denn es gilt:

Der Mythos ersetzt den Marken-Kern.

Der Marken-Kern ist positionell und strukturell. Er ist sozusagen die verdichtete Essenz der Position. Er ist das erkaltete Zentrum von Nutzen-Behauptungen. Der Mythos dagegen gibt der Marke die breiteste Breite und eine prinzipielle Zeitlosigkeit. Etwas anders gesagt:

**Erst wenn Marken zu Mythen werden,
können sie die Chance nutzen,
Massen-Marken ohne Massen-Profil zu werden.**

Es gibt aber noch eine weitere wichtige Veränderung, nämlich die *vom Profil zum Rhizom*. Bisher haben wir die Marken immer mit der Mechanik der Profilierung gesteuert. Es galt: Je besser das Profil, um so attraktiver und prägnanter wurde die Marke.

Prägnanz war der heimliche Attraktor hinter allen Profilierungs-Theorien. Nun verändert sich das. Wenn es stimmt, daß die Marke zum Symbol ihrer eigenen Brechung werden muß – wenn sie sich also fraktal verhält –, dann bekommt sie kein klares Profil mehr (z. B. kein Image-Profil), sondern vereinigt in sich *die Gleichzeitigkeit von unterschiedlichen Überraschungen*.

Wie wir gesehen haben, ist das der schnellste und beste Weg, um der Marke Magie zu vermitteln (siehe implizites Lernen, Hebb'sches Neuron). Also wird die Marke zum Versammlungsplatz von unterschiedlichen Moden und Streams des Zeitgeistes. Und dieser Versammlungsplatz, genau das ist ein Rhizom.

Ein Rhizom ist also etwas ganz Sonderbares. Es ist im Grunde ein *schwebendes Paradoxon*, gebildet aus gleichzeitigen Bewegungen, für die es keine innere Logik gibt. Und weil es diese innere Logik nicht gibt, deshalb ist das Rhizom die Eintrittskarte zur Magie, denn Magie ist letztlich, wie Umberto Eco einmal gesagt hat, eine Art »leeres Geheimnis«.

Wir haben also gesehen, daß der Mythos den Kern ersetzt und daß das Rhizom das Profil ersetzt. Aber etwas Drittes ändert sich ebenfalls: *An die Stelle der Penetration tritt das Unbekannte* – also echte Information.

Das klingt auf den ersten Blick vielleicht etwas überraschend, weil die meisten glauben, Penetration und Information seien so ziemlich das gleiche. Aber sie sind es nicht.

Penetration gehört zur Technik der Profilierung, also zur Technik der Redundanz. Penetration verwandelt das prinzipiell Unbekannte in ein immer besser Bekanntes. Wenn es aber stimmt, daß Information im Gehirn nur dann entsteht, wenn ein Unterschied die Kraft hat, einen Unterschied zu machen, dann sind Profilierungs- und Penetrations-Techniken *die Verhinderer von echter Information.*

Was die fraktale Marke also macht, ist nichts anderes, als daß sie ein permanentes *Informations-Design* durchführt. Das Erfinden von Unbekanntem (also das, was Logos genannt wird) wird damit zu einem kontinuierlichen Prozeß, der in der Marke stattfinden muß. Oder anders ausgedrückt:

Die Marke wird zum Produzenten von Unterschieden.

Der Logos der fraktalen Marke ist also nicht auf *Stereotypisierung per Redundanz* ausgerichtet, sondern auf *Trips ins Unbekannte.*

Alles in allem: Die fraktale Marke operiert in drei unterschiedlichen Dimensionen, nämlich in der Dimension des Mythos, des Kairos (Magie) und des Logos. Sie tut dieses, um aus dem Produkt ein Massen-Produkt zu machen, das *nicht den Nachteil der extremen Durchschnittlichkeit hat.*

Als die Märkte noch strukturiert waren, war die *Rückkehr zum Massenprodukt* völlig verbaut. Man mußte sich für irgendeine Nische, für ein Segment und damit für eine Struktur entscheiden, und man konnte nicht in allen anderen Strukturen zugleich sein.

Jetzt, wo sich die Strukturen atomisiert haben, ist es für die Marke so leicht wie nie, die Rückkehr zur »großen Menge« zu organisieren. Aber genau da lahmen die meisten Marken, weil sie eben positionell geführt werden, also mit USP, Image und Added Value. Was man also erkennt, ist folgendes:

1. Es kommt wieder die Zeit der großen, breiten Marken.

2. Diejenigen Marken, die klassisch, d.h. positionell, geführt werden, können den Weg zur »neuen Masse« nicht finden und gehen.

3. Nur die fraktalen Marken haben die Chance, das Produkt, für das sie stehen, zum Massenprodukt ohne Massen-Durchschnittlichkeit zu machen, also zum breiten Mythos mit Magie.

Die Konsequenz daraus:

Die fraktale Marke verwandelt Produkte zu rentablen Moden.

Rentable Moden: Das verlangt von der Marke, eine permanent *mitwandernde Oberfläche* des Zeitgeistes herzustellen. Es ist geradezu lebensnotwendig für die moderne Marke, daß sie ihre eigene Oberfläche als jeweils »neueste Gegenwart« produziert. Deshalb braucht die moderne Marke die Bewegungen des Zeitgeistes *an der Edge der Evolution*. Und deshalb braucht sie auch die fraktale Dynamik der Selbst-Zerbrechung. Also Präsenz durch Fraktale und nicht mehr wie bisher Prägnanz durch Penetration. Die klassische Markenführung gibt der Marke keine kollektive Präsenz, sondern nur zeitlose Prägnanz. Und genau diese zeitlose Prägnanz macht die Marken austauschbar, denn sie ist ja nichts anderes als *»profilierte Redundanz«*. Jedes Produkt, das diesen Makel hat, wandert automatisch in das Passiv-Archiv der Öffentlichkeit.

Somit wird sichtbar, daß die klassischen Prinzipien der Markenführung in der jetzigen Phase des Hyper-Wettbewerbs sehr schädlich sind, weil sie zu einseitig auf statische Prägnanz und Wiederholungs-Festigkeit ausgerichtet sind.

Zugleich läuft das alte Marken-Konzept auf eine *Strategie der Leblosigkeit* hinaus: Je größer der Bekanntheits-Grad der Marke wird, um so mehr wird die Marke zum Stereotyp ihres Profils. Sie wird dadurch zum Signal ihrer Bewegungslosigkeit. Sie lebt nicht mehr in der Welt, die lebt.

Das ist der bisherige Weg zur Prägnanz-Bildung gewesen. Es ist ein Weg, der auf Reduktion hinläuft. Und die Technik, die eingesetzt wurde, lautet Penetration.

Reduktion und Penetration werden von Werbeleuten immer noch geliebt und als Instrumente favorisiert. Aber beide sind nicht in der Lage, die schwierige *Gratwanderung zwischen Fragmentierung und Kollektivierung* zu organisieren, die jede Marke heute vollziehen muß. Diese Gratwanderung verlangt vom modernen Markenartikel folgendes:

Der Unterschied, der einen Unterschied macht, muß zu derjenigen Oberfläche geführt werden, die den aktuellen Stand der Evolution repräsentiert.

Also wird man mit Reduktion und Penetration sehr viel Schaden anrichten, wenn man sie so einseitig und prominent in den Mittelpunkt der Markengestaltung stellt, wie das in der Regel heute der Fall ist.

Diese beiden Aspekte sind nämlich nicht in der Lage, denjenigen Unterschied herzustellen, der einen Unterschied macht (= Fragmentierungs-Aufgabe der Marke), ebenso wie diese beiden Aspekte nicht in der Lage sind, die mitwandernde Oberfläche herzustellen (= Kollektivierungs-Aufgabe der Marke). Fazit:

Das klassische Inventar der Prägnanz-Bildung verstößt gegen die Fragmentierungs- und Kollektivierungs-Aufgaben der Marke.

Es ist also ratsam, daß ein neuer Weg gefunden wird, um *Prägnanz und Stimulation* zusammenzuführen. Prägnanz durch fraktale Bewegungen. Die meisten Experten, mit denen ich über diese Problematik gesprochen habe, sehen darin aber eine »gefährliche Verflüssigung« oder »Selbst-Auflösung der Marke«, weil ihrer Meinung nach dadurch viel *zu viel Zeitgeist* in die Marke hineinfließt.

Dahinter steht die Annahme, daß Unterschiede, die einen Unterschied machen, nicht prägnant sein können, weil sie eben immer wieder neue Unterschiede repräsentieren. Ebenso steht die Annahme dahinter, daß die Leading Edge nie prägnant sein kann, weil sie nicht auf Tiefe, sondern auf »wandernde Oberflächen« ausgerichtet ist, also auf Mode. Die meisten Experten können nicht glauben, daß fluktuierende Moden zu einer Prägnanz führen können. Sie kennen den neuronalen Unterschied zwischen einer *statischen und einer wandernden Prägnanz* nicht.

Nun zeigt aber die aktuelle Gehirnforschung, daß es durchaus Möglichkeiten gibt, *Stimulation durch Variation* so einzusetzen, daß eine *fließende Prägnanz* entsteht. Das Gehirn selbst operiert – wie Gerald M. Edelman und andere erforscht haben – mit einer Mischung aus Chaotik und Mind-Cards.

Das bedeutet, daß es bei der modernen Marke viel mehr darauf ankommt, welche Stimulationen (Chaotik) in welcher Mind-Card plaziert werden. Und die beste Mind-Card, die den mentalen Raum herstellt, in dem die Edge-Stimulationen stattfinden können, ist der Mythos. Kurz:

Der Mythos ist die Mind-Card für wandernde Prägnanz.

Damit wird ein ganz anderes Bild der Marke erkennbar. Die moderne Marke löst sich keineswegs auf, wenn sie die fraktale Edge-Dynamik in sich inszeniert. Sie wird im Gegensatz zu vielen Befürchtungen dadurch prägnanter, weil sie einerseits dem Orientierungs-Bedarf der Konsumenten mehr entspricht und andererseits auch besser der fraktalen Gehirn-Dynamik folgen kann.

Das Gehirn der Menschen ist, wie Prof. Horst Wässle und andere immer wieder erforscht haben, per se darauf programmiert, all das bevorzugt wahrzunehmen und zu lernen, was sich bewegt, was sich also von Vergangenheit und Gegenwart unterscheidet. *Das Gehirn folgt den fraktalen Bewegungen, die es als Stimulation erlebt*. Mit anderen Worten:

Das moderne Konzept von Prägnanz entsteht durch fraktale Unterschiede.

Die moderne Marke braucht deshalb mehr Risiko. Risiko für Unterschiede, die sich nicht wiederholen. Diese Unterschiede kann die moderne Marke sehr gut organisieren. Sie muß sich nur trennen von der *Urangst der Marken-Experten*, die Marke in der fraktalen Dynamik des Zeitgeistes zu bewegen. Das Stichwort dazu heißt »Kontingenz«, verstanden als dasjenige *Risiko, das Zukunft herstellt.* Dementsprechend kann man sagen:

Die moderne Marke penetriert keine Kompetenzen, sondern organisiert den fraktalen Fluß von Kontingenzen.

Es ist also die Aufgabe der modernen Marke, Risiken zu produzieren und die Orientierungen der Konsumenten in Risiken hineinzuführen und so zum »Leuchtturm der Leading Edge« zu werden.

Damit die Kontingenz (also die Unterschiede, die einen Unterschied machen) dennoch wieder zur Prägnanz kommt, ist es wichtig, daß die *intensive Erregung*, die jede Kontingenz im Gehirn erzeugt, im richtigen mentalen Raum abgebucht wird.

Hier liegt das eigentliche Geheimnis der fraktalen Markenführung. Denn das bedeutet, daß man wesentlich mehr Sorgfalt und Geld einsetzen muß, um für die Marke *den geeigneten mentalen Raum* zu bestimmen, zu pflegen und auszubauen.

Aber wie pflegt man den mentalen Raum einer Marke? Mit Sicherheit geht auch das nicht mit den alten Prägnanz-Techniken, also Reduktion und Penetration. Vielmehr braucht man auch hier einen gehirnadäquaten Zugang. Und der lautet:

Mythen bilden den mentalen Raum, der den Bewegungen (Kontingenzen) ihre Konstanz bietet.

Mythen sind die Mind-Cards für fließende Prägnanz. Für die Markenführung bedeutet das, daß man mit den klassischen Techniken der *Stereotypen-Bildung* nicht mehr erfolgreich arbeiten kann. Somit wird das *Image-Modell* dysfunktional. Images sind Stereotypen, die auf Statik und verbindliche semantische Strukturen ausgerichtet sind. Sie sind deshalb nicht dynamisch genug für aktuelle Kontingenzen.

Gleichzeitig sind die Stereotypen auch inhaltlich völlig anders als die Mythen: Sie repräsentieren keinen *All-Glauben*, wie es die Mythen tun, sondern sie repräsentieren Fremd- und Selbst-Bilder. Sie sind dadurch inhaltlich zu eng und zu spezifisch. Versuchen wir an dieser Stelle eine Zusammenfassung:

1. **Die klassische Markenpolitik erzeugte eine statische Prägnanz durch Reduktion und Penetration.**

2. **Mit diesen Techniken kann die moderne Marke nicht mehr arbeiten, weil die so erzeugte Prägnanz die Marke daran hindert, sich zwischen Fragmentierung und Kollektivierung dynamisch zu bewegen.**

3. **Deshalb ist es für die moderne Marke wichtig, den Weg zu einer »stimulativen Prägnanz« zu finden, also zu einer Prägnanz durch Wanderungen (Edge-Präsenz).**

4. **Damit wird die neue Marke gezwungen, Präsenz durch ihre fraktale Dynamik herzustellen. Sie wird zum Fraktal, das sich an der Edge bewegt. An der Leading Edge finden wir sowohl Mythen als auch den Flow von Kontingenzen.**

5. **Für die moderne Marke bedeutet das ein Aufgeben der Penetration von Kompetenzen zugunsten eines Flow von Kontingenzen. Dadurch wird im Gehirn der stimulative Aspekt organisiert, der den Unterschied, der einen Unterschied macht, herstellt.**

6. **Das Profil wird dementsprechend nicht mehr durch Stereotypisierung (z.B. Image-Profilierung) entwickelt, sondern durch diejenigen Glaubens-Energien, die hinter allen Kontingenzen stehen: Mythen. Der Mythos einer Marke ersetzt die alte Prägnanz.**

Damit bekommt die Marke eine eigendynamische und sehr aktive Aufgabe. Sie ist jetzt mehr als nur eine Art Memo-Hilfe. Und deshalb kann man sagen, daß die Marke zu einem eigenständigen Produkt wird, das auch eine *eigenständige Werbung* benötigt. Mit anderen Worten:

Die moderne Marke benötigt einen aktiven Werbe-Etat, der ausschließlich für die Marke eingesetzt wird.

Hans Domizlaff, der von 1892 bis 1971 gelebt hat und der heute noch als Schöpfer der Markentechnik gilt, hat diesen Aspekt aus ganz anderer Sicht ebenfalls bemerkt und beschrieben. Gegenüber Herbert Liebenau hat er einmal formuliert: »Viele Leute kommen zu mir und wollen Werbe-Feldzüge. Das mache ich aber gar nicht. Ich mache Marken – und diese Marken müssen so beschaffen sein, daß sie sich selbst zur Geltung bringen, also ihre eigene Werbung sind und das ganze Werbe-Programm schon enthalten.«

Das ist völlig richtig, denn es stimmt, daß nicht die Werbung die Marke macht, sondern *»die Marke macht sich ihre Werbung«* (Domizlaff).

In diesem Sinne muß die Marke zum eigenständigen Produkt werden und darf nicht mehr ausschließlich eine Prägnanz-Markierung für ein Produkt sein. Allerdings hat Domizlaff seine Taktik so gewählt, daß er seine Marken am Anfang fast immer »möglichst ohne Werbung« einführte, also meistens nur durch Verkaufs-Maßnahmen. Erst wenn die Marke »durch« war, hat er »langsam mit Werbung angefangen«.

Das würde ich unter den heutigen Wettbewerbs-Bedingungen auf gar keinen Fall mehr empfehlen. Ganz im Gegenteil:

- **Es ist wichtig, daß die Marke vom ersten Tag an eine eigenständige Werbung bekommt für denjenigen Mythos, den die Marke benutzen will, um einen konstanten mentalen Raum aufzubauen (Mind-Card).**
- **Es ist zugleich wichtig, daß die Marke an den evolutionären Kanten (Edges) des Zeitgeistes lebt. Sie muß zum Fraktal werden, das sich durch Risiken (Kontingenzen) bewegt.**

Alles in allem:

Die moderne Marke bewegt sich als Fraktal in seinem eigenen Mythos.

Nur eine Mythos-Marke hat die innere Kraft und die äußere Vollmacht, Trends erfinden zu können, damit diese Trends dann zum magischen Rhizom (= fraktales Kaleidoskop) verarbeitet oder inszeniert werden. Man braucht also den Mythos für die *Freiheit der Marke*.

Einer der wichtigsten Vordenker der Postmoderne, Jean Baudrillard, hat betont, daß neue Freiheiten verursacht werden durch »*Orgien der Überproduktion*«. Es ist ja nicht nur die Überproduktion der Produkte, sondern auch die *Überproduktion der Zeichen*, der Botschaften, der Ideen und der Ideologien. Und das Ziel dieser Überproduktion ist seiner Meinung nach die *Freiheit des Schwebens*.

Alles beginnt zu schweben, weil sich durch das Wachstum der Paradoxa immer mehr Grenzen auflösen. Das Ergebnis der aktuellen Werte-Zerstörung ist ein Hyper-Realismus, in dem im Prinzip alles möglich ist, weil es keine Wirklichkeit mehr gibt, die endgültige Autorität hat. Mit anderen Worten:

Die Dynamik der kommenden Konsum-Kultur ist gekennzeichnet durch »grenzenlose Simulation« (Baudrillard).

Das führt dazu, daß für die Konsumenten nur noch diejenigen Marken existieren, die in den permanenten Erfindungs-Prozessen (fraktale Simulationen) leben.

Baudrillard weist in diesem Zusammenhang darauf hin, daß damit ein völlig neues Stadium in die Welt tritt. Nach dem *Natur-Stadium* (Dominanz des Gebrauchswertes) kam das *Handels-Stadium* mit der Dominanz des Tauschwertes. Danach kam das *Struktur-Stadium* mit der Dominanz der Zeichenwerte.

In diesem Struktur-Stadium lebten wir in den letzten Jahrzehnten, ja, man kann sogar sagen, daß das Marketing im Grunde ein Kind des Struktur-Stadiums ist, denn es operiert vorrangig mit Zeichen, und es bemüht sich, Zeichen in verbindliche Strukturen zu überführen.

Typisch dafür ist der USP, den wir alle kennen, ebenso wie die aus Amerika kommende Planungs-Technik der Positionierung. Auch alle Typologie-Methoden entstammen letztlich diesem Bemühen, verbindliche Zeichen-Strukturen zu entwickeln.

Nun sind wir aber in ein viertes Stadium eingetreten, das von Baudrillard das »*fraktale Stadium*« genannt wird. Und in diesem Stadium dominiert die Multiplizität, die Ambivalenz und das Paradoxe, also Kräfte, die die Gesellschaft permanent zum Schweben bringen.

Die 4 Stadien unserer Kultur			
1.	Natur-Stadium	Gebrauchs-Wert	Selbst-Versorgung
2.	Handels-Stadium	Tausch-Wert	Verkauf
3.	Struktur-Stadium	Zeichen-Wert	Marketing
4.	Fraktal-Stadium	Evolutions-Wert (= keine stabilen Werte)	Interfusion

Wir leben also in der fraktalen Dynamik. Und hier dominiert gar *kein Wert mehr*. Weder der Gebrauchswert, noch der Tauschwert, noch der Zeitwert. Mit anderen Worten:

In dem jetzt beginnenden, fraktalen Stadium kommt es zu einer weitestgehenden De-Materialisierung des Konsums:

»Das fraktale Stadium kennt keinen zentralen Wert mehr, also auch keine Bezugspunkte mehr, sondern nur noch den Wert des Schwebens ... den Wert, der in alle Richtungen, in alle Lücken, ohne irgendeine Bezugnahme auf irgend etwas aus reiner Kontiguität strahlt.« (Baudrillard)

Dieses Modell wird zum Teil auch mit der Metapher des *unendlichen Kristalls* beschrieben. Deleuze nennt es das »Rhizom«. Andere Autoren sprechen von der Kaleidoskop-Qualität, die sich jetzt in unserer Kultur breitmacht. Und es ist nun wichtig, dieses neuartige Modell auch in das Marken-Management zu integrieren, weil es sich bereits in den Köpfen der Konsumenten ausbreitet.

Was wir somit bekommen, ist eine einzigartige neue Qualität, die Qualität des 4. Stadiums, also des fraktalen Stadiums. In den Worten von Baudrillard:

»Jedes Teilchen folgt seiner eigenen Bewegung, jeder Wert oder Bruchteil eines Wertes erstrahlt einen Moment lang am Himmel der Simulation, dann verschwindet er im Leeren, einer durchbrochenen Linie folgend, die sich mit einer anderen nur im Ausnahmefall trifft. Genau das ist das Schema des Fraktalen, das gegenwärtige Schema unserer Kultur.«

In der jetzt kommenden, fraktalen Etappe gibt es also *nur noch die tägliche Evolution* an der Edge. Und es sind nur noch diejenigen Welten im Kopf der Konsumenten, die eine faszinierende Evolution erlebbar machen können. Für die Markenartikel bedeutet das einen zentralen Umschwung:

von der strukturellen Position zu den situativen Codierungen.

Die Konsequenz für die Marke:

1. Man sollte nicht davon ausgehen, daß die langsam sichtbar werdende Krise des Marketings lediglich eine Art Schwächeanfall seiner Instrumente darstellt. Ganz im Gegenteil, man muß annehmen, daß hinter dieser Krise ein ganz grundsätzlicher Prozeß steht, der unsere gesamte Kultur umprägt:

   Das Stadium der Strukturen wird verlassen, und wir öffnen uns dem Stadium der fraktalen Dynamik.

2. Die fraktale Dynamik kann aber nur derjenige verstehen, der in Unschärfe denken kann (fuzzy thinking). Die fraktale Dynamik kann nur derjenige erkennen und zu seinem Vorteil nutzen, der das fuzzy-paradoxe Denken praktizieren kann.

3. Das ist wohl auch der Grund dafür, daß sehr junge Product-Manager und Agentur-Kreative auffällig wenige Probleme mit Interfusion, Szenen und Lifestyle-Prozessen haben, während die »klaren Strategen« in den Unternehmen und Agenturen immer mehr Probleme bekommen, wenn es darum geht, die Produkte und Marken in die jetzt aufblühende postmoderne Dynamik hineinzutragen.

4. Diese postmoderne Dynamik ist nicht etwa ein Kampf gegen die bisherige Moderne (was Konservative gerne glauben wollen), sondern genau das Gegenteil: »Es ist die Selbst-Entdeckung der Moderne.« (Niklas Luhmann) Die Moderne legt jetzt erst richtig los.

5. Das bedeutet, daß sich das innere Wesen unserer Kultur drastisch verändert, weil sie noch moderner wird, das heißt: noch mehr Ambivalenzen, noch mehr Multiplizität, noch mehr Werte-Zerstörung und noch mehr paradoxe Realität. Das Ergebnis wird das Ende der linearen Planbarkeit sein. Man kann

die postmodernen Märkte nicht mehr mit der Logik der Strategie planen.

6. So entsteht jetzt der postmoderne Konsument. Er ist der fraktale Konsument. Er ist in erster Linie an Zukunft interessiert, weil das zukünftige Risiko (Kontingenz) ihm hilft, sich als Person immer wieder neu zu konstituieren.

7. Diese Selbst-Konstitution erzeugt immer mehr Inszenierungs-Prozesse (Szenen) und Eigen-Welten. Das macht es für das Markt-Management immer schwerer, die Produkte linear zu verkaufen, weil die Produkte erst dann wirklich präsent werden, wenn sie im Rahmen der »neuen Stammeskulturen« (Szenen) widergespiegelt werden können.

8. Die neuen Stammeskulturen sind Fan-Gemeinschaften und Szenen, die dem modernen Konsumenten helfen, sich in dem permanent verschiebenden Kaleidoskop von rivalisierenden Welt-Angeboten zurechtzufinden. Deshalb ist es für die Produkte und Marken nicht mehr wichtig, den Nutzen hervorzuheben, sondern kollektive symbolische Codierungen zu verbinden mit situativ-evolutionären Codierungen.

9. Für die Marken bedeutet das einen Quantensprung: Es wird darum gehen, die Marken zu de-materialisieren. Die materielle Basis der Marken (z. B. Nutzen oder Funktion) hat nicht genug Substanz für das evolutionäre Spiel, das jetzt mit den Produkten gespielt wird.

10. Nur diejenigen Marken bekommen wieder Autorität, die es verstehen, in sehr unterschiedlichen Welten und Szenen nicht nur permanent präsent zu sein, sondern dort auch permanent Risiko zu gestalten. Damit wird die Marken-Politik grundsätzlich gewandelt:

Die Marke markiert evolutionäre Etappen (Kontingenzen) und garantiert nicht mehr die bleibende Qualität.

Sie verspricht dem Konsumenten, Zukünfte zu finden, die er noch nicht kennt.

11. Damit wird Marken-Politik automatisch auch immer Trend-Management:

Marken-Profilierung ist Trend-Schöpfung.

12. Damit betreten die Marken das Feld der Simulation, also das Feld der vor-zeitlichen Erfindungen. Die neue Autorität der Marke wird vorrangig aus der vor-zeitlichen Fitneß entspringen, einer Fitneß für situative Codierungen, die gleichzeitig kollektive Rituale für Fan-Gemeinschaften und Szenen sind.

13. Damit sterben die alten Prägnanz-Ziele der Marke ebenso wie die bisherigen Quellen der Manipulation (z. B. Nutzen-Theorien). Weder der Gebrauchswert, noch der Tauschwert, noch der Zeichenwert entscheiden. Was in der kommenden fraktalen Phase von entscheidender Bedeutung ist, ist der Zukunfts-Wert.

14. Der Zukunfts-Wert wird verstanden als derjenige Wert, der die fraktale Dynamik repräsentiert, der also im Grunde sein eigenes Symbol für seine eigene Evolution ist.

15. Unsere Kultur verläßt damit das Denken in Strukturen und Positionen (USP). Damit verändert sich das Codierungs-Schema für Werbung und Markenführung.

    Deshalb werden Werbung und Marken-Kommunikation immer mehr dafür eingesetzt, das Fraktal zu codieren, definiert als derjenige Wert, der alle Möglichkeiten zugleich repräsentiert, weil er dauernd in seiner eigenen Evolution ist:

Das Fraktal ist der Mythos der Gleichzeitigkeit.

Die fraktale Marke wird zum Trend des kollektiven Bewußtseins.

Das ist der gehirngerechte Prozeß der Markenführung. Die Marke wird somit zum Instrument des Gehirns. Betrachten wir das jetzt ein wenig genauer.

Wir leben in der fraktalen Epoche, in der die Welt täglich neu codiert wird. Die Realität wird damit zur fließenden Evolution und muß täglich neu erfunden werden durch Stimulation und Simulation (innere Filme). Die Konsequenz für die Marke lautet:

Die moderne Marke codiert die inneren Filme der Evolution.

Um das konkretisieren zu können, schlage ich vor, einen Blick auf die Forschungen des Nobelpreisträgers Gerald M. Edelman zu werfen (»Unser Gehirn – Ein dynamisches System«, München 1993):

- Das Gehirn arbeitet nicht wie ein Computer, also ordentlich und sequentiell. Edelman beschreibt das Gehirn vielmehr als ein »selektives System, das durch viele zelluläre Populationen dynamisch organisiert ist, also spontan und chaotisch«.
- Die zellulären Populationen im Gehirn sind nicht etwa genau vorherbestimmt und damit statisch, sondern verändern sich permanent durch das Verhalten des Menschen und durch seine Interaktion mit der Umwelt.
- Man könnte sagen: Zwischen den zellulären Populationen des Gehirns und der Evolution unserer Kultur gibt es eine permanente Wechsel-Befruchtung, also Co-Evolution.
- Das ist auch der Grund dafür, daß immer mehr Konsumenten – wie Prof. Heinz Wässle untersucht hat – ein *Erregungs-Gehirn* aufweisen, das vorrangig auf Fluktuation, Leading Edge, fraktale Bewegungen und Wandel ausgerichtet ist. Offensichtlich hat sich das selektive System, das jedes Gehirn darstellt, inzwischen so formiert, daß es der äußeren Unruhe in unserer Gesellschaft entspricht.
- In jedem Gehirn gibt es ein individuelles Muster von neuronalen Verbindungen, das sich gleich nach der Geburt ausformt.

Aber erst im Laufe des Lebens gibt es bestimmte Verbindungs-Kombinationen, die sich besonders durchsetzen, die sozusagen den Ton angeben.

- Eine derartige Auslese geschieht besonders in denjenigen Gehirnzellen, die in »Mind-Cards« miteinander verbunden sind. Das führt dazu, daß die Mind-Cards immer mehr Einfluß bekommen bei der permanenten Konstruktion einer subjektiven Erlebniswelt.

- Im Laufe der Zeit entstehen im Gehirn spezielle Mind-Cards, die sich immer mehr aufeinander zubewegen. Sie »sprechen« sozusagen miteinander, weil sie dadurch Kategorien von Dingen und Ereignissen schaffen können. Mind-Cards sind die mentale Welt des Menschen.

- Je chaotischer und fluktuativer die Außenwelt wird, um so grundsätzlicher und intensiver lernen die Menschen diejenigen Mind-Cards, die ihr Innenleben genauso chaotisieren und multiplizieren. Sie beginnen also, die Landschaft ihrer Mind-Cards dem Komplexitäts-Niveau der Außenwelt anzupassen.

- Dadurch entstehen bei immer mehr Menschen eigen-dynamische Codierungen im Gehirn. Und es gibt aus dieser Sicht kein fertiges Software-System im Gehirn, das für alle Menschen in etwa gleich wäre und das passiv darauf wartet, von außen stimuliert oder manipuliert zu werden.

- Es gibt auch bisher kaum brauchbare Beweise dafür, daß es im Gehirn generelle »neuronale Codes« gäbe, die weitestgehend unabhängig von der kulturellen Evolution wären. Die Forschungen zeigen auch, daß es keine beweisbare physikalische Ordnung im Gehirn gibt.

- Somit ist die innere Dynamik der Mind-Cards entscheidend dafür, was die Menschen von der Welt wahrnehmen und wie sie es wahrnehmen. Je mehr chaotische Mind-Cards in den Köpfen der Menschen entstehen – worauf die Forschungen von Wässle deutlich hinweisen –, um so weniger wird es für jemanden, der das Gehirn manipulieren möchte, möglich, sozusagen zum Zeitpunkt X von außen derartige Eingriffe vorzunehmen.

- Wenn man das Gehirn der Menschen manipulieren möchte, muß man also möglichst »*Mitglied einer Mind-Card*« werden. Man kann also nur von innen das Gehirn manipulieren und das auch nur im Rahmen der selbst-referentiellen Prozesse des Gehirns, also nur kontinuierlich und nicht ad hoc.

- Damit löst sich auch jegliche Linearität und Kausalität auf: Die Reaktion des Gehirns auf äußere Reize ist nicht mehr vorbestimmt. Und dort, wo es Einheitlichkeiten in den Reaktionen gibt, dort ist sie nicht das Ergebnis von festen neuronalen oder genetischen Codierungen, sondern überwiegend das Ergebnis der aktuell stattfindenden Prozesse im Gehirn. Dort laufen permanent Wechselspiele zwischen den Mind-Cards ab, ebenso wie Austausch-Prozesse zwischen Kultur und Gehirn (Co-Evolution).

- Je mehr evolutionäre Mind-Cards die Menschen aufbauen (was derzeit geschieht), um so chaotischer und zukunftsspontaner werden die Reaktionsmuster, weil diese immer deutlicher von den internen Wechselspielen der Mind-Cards abhängig werden, also von den inneren Gesprächen, die die Mind-Cards untereinander führen. Die Reaktionsmuster wandern deshalb in Richtung Spontanität und Risiko. Sie sind nicht mehr kausal determiniert, sondern sind immer öfter das spontane Endergebnis wechselseitiger Mind-Card-Gespräche. Sie entstehen also immer häufiger ohne Logik und ohne vorherbestimmtes Ziel.

- Die Mind-Cards übernehmen also »die Herstellung einer höher geordneten Beziehung von Input und Output«. Und sie organisieren das, was man die »Schleife für die Erregungs-Rückkehr« nennen kann (Re-Entry).

Das bedeutet, daß die Manipulation von Menschen ein immer komplexerer Prozeß wird, der sich immer weniger durch direkte und lineare Manipulations-Kommunikation beeinflussen läßt. Und das bedeutet zugleich, daß Werbung und Marke in einen evolutionären Codierungs-Prozeß eintreten müssen. Also einen Prozeß der Co-Evolution, der immer intensiver zwischen dem einzelnen Gehirn und den Diskursen in unserer Gesellschaft praktiziert wird (Aufbau einer Syn-Referenz).

- Damit wird die Sphäre der Ideen (Welt 3) das eigentliche Aktionsfeld für Manipulation und Marken-Codierung. Je mehr Mind-Cards auf Chaos, Zukunft, Offenheit und Erregung ausgerichtet werden, und je perfekter sich diese Mind-Cards miteinander unterhalten, um so mehr versagt die materielle Codierung (Produkt/Funktion) ebenso wie die psychologische Codierung (Nutzen).

- Nur wer in die Eigendynamik der unterschiedlichen Mind-Cards einsteigen kann, manipuliert die Selbst-Manipulation der Konsumenten. Aber man kann nur in diese Eigendynamik einsteigen über das »*gemeinsame Geistige*«. Deshalb verlangt die Manipulation eine Zuwendung zu »temporären Codierungen«, also zu Zeitgeist, Kontingenzen, Feelings und fluktuierenden Selbst-Konzepten.

- Damit wird Zeit-Regie ein wichtiges Element für die Manipulation. Das aber bedeutet für die Marke:

1. **Die moderne Marke muß Vergangenheit, Gegenwart und Zukunft gleichermaßen aktualisieren können. Erst durch diese temporäre Codierung gelingt es ihr, in die Eigendynamik der Mind-Cards aufgenommen zu werden.**

2. **Die moderne Marke muß Evolution garantieren können, z.B. in Form von Kontingenzen (Risiken, die Zukünfte produzieren). Das ist sozusagen die Mitgift, die eine Marke mitbringen muß, damit sie von der Eigendynamik der Mind-Cards benutzt werden kann.**

Die Mind-Cards verlangen also, daß die Marke codieren kann. Wenn man dieses Konzept begriffen hat, dann erkennt man auch, wie problematisch es für eine Marke ist, wenn sie sich einseitig auf die Penetration des Markenkerns verläßt. Sie verzichtet sozusagen auf ihre Zeitlichkeit, und sie blockiert sich selbst den Einstieg in die Welt und die Eigendynamik der Mind-Cards.

Und man erkennt an dieser Stelle auch sehr genau, wie wichtig Kontingenz ist, also die gemeinsame Herstellung von gemeinsamen Welten durch *öffentliche Risiko-Rituale*, also z. B. durch Szenen-Sponsoring, Event-Regie und Lifeware.

Die öffentlichen Rituale sind dabei von ganz besonderer Bedeutung, weil sie die Basis herstellen für »symbolische Codierungen« (Giesen).

Was kann man alles codieren? Und was sollte die neue Marke codieren? Betrachtet man die Marke aus dem Blickwinkel der Mind-Cards und der Codierungs-Dynamik, dann kann man folgende Codierungs-Zonen erkennen:

1. Die materielle und psychologische Codierung

Das ist sozusagen die statische und zeitlose Identität der Marke, also das, was ich als *Visitenkarten-Effekt* beschrieben habe, als Prägnanz. Dazu gehört die Ikonographie, also das Logo, z. T. auch der Slogan, das Signet. Und es gehört die Position des Produktes ebenso dazu wie die Funktion.

2. Die mythische Codierung

Das ist das Feld der Transzendenz, in dem Gleichzeitigkeit und Ewigkeit sich treffen. Wenn man so will, ist dies der Vertrag des Produktes mit einem *unbekannten Geheimnis*, das zugleich Gewißheit gibt. Wie Jean Baudrillard (»Von der Verführung«, München 1992) beschrieben hat, ist der Mythos im Grunde immer ein Vertrag des Menschen mit seiner eigenen Ewigkeit.

3. Die temporäre oder evolutionäre Codierung

Hier wird Kontingenz hergestellt, weil sich hier Zeitlichkeit und Neubeginn (Leading Edge) treffen. Insofern ist es das *Feld des Wagnisses* und auch das Feld der individuellen Mythologien, also der Selbst-Konzepte, gebildet aus der Paarung »*Fluktuation plus Intimität*«.

Wenn wir alle drei Codierungs-Arten zusammen betrachten, ergibt sich folgendes Bild:

Die Codierungen der fraktalen Marke		
①	②	③
materiell psychologisch	mystisch universell	temporär evolutionär
Identität	Transzendenz	Kontingenz
Prägnanz	Ewigkeit Gleich-Zeitigkeit	Zeitlichkeit Neubeginn
Visitenkarten-Effekt Logo/Signet	Vertrag mit dem Geheimnis	Wagnis
Positionierung		Individuelle Mythologie (Selbst-Konzepte)
Funktion		
Logos	**Mythos**	**Kairos**

Nun verlangt aber genau diese fraktale Codierung, die ja eine *Gleichzeitigkeit* von sehr unterschiedlichen Code-Prozessen verlangt, einen neuartigen Umgang der Werbung mit dem *Prinzip des Paradoxen*.

Und in der Tat kann man beobachten, daß sich die Werbung ganz langsam in diese Richtung bewegt:

Die Werbung beginnt den Flirt mit dem Paradoxen.

Dahinter stehen fünf Entwicklungen, die einzeln betrachtet nicht so viel Evolution erzeugen, die aber in ihrer Gesamtheit die Werbung deutlich zum Spiel mit dem Paradoxen führen.

- **Das Marketing beginnt, seine Selbstsicherheit zu verlieren.**
- **Die Liebe zu den Szenen wird immer heftiger.**
- **Die Werbe-Theorie wendet sich dem Mythos zu.**
- **Die fraktale Marke wird diskutiert.**
- **Codierung beginnt, die Kommunikation abzulösen.**

Lassen Sie uns nun die erste dieser fünf Entwicklungen analysieren: Das Marketing verliert seine Selbstsicherheit. Es wurde noch nie so viel über Marketing kritisch wie auch aggressiv-verteidigend geschrieben wie in den letzten Jahren. Offensichtlich paßt die aktuelle Dynamik der Märkte, die sich von der Fragmentierung zur Fraktalisierung verlagert, nicht mehr zu der Ideologie des Marketings. Denn diese Ideologie lautet ja bekanntlich: »Nur noch das produzieren, was verkaufbar ist.«

Aus diesem Grunde benutzte das Marketing den Attraktor des Bedarfs, und das Instrument zur Bedienung des Bedarfs war Kommunikation. Marketing war Bedarfs-Anpassung durch Kommunikation. Inzwischen laufen wir aber voll in die fraktale Dynamik hinein, und das bedeutet, daß der Markt seine Strukturen verliert und damit seine Kalkulierbarkeit. Also gibt es auch *keinen kalkulierbaren Bedarf mehr*. Deshalb hat sich in den letzten Monaten international ein spektakulärer Trend durchgesetzt, der Trend zur Consumer-driven-Company.

Wenn Levi's in USA beginnt, Unikat-Jeans zu verkaufen, und zwar durch elektronischen Scanning-Service, dann steuern *die Konsumenten direkt die Produktion*, ohne den abstrakten Faktor des stabilen Bedarfs. Die Moden des Augenblicks wandern somit mit ihrer ganzen Sprunghaftigkeit direkt in die Fertigungs-Elektronik hinein. Die singulären Codes steuern das konkrete Produzieren.

Es entsteht dadurch eine neue Form der Kooperation zwischen Verkäufer und Käufer. Das ist die *Interfusions-Epoche*, in der erst dann produziert wird, wenn bereits verkauft worden ist. Dementsprechend lautet das neue Credo:

»Das Verkaufte wird zum Code für die Produktion.«

Also passen Bedarf und Kommunikation nicht mehr zu dieser Dynamik, denn an die Stelle des Bedarfs treten die verbindlichen Beziehungen (commitments), und somit entsteht eine grundsätzliche neue Konzeption für das Absatz-Management:

»Das codieren, was das Verkaufen zum Produzieren macht.«

Das halte ich für die bei weitem wichtigste Entwicklung, denn nun dominiert nicht mehr das Anpassen an den Bedarf, sondern das Codieren. Unsere alten Marketing-Techniken sind aber nicht geeignet, dieses neue Spiel der Codierungen zu managen. *Codieren ist nicht Anpassung an den Bedarf.* Codieren ist kooperatives Erfinden von neuen Bedeutungen. Deshalb gibt es im Moment so viele Zweifel, Fragen und Unsicherheiten in Sachen Marketing.

Kommen wir zum zweiten Trend: Die neue Liebe zu den Szenen. An sich hat ja die Werbebranche immer in Zielgruppen gedacht. Aber jetzt, wo man erkennt, daß die Welt 3, also die Welt der virtuellen Ideen (geistigen Moden), wichtiger wird als das Produkt (Welt 1) oder das psycho-soziale Defizit des Konsumenten (Welt 2), jetzt wo die Konsumenten den »geistigen Mehrwert der Produkte« von sich aus inszenieren, jetzt stimmt das Zielgruppen-Konzept nicht mehr.

Der »geistige Mehrwert« entsteht durch die selbst-organisierten Moden der Kultur. Die Produkte werden dadurch immer abhängiger von den Riten des Zeitgeistes. Somit stellt sich die Frage: Wer organisiert diese Rituale? Die Antwort ist sehr simpel. Es sind keine Menschen mehr, sondern Prozesse. Und diese Prozesse sind Szenen. *Szenen sind evolutionäre Experimente der Kultur.*

Die Menschen, die dahinter stehen, sind weder homogen noch strukturiert; sie kommen und gehen. Deshalb funktioniert das mit den Zielgruppen nicht mehr, denn wenn man sich in diese rituellen Prozesse integrieren will, dann darf man eines nicht mehr tun: fix und fertige Botschaften rüberbringen wollen. Das heißt: Das Ende der Ziel-Rationalität kommt, weil der Wert der Produkte aus den Experimenten des Zeitgeistes entsteht:

An die Stelle der Zielgruppen tritt das Ritual.

Das führt zu einem neuen Trend: Man transportiert also keine Nutzen mehr in eine Zielgruppe hinein, sondern man fördert diejenigen Bewußtseine, die für das Produkt oder für die Marke zum rituellen Experiment werden. Motto: Fördern statt zielen. Deshalb haben wir in den letzten Jahren den eindeutigen Durchbruch in Sachen Szenen-Sponsoring und Event-Regie erlebt.

Kommen wir zur dritten Entwicklung: Die Entdeckung des Mythos. Auch das hat sehr viel mit der Fraktalisierung der Märkte zu tun. Denn Mythen sind virtuelle Märchen für das Unterbewußtsein einer Kultur oder Gesellschaft. Die Werbung hat sich in der letzten Epoche dem Mythos zugewendet, weil der Mythos die vereinheitlichende Basis herstellt für alles, was sich fraktal verhält. Man kann also als Gesetz formulieren: Je virtueller und fraktaler der Zeitgeist wird, um so dominanter werden die Mythen.

Somit erkennen wir heute, daß die Mythen diejenigen Glaubens-Energien herstellen, die Virtualität und Zukunft überhaupt erst möglich machen. Je mehr Zukünfte in einer Gesellschaft erfunden werden, um so mehr Mythen werden kultiviert. Die Entdeckung des Mythos für die Werbung ist deshalb ein logischer Schritt: Je mehr sich die Werbung in die fraktalen Zukünfte einschaltet, um so mehr wird sie zum Instrument der großen Mythen.

Die Mythen sind das Eintrittsgeld für das fraktale Spiel.

Betrachten wir nun den vierten Trend, nämlich das Zerbrechen des Marken-Kerns: Die Entstehung der fraktalen Marke. Hierüber wurde in den letzten Monaten besonders heftig diskutiert. Im

Grunde steht dahinter eine bedeutsame und zugleich bohrende Frage, nämlich: Wie können wir die Identität der Marke festigen – trotz der wachsenden Fraktalität?

Hierzu gibt es zwei grundsätzliche Alternativen. Man kann sagen, daß die Marke dann am identischsten bleibt, wenn sie immer unbeweglicher wird, wenn sie also die Gegenposition zur Fraktalisierung vertritt. Das ist in etwa die klassische Konzeption: Je mehr Bewegung im Markt, um so statischer muß die Marke werden. Man kann aber auch eine andere Konzeption einbringen: Die Marke wird um so identischer, je mehr sie sich bewegt.

Immer mehr Unternehmen in den USA und Europa haben begonnen, den zweiten Weg zu gehen, u. a. beeinflußt von neuen Ergebnissen der Gehirnforschung. Mit absoluter Sicherheit bekommen wir nämlich in den nächsten Jahren flächendeckend ein neues Gehirn, oder genauer gesagt, *ein neues Programm im Gehirn für den Umgang mit Komplexität.* Und dieses neue Programm ist vorrangig auf Erregung ausgerichtet. Das heißt, unser Gehirn nimmt in Zukunft nur noch das bevorzugt auf, was sich immer wieder so bewegen kann, daß es nicht zum Stereotyp seiner selbst wird.

Identität wird deshalb erzeugt durch Selbst-Zerbrechung.

Für die Marke bedeutet das, daß sie sich fraktal verhalten sollte, also daß sie öffentlich ihre Form zerbricht. Sie ist dann kein statisches Zeichen mehr, sondern wird zum fraktalen Prozeß, der sie zu ihrer eigenen Überraschung macht. Dadurch entsteht im Gehirn *Präsenz durch Erregung*. Und das ist, wie diverse Gehirnforschungen zeigen, der Weg zur zeitgemäßen Form von Identität. Kurz: Mehr Identität durch mehr Brechungen.

Kommen wir zum letzten Trend, den ich persönlich für den spektakulärsten halte: Codierung löst Kommunikation ab. Was tut sich hier? Kommunikation transportiert Botschaften und funktioniert immer dann sehr gut, wenn zwischen Sender und Empfänger klare Rollen etabliert sind. Zugleich ist Kommunikation darauf ausgerichtet, etwas substantiell Bekanntes lernen zu lassen. Das alles paßte nahtlos zur Marketing-Ära, die, wie gesagt, mit *Bedarf und Nutzen* operierte, aber das paßt überhaupt nicht mehr zur Interfusions-Ära und schon gar nicht zu Multimedia und Cybermedia, weil man da mit *Codes und Moden* operiert.

Die modernen Märkte werden, wie ich des öfteren in diesem Buch beschrieben habe, umprogrammiert *vom Bedarf zur Beziehung* (commitments) und damit zugleich auch von Kommunikation auf Codierungen. Warum? Die elektronischen Medien verwandeln unser öffentliches Bewußtsein in ein fraktales Archiv, in dem nur das die höchste Beachtung findet, was *noch keine Bedeutung hat*. Multimedia und Co. verschieben also den Fokus unserer Kultur beträchtlich: Von der Abbildung zur Einbildung. Von der Botschaft zur Bedeutung. Vom Bekannten zum Überraschenden.

Codierung ist derjenige Prozeß, der etwas substantiell Überraschendes zum Bekannten verwandelt. Deshalb wird es immer weniger sinnvoll sein, Nachrichten zu transportieren, wenn es doch darum geht, Bedeutungen für Unbekanntes herzustellen. Und das geschieht durch Bedeutungs-Rituale. Die Formel dafür lautet: Je komplexer unsere Kultur wird, um so mehr verwandelt sich Kommunikation in Codierung.

Ein Code ist eine Unterscheidungsform für Unbekanntes. Je mehr Neues unsere Gesellschaft kreiert, um so spontaner werden die Codes. Und je spontaner die Codes, um so weniger funktioniert Kommunikation im Sinne eines Dialog-Systems.

Was wir also bekommen, ist eine völlig neue Dynamik: Konsument und Hersteller erfinden spontan neue Erklärungsmodelle und zwar auf Basis von Trial-and-Error (Kontingenz). Sie operieren also *nicht mehr in einem Dialog-System*, sondern in einem gemeinsamen Evolutions-System:

Sie tauschen keine Nachrichten mehr aus,
sondern erzeugen gemeinsam unbekannte Welten.

Der Vorteil dieser Codierung liegt darin, daß wir dadurch wieder den Weg zum Massenartikel beschreiten können, allerdings zu einem Massenartikel ohne Massen-Profil. Wenn ich mit Botschaften, also mit Kommunikation arbeite, dann folge ich unbewußt der inneren Logik der literalen Kultur, und die heißt »*the one best way*«. Wenn ich aber dem Codierungs-Spiel folge, dann verhalte ich mich wie ein Multimedia-Generator, d. h., ich komputiere neue Bewußtseins-Moden entsprechend dem Credo: Ich will *das wirksamste Rhizom.*

Was ist ein Rhizom? Es ist die Versammlung von spontanen und paradoxen Codes in einer geistigen Form. An die Stelle einer logischen Botschaft tritt beim Rhizom der unlogische (paradoxe) Tanz vorübergehender Codes. Dieser Tanz inszeniert Magie. Magie entsteht also als Geheimnis aus Widersprüchen.

Durch das Rhizom wird das Produkt und seine Marke aber nicht nur magisch, sondern auch prinzipiell *offen für alle Menschen.* Das ist das, was Coca Cola jetzt macht, und zwar wörtlich unter dem Stichwort: »die 360°-Marke«.

Man wird magisch, ohne sich für eine Zielgruppe oder eine Nutzen-Logik (z. B. USP) entscheiden zu müssen. Man ist allseitig offen, weil man kein Profil hat. Aber man ist faszinierender denn je, weil das Rhizom die Magie der Zeit herstellt: Das ist der Weg zur offenen Magie. Der Weg zur neuen, fraktalen Masse (siehe hierzu mein Buch »Die magische Masse«, Düsseldorf 1996).

Es ist der neue Weg, um aus der wachsenden Fraktalisierung unserer Gesellschaft *mehr Profit zu machen.* Wenn sich die Gesellschaft atomisiert, entsteht eine neue Form des Massen-Produkts: magische, universale Breite.

Alles in allem:

Die Marke kann als Manipulations-System nur dann überleben, wenn sie fähig ist, permanent spontane Codes in das Produkt hineinzutragen.

Soweit die Marke. Lassen Sie uns nun prüfen, wie Codierung und Verkaufen aufeinander abzustimmen sind.

Die Rolle des Verkäufers bei der Herstellung des spontanen Produkts

In FORTUNE erschien vor einiger Zeit ein längerer Beitrag zum Thema: »*Der Tod und die Wiedergeburt des Verkäufers.*« Die Analyse begann mit einem Zitat von Bill Gardner, einem IBM-Verkäufer, der 23 Jahre in der klassischen Manier für IBM Computer verkauft hatte. Sein Statement: »Ich verkaufte Systeme, die die Menschen nicht wollten und nicht brauchten.«

Diese Aussage ist symptomatisch für das, was sich jetzt im Lager der Verkäufer tut. Es ist eine Mischung aus *Katzenjammer und Verzagtheit* einerseits und visionärem Aufbruch andererseits. FORTUNE berichtet ausführlich, wie heftig es im Lager der Verkäufer rumort. Denn ganz offensichtlich stimmen die Management-Moden der letzten Jahre nicht mehr überein mit der Eigen-Dynamik der Märkte. Wieso das?

Zu den aktuellen Management-Moden gehört z. B. TQM, also Total-Quality-Management. Oder das Lean-Management. Oder Re-Engineering. All das bekommt von den Fach-Medien und den Top-Managern sehr viel Zuwendung. Es ist auffällig, wie bereitwillig die Spitzenleute in den Büros auf diese neuen Wellen setzen. Und es ist auch auffällig, *wie modisch die Management-Prinzipien in den letzten Jahren geworden sind.* All diesen Moden ist allerdings eines gemeinsam:

Sie verstärken den Inside-Fokus des Unternehmens.

Sie konzentrieren sich also vorrangig auf die inneren Probleme, z. B. Kosten zu senken oder Struktur-Umbau. Und sie *vernachlässigen damit die Outside-In-Dynamik.* Ich habe schon des öfteren zu den verhängnisvollen Irrtümern dieser Modewellen Stellung bezogen, z. B. zu den Gefahren des Lean-Managements und den völlig altmodischen Prämissen des Re-Engineering.

Aber es tut sich was. Zumindest in den USA wird nun erkannt, daß diese Management-Moden dem Kunden im Markt überhaupt nichts gebracht haben. Wie FORTUNE schreibt, wollen die Konsumenten *neuartige Formen von Problemlösungen,* und diese neuen Problemlösungen werden immer modischer, zeitgeistiger und evolutionärer. Also wollen die Konsumenten im Grunde nicht mehr ausschließlich perfekte Produkte, sondern sie möchten, *daß die Produkte mithelfen, ihr Leben zu perfektionieren.*

Es hat sich also der Fokus der Erwartungen, Bedürfnisse und Attraktoren radikal verändert, und zwar von der Ware (Materie) über die Psyche (Defizite) zu der Welt des Geistes, also zu der Dynamik der Diskurse und der kulturellen Moden (Welt 3).

»*Close-to-Customer*« ist deshalb eine Schimäre. Ein Feigenblatt, das drohte, gänzlich vergessen zu werden vor lauter Management-Modewellen. Deshalb berichtet FORTUNE zu Recht, daß immer mehr Unternehmen jetzt aufwachen und plötzlich sehen, daß ihre »Verkaufskraft nicht mehr in der Lage ist, die neuen Erwartungen der Kunden zu befriedigen«. Anders gesagt:

Die internen Veränderungen gingen zu Lasten der Kunden und der Verkäufer.

Gerade das rationale und lineare Denken, das in Lean-Management und Re-Engineering wahre Triumphe feierte, ist völlig untauglich, *um die Verkäufer zu führen.* Unternehmen, die auf derartige Ratio-Moden hereinfallen, führen ihre Verkäufer auch mit Incentive-Programmen und knallharten Verkaufs-Quoten. Hard-Selling also. Aber Hard-Selling distanziert das Unternehmen noch stärker von den neuen Bedürfnissen der Kunden:

Wer auf Ratio setzt, landet beim Hard-Selling.

FORTUNE schreibt deshalb zu Recht, daß ein neuer Typus von Verkäufer entwickelt wird und daß die ersten Unternehmen auch beginnen, ihn zu fördern und zu pflegen. Und wie sieht nun so ein Verkäufer aus? Zuerst einmal operiert er nicht mehr als Verkäufer, denn er folgt dem Credo:

**Derjenige verkauft am besten,
der aufhört, in klassischer Form zu verkaufen.**

Die neuen, besten Verkäufer werden von den ersten Pionier-Unternehmen ganz bewußt so gesteuert und ausgebildet, daß sie sich als »*Problemlöser betätigen und nicht als Verkaufsmaschinen*« (FORTUNE). Und die ersten Unternehmen gehen noch einen Schritt weiter. Für sie wird der Erfolg eines Verkäufers nicht mehr definiert durch das Verkaufsvolumen, sondern durch den *Befriedigungsgrad seiner Kunden*.

Dahinter stehen zahlreiche neuere Untersuchungen, die deutlich zeigen, daß das Hard-Selling oft sehr teuer ist, weil es das *Beziehungs-System* zwischen dem Hersteller und den Konsumenten immer wieder zerstört. Es wird endlich erkannt, daß Hard-Selling nichts anderes erzeugt als eine Kette von sehr teuren Augenblicks-Erfolgen. Es ist aber wesentlich effizienter und rentabler, Beziehungs-Systeme aufzubauen und den Zufriedenheits-Gradienten innerhalb dieser Beziehungs-Systeme immer wieder zu pflegen. Anders gesagt:

**Aus dem knallharten Verkäufer
wird der Mentor langfristiger Beziehungen.**

In den Worten von FORTUNE: »*Heute wird nicht mehr etwas verkauft, sondern man ist Partner des Kunden.*« Damit nähert sich das Verkaufen einer grundsätzlich neuen Epoche. Bisher gab es das Hard-Selling und auch das Smart-Selling oder das *Soft-Selling*. Das Soft-Selling wurde gegen Ende der 80er Jahre erfunden, aber es war von Anfang an ein ziemlich deutlicher Rohrkrepierer, denn es war eigentlich nur ein Stück Resignation. Es war letztlich also nur der Verzicht auf »hard« – aber kein Sprung zu echten Beziehungs-Systemen.

Heute, einige Jahre später, erkennt man nun, daß beide Prinzipien nicht mehr funktionieren. Hard-Selling ist zu teuer, weil es durch jeden Verkaufserfolg ein großes Stück der Beziehungs-Wärme wieder zerstört, die wichtig wäre, um später leichter und rentabler nachzuverkaufen. Und Soft-Selling funktioniert deshalb nicht, weil der Verzicht auf Überredung und klevere Überrumpelung nicht mehr ist als ein Verzicht. Es fehlt die alternative Idee.

Das einzige, was von Smart-Selling oder Soft-Selling übrig geblieben ist, sind einige Prinzipien, die sich als richtig bewährt haben, z. B.:

- **Die Schulung des Außendienstes ist nicht mehr in erster Linie *eine Schulung der Abschluß-Technik*, sondern nunmehr ein Kennenlernen der fluktuierenden Kundenprobleme und ein Hineinfühlen in die zeitgeistigen Erwartungen und Moden der Konsumenten und potentiellen Käufer.**

- **Die Entlohnung des Außendienstes sollte nicht mehr einseitig auf das Verkaufs-Volumen ausgerichtet werden, sondern stärker auf *die Qualität der langfristigen Kunden-Beziehung*, d. h., die Qualität der Vernetzung zwischen Hersteller und Kunden soll finanziell belohnt werden.**

- **Computer werden eingesetzt, um *bessere Netzwerk-Strukturen herzustellen,* und diese Netzwerke sollen Impulsgeber für die Pflege der Kunden-Beziehungen werden.**

- **Parallel dazu gibt es eine Wandlung des generellen Fokus: In den 80er Jahren dominierte hohe Qualität und niedriger Preis. Das bietet heute, so schrieb kürzlich BUSINESS WEEK, »mehr oder weniger jeder«, deshalb müssen neue Wege gefunden werden für die Organisation stabiler Partnerschaften:**

  Die Partnerschaften übernehmen die Rolle der Qualität.

Diese bewährten Prinzipien werden vermutlich hinübergerettet werden können in die neue Epoche des Symbiotic Selling. Und das schon allein deshalb, weil Netzwerke und Beziehungs-Systeme nicht nur die Qualität des Verkaufens erleichtern, sondern *auch deutlich rentabler sind* als das übliche Hard-Selling.

Nach den Analysen der Beratungsfirma Bain & Co. bewirkt die Verlängerung der Dauer aller Kunden-Beziehungen um 2 Prozent die gleiche Ergebniswirkung wie eine Kostenreduzierung um 10 Prozent. Es hat also keinen Sinn, Lean-Selling betreiben zu wollen oder die z. T. ohnehin sehr obskuren Ideologien des Re-Engineerings auf das Verkaufen zu übertragen.

Anders gesagt: Das bessere Verkaufen funktioniert nicht durch Cost-Cutting, sondern durch die grundsätzliche Umwandlung des Verkaufs in Richtung Symbiosen:

Symbiosen sind das Medium der Rentabilität.

Warum rückt das erst jetzt in den Mittelpunkt der Überlegungen in den USA, Japan und Europa? Man erkennt, daß die Formel »close to customer« für den Verkauf bisher fast gar nichts gebracht hat, denn es geht nicht darum, den Hersteller oder sein Produkt näher an den Kunden heranzubringen, sondern um folgendes: Es geht darum, *daß ein gemeinsamer Prozeß zwischen dem Hersteller und dem Konsumenten organisiert wird*, und daß in diesem symbiotischen Prozeß Lifeware hergestellt wird, in dessen Rahmen das spontane Produkt erzeugt werden kann, sozusagen vor Ort. Die Produkte, die wir heute verkaufen, sind nur dann attraktiv, wenn sie ihre »zweite Geburt« bekommen, also wenn sie individuelle Lifeware geworden sind. Das bedeutet:

Der Verkäufer und sein Kunde erzeugen spontan das Produkt, das sich am besten verkaufen läßt.

Damit verlagert sich auch der theoretische Background des Verkaufens. In der alten Theorie war der Erfolg des Verkaufens abhängig davon, daß eine gute Warenqualität kombiniert werden konnte mit einem guten Preis, und ein guter Preis war immer derjenige Preis, der niedriger war als der Konkurrenzpreis. Und der Wettbewerb lag im Transport dieses Benefits »*value for money*«.

Der größte Teil der Verkäufer-Theorien und fast alle Verkäufer-Schulungssysteme basieren immer noch auf dieser alten Theorie.

Die neue Theorie sieht nun ganz anders aus. Der Wettbewerb verlagert sich auf die *Konstruktion von Wirklichkeiten* und nicht auf den Transport von »value for money«. Warum? Qualität ist relativ geworden. Qualität ist erst dann eine Qualität, wenn sie durch eine soziale Inszenierung oder durch ein mentales Erlebnis zur Qualität geworden ist. Das bedeutet:

**Qualität ist das Ergebnis eines Prozesses
und nicht mehr das Faktum der Ware.**

Parallel dazu hat sich auch der Preis relativiert. Auch der Preis ist nicht mehr absolut gut oder niedrig, sondern der Preis ist ebenfalls abhängig vom Interpretations-Prozeß. Wenn ein Angebot nicht mehr im *codierten Raum des Augenblicks* plaziert ist (wenn also eine Ware zeitgeistig »out« ist), dann ist der Preis völlig unerheblich. Nur noch wenige Verbraucher-Gruppen und Verbraucher-Schichten lassen sich durch einen extrem niedrigen Preis korrumpieren. Und gerade bei den Produkten, die das meiste Geld für Werbung ausgeben (also die bedeutsamen Markenartikel), funktioniert das Spiel »value for money« schon seit Jahren nicht mehr. Denn der Wettbewerb hat sich grundsätzlich verlagert:

**Derjenige verkauft seine Ware am besten,
dem es gelingt, mit seiner Ware immer wieder
neue Wirklichkeiten zu codieren.**

Humberto R. Maturana hat einmal gesagt: »Die Welt entsteht durch Sprechakte.« Das Ich, die Welt und die Zukunft werden immer wieder neu hergestellt, und zwar in einem permanenten Prozeß der Interaktion und der Verhandlung. *Die augenblickliche Realität ist immer Verhandlungssache*. Und damit rutscht das, was wir »die Überlegenheit eines Produkts« nennen, immer mehr in einen autopoietischen Prozeß hinein:

Überlegen ist ein Angebot dann, wenn die Überlegenheit das Ergebnis der permanenten Wirklichkeits-Konstruktion ist, die die Konsumenten durchführen.

Also muß man die Konsumenten mental aktivieren. Close to customer heißt also nicht, sich den Konsumenten an den Hals zu schmeißen oder die Verkäufer durch Incentive-Programme »heißer zu machen«. Worum es jetzt geht, ist etwas ganz anderes. Mit den Verbrauchern in kontinuierliche Partnerschaften einsteigen. Und zwar in *Partnerschaften in Sachen Zukunft*. Denn aus diesen Zukunfts-Partnerschaften entsteht das spontane Produkt, das Produkt derjenigen persönlichen Wirklichkeit, die die Menschen, Gruppen oder Szenen herstellen. Für das symbiotische Verkaufen hat das folgende Konsequenzen:

1. **Verkaufen wird nicht mehr vorrangig durch Kommunikations-Taktiken bestimmt, denn es geht nicht mehr um die Aufklärung über Nutzen, Funktion und Sinn der Produkte.**
2. **Es entsteht eine neue Form von Verkaufen, bei der der Verkäufer in erster Linie die Rolle der Beziehungs-Förderung übernimmt. Das Verkaufen selbst wird damit Zukunfts-Partnerschaft:**

Verkaufen als Hilfe für das tägliche Selbst-Herstellen neuer Wirklichkeiten.

Nach einer Alignement-Studie der MMS Consulting, durchgeführt bei den Verkaufs-Abteilungen von 60 führenden Unternehmen, wurde sichtbar, daß das klassische Verkaufen schon *längst an seine Grenzen gestoßen ist*. Aber offensichtlich kann man oder will man es nicht ändern, weil das symbiotische Verkaufen bedeuten würde, daß man sich in grundsätzlicher Form *vom Dogma der Strategie trennen müßte*. Denn eines wird bei dem neuen Trend ganz deutlich: Die Symbiosen funktionieren nur, wenn der Verkäufer *nicht mehr gegängelt wird durch Strategie*. Oder als Formel:

Strategie verhindert Symbiose.

Aber zurück zur MMS-Studie. Eines der Ergebnisse dieser Studie läßt sich folgendermaßen zusammenfassen: *Die Selbst-Interpretation der Ware klappt nicht mehr*. Das hat folgende Gründe:

- Der Nebel der Orientierungen wird immer größer. Immer mehr Produkte verstärken den Trend zur *Fraktalisierung* so sehr, daß der Markt nicht mehr als Strukturgebilde erlebbar ist.

- Die telematische Gesellschaft sorgt für eine wachsende *Pluralisierung der Wirklichkeiten*. Es gibt keine verbindliche Realität mehr. Damit zerbrechen auch die üblichen Werte-Schemata.

- Der kinetische Wertewandel sorgt dafür, daß *Moden* an die Stelle der Werte getreten sind: Präferenzen sind unkalkulierbare Effekte und Folgen der Eigen-Dynamik von Streams (= Sehnsuchts-Evolutionen).

- Die Jugend-Kultur bestimmt immer stärker die codierten Räume der Produkte und damit auch die Aktualitäten der Produkte. Die Jugend hat überwiegend ein *Erregungs-Gehirn*, d. h., die wohlprofilierten Produkte können dieses moderne Gehirn nicht mehr positiv stimulieren.

Alles in allem: Produkte sind nur dann mental präsent, wenn sie inszeniert werden. Produkte sind nur dann mental bedeutsam, wenn sie zum Ritus ihrer eigenen Evolution werden. Und das braucht einen völlig anderen Habitus von Verkauf und einen anderen Typus von Verkäufer: Inszenierung und Interpretation ersetzen die Aufklärung über die Vorteile des Produkts.

Aber, die MMS-Studie belegt dies, die Verkäufer werden immer noch so gedrillt, daß sie in erster Linie *Produkt-Aufklärung betreiben* müssen. Man behandelt sie so, als wären sie lebendige Werbe-Argumente. Die Studie zeigt, daß die meisten Verkäufer deshalb »*viel zu aggressiv verkaufen*«. Sie leiden deshalb auch an »*mangelnder Sensibilität*«. Sie haben also weder eine Kompetenz für

Symbiosen und spontane Partnerschaften, noch haben sie das, was man in der Psychologie *Expanded Self* nennt, also die Fähigkeit, andere Gefühlswelten und andere Bewußtseine und andere Lebensformen nicht nur zu tolerieren, sondern aktiv zu unterstützen und zu fördern.

Des weiteren zeigt die Studie, daß die auf Hard-Selling gedrillten Verkäufer eine »*zu geringe Antizipations-Kraft für Kommendes aufweisen*«. Sie sind also nicht fähig zu einer Zukunfts-Partnerschaft. Nun haben wir aber gesagt, daß das neue Verkaufen nur dann wirklich funktioniert, wenn Hersteller und Kunden gemeinsam das spontane Produkt herstellen, und das spontane Produkt ist nichts anderes als das Ergebnis eines Prozesses der *Zukunfts-Herstellung*. Wenn jetzt also der normale Verkäufer zu wenig Zukunfts-Kompetenz hat, dann wird er auch nicht in der Lage sein, zukünftige Wirklichkeiten gemeinsam mit dem Konsumenten herzustellen.

Alles in allem … was bedeutet das? Man kann vier wichtige Achsenverlagerungen im Sektor des Verkaufs erkennen:

1. **Von der Ware zum Geist, vom Nutzen zum spontanen Produkt.**
2. **Von der Simplizität zur Komplexität.**
3. **Von der Gegenwart zur Zukunft.**
4. **Von der festen Identität zur fluktuativen Identität.**

Ich habe diese Aspekte in früheren Büchern bereits ausführlich beschrieben. Lassen Sie mich deshalb nur etwas zum letzten Punkt sagen. Die festen Identitäten, das sind die Typologien, die klaren Zielgruppen. Lange Zeit hat man im Hard-Selling *die Verkäufer getrimmt auf Konsumenten-Typen*. Im Grunde war das seit eh und je eine Mißachtung der mentalen und psychologischen Eigen-Dynamik des Konsumenten. *Man hat ihn behandelt wie eine Zielgruppe und nicht wie einen Menschen*. Nun geht der Trend aber zur fluktuativen Identität, d. h., die Menschen spielen mit ihren unterschiedlichen Identitäten. Stichwort *Multiphrenie.* Immer mehr Konsumenten genießen das Erlebnis, viele Identitäten in derselben Persönlichkeit integriert zu sehen. Wenn man das Verkaufen nun umprogrammiert auf symbiotische Symbiose und Zukunfts-Partnerschaft, dann muß der Verkäufer fähig sein, mit den fluktuativen Identitäten der Konsumenten mitzugehen, sie also so zu unterstützen, daß neue Identitäten erlebbar werden. Alles in allem:

Das Verkaufen wird immer mehr zur Dienstleistung für Identitäts-Suche und Zukunfts-Findung.

Rolf Bronner hat einmal in einer Untersuchung über Motivation und Komplexität festgestellt, daß diejenigen Menschen, die eine *hochgepuschte Motivation* haben (z. B. durch Incentive-Programme), zugleich auch immer eine viel »*zu geringe kognitive Komplexität aufweisen*«. Mit anderen Worten: Wer mit intentionaler Einseitigkeit und mit einer glasklaren Strategie verkaufen will, baut sich einen Geist auf, der nicht in der Lage ist, die neue Situation der Konsumenten zu berücksichtigen und zu seinem Vorteil zu nutzen.

Tom Peters hat ebenfalls darauf hingewiesen, daß es sehr falsch ist, den Verkäufern lineare Verkaufs-Strategien vorzugeben, sozusagen als Befehl, und sie zugleich durch Incentives motivational hochzupuschen. Seiner Meinung nach geht es vielmehr darum, *den Verkäufer zu befreien* von den Verkaufs-Strategien, die die Zentrale vorgibt, und ebenso zu befreien von den künstlichen (meist finanziellen) Anreizsystemen der Motivation. Peters ist sogar der Meinung, »daß ein Großteil des Verkaufs-Trainings absolut überflüssig ist, denn der Mitarbeiter an der Verkaufsfront weiß genau, was er machen muß, wenn man ihn nur läßt«.

Nun, ich glaube nicht, daß sich jeder Verkäufer automatisch optimal verhält, wenn man ihn nur in Frieden läßt, aber ich glaube wie auch Tom Peters, daß der erste Schritt, den man gehen muß, um zum Symbiotic Selling zu kommen, der ist, daß man aufhört, von »close to customer« zu reden, während man gleichzeitig den Verkäufer gefangen hält in Strategien, und ihn seiner Komplexität durch einseitige Motivations-Programme beraubt. Die Befreiung ist also wichtig – aber es ist nur der erste Schritt.

Es muß mehr kommen. Und der zweite Schritt ist das, was jetzt in Amerika so heftig diskutiert wird, nämlich die Frage, wie kann man langfristige und warmherzige Beziehungs-Systeme aufbauen? Im Grunde steht dahinter der *Trend zur Co-Evolution*. Das ist ein Trend, der z. B. im Sektor der Produktion schon viel weiter ist als beim Verkauf. In der Produktion wird unter dem Stichwort *Agile Production* sehr viel intensiver bereits Co-Evolution praktiziert. Aber da, wo es am allerwichtigsten wäre, nämlich beim Verkauf, dort war bisher Co-Evolution weitestgehend verpönt, weil man die Verkäufer, wie jetzt der berühmte Vorstand eines Automobil-Unternehmens (das mit dem Stern) in einem Interview lauthals gesagt hat, »behandeln muß wie den verlängerten Arm der Zentrale«. Oh Gott!

Genau das ist falsch. Im Gegenteil, es geht um Co-Evolution. Und einer der großen Theoretiker dieser Co-Evolution ist der Amerikaner Kenneth J. Gergen. In seinen Worten läßt sich Co-Evolution folgendermaßen beschreiben:

**»Wir benutzen die Erfindung unserer Kultur,
um unsere Co-Evolution mit uns selbst
gestalten zu können.«**

Also brauchen wir immer wieder neue Zukünfte, um uns selbst erleben und weiterentwickeln zu können. Co-Evolution ist eine Dynamik, die von den Soziologen als *»syn-referentielle Dynamik«* beschrieben wird, d. h., mein Ich-Erlebnis und mein Weltbild sind nichts anderes als ein gemeinsames Werden. Gemeinsam zwischen mir und den permanenten Erfindungen unserer Kultur:

Das Ich lebt von den neuesten Erfindungen der Kultur.

Was sich jetzt also unter Symbiotic Selling entwickelt, ist aus dieser Sicht das Überwinden von »close to customer«, denn es geht nicht mehr um das Annähern, sondern es geht jetzt um das *permanente Zusammenwirken*. Mit anderen Worten:

Verkaufen wird Kultur-Erfindung durch gemeinsames Handeln.

Damit erkennen wir auch, daß es zwei Attraktoren sind, die zum modernen Verkaufen gehören: Der *konsensuelle Bereich* und die *Perturbation*. Lassen Sie mich das im einzelnen ein wenig genauer beschreiben.

Beim Konzept »close to customer« ging es lediglich um eine Verbesserung der Anpassung. Man wollte näher an den Konsumenten heran, man wollte sich also mit seinen Produkten besser an seine Bedürfnisse anpassen. Wie ich schon des öfteren beschrieben habe, ist das ein klassisches, lineares Marketing-Denken. Und Marketing ist ja nichts anderes als *ein System zur Qualifizierung von Anpassung*.

Nun erkennen wir aber heute, daß es gar keine festen Bedarfs-Strukturen mehr gibt. Und das, was nicht mehr als feste Struktur da ist, an das kann man sich auch nicht anpassen. An die Stelle des Bedarfs treten immer deutlicher Moden und zeitgeistige Bewegungen. Ja, es ist, wie Gergen schreibt, im Grunde so, *daß das Ich des Konsumenten und die Welt des Konsumenten außerhalb dieser Co-Evolution überhaupt nicht existent sind.*

Also sind die Erfindungen unserer Kultur (also die Edge-Überschreitungen) integrierte Bestandteile des Ichs und integrierte Bestandteile der subjektiven Welten. Es geht deshalb auch nicht mehr um Anpassung an Bedürfnisse, sondern um das Aufbauen und *Pflegen eines konsensuellen Bereichs*. Nur in diesem Bereich kann sich Co-Evolution entwickeln, definiert als »*gemeinsames Wachsen*«.

Aber Konsens allein reicht nicht aus. Perturbation ist der zweite Attraktor. Perturbation, das ist ein Wort, das Maturana als erster eingeführt hat, definiert als »*eine öffnende Verletzung*«. Man kann es so sagen: Der konsensuelle Bereich dient der Nähe und der Intimität. Und der Bereich der Perturbation dient der Entdeckung der neuen Ideen und der neuen Erfindungen, aus denen dann die Konsumenten ihr neues Ich und ihre neue subjektive Welt entwickeln.

Was wir also deutlich erkennen können, ist die Tatsache, daß *close to customer nicht mehr funktioniert*, weil es sich an etwas anpassen will, was statisch ist, während sich Symbiotic Selling als Instrument einer permanenten Co-Evolution versteht. Das folgende Schaubild versucht noch einmal diese Zusammenhänge plastisch zu machen:

Close to Customer	**Symbiotic Selling**
Anpassung des Produkts an den bestehenden Bedarf	Gemeinsame Erzeugung eines Ichs und einer neuen subjektiven Welt
Manipulation	*Co-Evolution*
Attraktivität durch value for money	Attraktivität durch Gemeinsamkeit
Fokus: Gegenwart	Fokus: Zukunft
Marketing	*Interfusion*

Was diese Übersicht zeigt, ist zugleich auch folgendes:

Die Kunden benutzen das Verkaufsgespräch, um ihre Identität in ihrer Welt und in ihrer Zukunft herzustellen.

Sie benutzen also den Verkaufs-Prozeß für ihren persönlichen autopoietischen Prozeß. Oder anders gesagt: *Das Verkaufsgespräch wird zu der gesuchten Kultur für die gewollte private Evolution des Konsumenten*. Wenn es stimmt, was Gergen analysiert hat, daß wir permanent – und für uns meistens unbewußt – die aktuellsten Erfindungen unserer Kultur benutzen, »um unsere Co-Evolution mit uns selbst zu gestalten«, dann bedeutet das für das neue Verkaufen, daß man die Verkaufsgespräche völlig anders auffassen muß. Die Verkaufsgespräche werden zu »den aktuellen Erfindungen unserer Kultur«. Anders gesagt:

Das eigentliche Verkaufsgespräch beginnt erst dann, wenn der Verkäufer neue Ideen unserer Kultur anbieten kann.

Das bedeutet, daß man im Rahmen des Symbiotic Selling am besten verkauft, wenn man *indirekt* verkauft. Das ist das, was Douglas R. Hofstadter einmal als das »*Handeln mit seltsamen Schleifen*« beschrieben hat. Hans-Rudi Fischer nennt es »den Effekt der 3. Art«, d. h., man verkauft weder kausal noch final, man begründet also gar nicht erst den Produkt-Nutzen. Man stellt auch keine Finalität her, indem man den Zweck oder die Funktion des Produkts hervorhebt, sondern man verkauft indirekt über den Attraktor der Gemeinsamkeit:

Die Intensität des Gemeinsamen ersetzt die Argumentation.

Daraus lassen sich wiederum zwei Konsequenzen ableiten:

1. **Man verkauft über die gemeinsam hergestellten Zukünfte und Ich-Welten.**
2. **Das co-evolutionäre Herstellen von Ich-Welten gelingt aber nur dann, wenn man auf das direkte Verkaufen verzichtet.**

Der Verkäufer der Zukunft verkauft seine Produkte also über diejenigen Zukünfte, die er gemeinsam mit dem Kunden herstellt und erfindet: So produziert er gemeinsam mit dem Kunden das spontane Produkt.

Im Grunde findet hier das statt, was Gergen den »*sozialen Konstruktivismus*« nennt: Wir konstruieren unsere Welt. Und »diese Konstruktionen sind grundsätzlich linguistischer Natur und nicht psychologischer oder biologischer Natur und schon gar nicht kognitiver Natur«, sagt Gergen, d. h., jedes Gespräch ist eine autonome Welt, die vom Konsumenten unbewußt benutzt wird, um seine eigene Welt herzustellen:

Das Verkaufsgespräch ist Konstruktion von Welt.

Gergen sagt weiter: »Diese Konstruktionen erlangen ihre Bedeutsamkeit nicht dadurch, daß sie unsere Handlungen irgendwie vom Kopf her dirigieren, sondern weil wir sie in unseren Beziehungen mit anderen benutzen.« Die Konsequenz daraus, in den Worten von Gergen:

»Unsere Worte gewinnen ihre Bedeutung durch ihren sozialen Gebrauch.«

Das heißt aber auch, daß *die Grenzen unserer Sprache* die Grenzen dessen bestimmen, was in unserem kulturellen Leben möglich ist. Anders gewendet bedeutet das, daß die Sprachgrenzen, die der Verkäufer hat, gleichzeitig die negativen Grenzen für das Produkt repräsentieren. Wenn man also nun, was FORTUNE und BUSINESS WEEK beschrieben haben, »eine neue Ära des Verkaufens« ausruft, dann muß man zugleich auch eine neue, *konstruktivistische Ära des Verkaufsgesprächs einleiten.*

Nur in der Sprache verschmelzen sich äußere Welt und innere Welt. Und wenn es dem Verkäufer nicht gelingt, *unerwartete Zukünfte und mögliche Zukünfte zur Sprache zu bringen*, dann kann er dem Konsumenten auch nicht helfen, neue Welten und neue Facetten seines Ichs aufzubauen. Mit anderen Worten:

Ohne von Zukunft zu sprechen, wird das neue Verkaufen nicht funktionieren.

Man kann aber aus dem »sozialen Konstruktivismus«, wie ihn Gergen vertritt, auch etwas anderes lernen: Wenn es stimmt, daß *Sprach-Symbiosen* neue Welten erzeugen, dann stimmt es auch, was er folgendermaßen beschreibt: »*Beziehungen gehen dem Individuum voraus und nicht umgekehrt.*« Und wenn es stimmt, daß die Worte ihre Bedeutung durch ihren sozialen Gebrauch gewinnen, dann muß man zuerst das Fundament herstellen, das allen Beteiligten erlaubt, Wort-Symbiosen herzustellen.

Das ist vielleicht der Grund dafür, weshalb jetzt in den USA und Japan die These »*Beziehungs-Qualifizierung ist Verkaufssteigerung*« so heftig diskutiert wird:

Man erkennt, daß Beziehung Sprache ermöglicht, und daß Sprache die gemeinsame Konstruktion von Welt ermöglicht.

Die gemeinsam konstruierte Welt wird zum Erzeuger für das spontane Produkt. Das ist ein völlig neuer Fokus für das Verkaufen. Nicht mehr das Produkt verkauft sich, sondern die Zukunft stellt das Produkt her. Kurz:

Es ist die Zukunft, die als Code das spontane Produkt herstellt.

Gilles Deleuze hat aus einer anderen Sicht ebenfalls darauf hingewiesen, daß unsere Vorstellung von Gesprächsführung und »*Manipulation durch Gespräche*« offensichtlich ziemlich naiv war. Er weist auf die Experimente von Roland Barthes hin, der Phonologie, Semantik und Syntaktik erforscht hat und daraus eine eigenständige Pragmatik entwickelt hat, die Deleuze zusammenfassend so definiert:

Die Pragmatik einer intimen Sprache.

Was ist das, intime Sprache? Es ist eine Sprache, die keine Ziele kennt und *die keinem Ziel folgt*. Es ist also das, was Max Bense an anderer Stelle »*das de-komponierte Sprechen*« genannt hat. Es ist eine Sprache, *bei der sich der Inhalt durch das Sprechen selbst entwickelt*. Eine Sprache, die den spontanen Ereignissen und den spontanen Gefühlen folgt, die sich bei der Begegnung des Verkäufers mit seinem Kunden ergeben. Also genau das Gegenteil von dem, was in Deutschland so stark Mode ist, nämlich Power-Selling und getrimmte Rhetorik. Es ist also *ein Höchstmaß an Absichtslosigkeit*, das diesen intimen Sprachprozeß steuert. Anders ausgedrückt:

Co-Evolution und Symbiosen benötigen eine Sprache, die nur dem Prozeß folgt und keinem Ziel.

Nun kann man sich wieder fragen, was habe ich davon, wenn ich als Verkäufer das Ziel vergesse? Hier erkennen wir wieder die Dynamik dessen, was Fischer als die »Effekte der 3. Art« beschrieben hat. Wenn ich auf das Verkaufsziel verzichte, entwickle ich eine *Sprache höchster Intimität* und emotionaler Spontanität. Wenn sich aber Spontanität (das de-komponierte Sprechen) verbindet mit einer pragmatischen Intimität, erst dann werde ich zum wirklichen Dienstleister für den Kunden: Ich helfe ihm beim Herstellen zukünftiger Welten und neuer Ich-Facetten. Und das »Dankeschön« für diesen Life-Service ist das Kaufen. Die Konsequenz: Das Kaufen wird nicht mehr kausal und final angesteuert, sondern ergibt sich als indirektes Resultat.

Auch Maturana hat sehr häufig auf dieses Phänomen hingewiesen. Seiner Meinung nach ist der wichtigste Faktor, der menschliches Verhalten steuert, das *Bewußtsein*. Und Bewußtsein gehört nicht zur Domäne des Körpers oder zur Domäne der Seele, sondern »ist ein Phänomen im Fluß von Beziehungen«. Deshalb gilt:

Bewußtseins-Steuerung ist Beziehungs-Steuerung.

Seiner Meinung nach entsteht permanent *spontaner Geist* durch Konversation, also Gespräch. Und das Verkaufsgespräch ist damit nichts anderes als die Steuerung eines Beziehungsflusses in die Richtung des spontanen Produkts.

Wie Maturana beschreibt, glaubt zwar jeder Mensch, daß er sein Bewußtsein ganz alleine, also autonom geformt hat. Er glaubt das, weil er in seiner Rückkopplung erlebt, daß es sein ganz persönliches Bewußtsein ist, deshalb meint er, er hätte es auch allein entwickelt. Aber das ist nicht so. Alles, was einem Menschen bewußt ist, ist immer das Ergebnis von Beziehungs-Prozessen und von Sprach-Symbiosen. Und diese Sprach-Symbiosen entstehen, wenn Menschen *»einen gemeinsamen Tanz des Sprechens und des Fühlens vollführen«*, wie es Maturana beschreibt.

Wie qualitativ nun dieser Tanz ausfällt, das hängt nicht von den verkäuferischen Strategien ab, sondern das hängt davon ab, *»wie die*

Struktur derjenigen ist, die diesen Tanz vollziehen«, sagt Maturana. Wie aber die Struktur der beiden Beteiligten, die diesen co-evolutionären Tanz durchführen, aussieht, das hängt, so Maturana, »*von der jeweiligen Geschichte der Beteiligten ab*«. Was bedeutet das?

Es muß dem Verkäufer gelingen, in kürzester Zeit *eine gemeinsame Eigen-Geschichte* zu entwickeln. Das Ziel des symbiotischen Verkaufens lautet deshalb nicht »close to customer«, sondern vielmehr:

Etabliere eine Sofort-Geschichte, die beiden Beteiligten gehört:

Ein kleines Stück gemeinsames Zukunfts-Schicksal.

Wir erkennen an dieser Stelle auch folgendes: Es reicht nicht aus, wie Tom Peters es gefordert hat, daß man den Verkäufer befreit von einer vorgegebenen Strategie, damit er an der Verkäuferfront mehr oder weniger das tut, was seinem inneren Habitus entspricht. Das ist, wie wir gesagt haben, höchstens der erste Schritt. Der zweite Schritt wird jetzt deutlicher sichtbar. Man muß den Verkäufer trainieren, damit er zu Symbiosen fähig wird und Konsens-Systeme aufbauen kann. Und man muß ihn zugleich *fit machen für die Perturbationen*, also für die zukunftsöffnenden Verletzungen.

Wir erkennen aber auch, daß der Verkäufer dieses symbiotische Spiel nur spielen kann, wenn er das aufgebaut hat, was man Expanded Self nennt, also *ein Selbst-Konzept, das breiter ist als sein Ich*, so daß sein Ich nicht das ganze Selbst ausfüllt.

Das Expanded Self ist deshalb so wichtig, weil es einerseits das dekomponierte Sprechen fördert und verursacht und weil es zugleich den Raum für die geforderte pragmatische Intimität herstellt.

Die beiden Psychologinnen Andrea Abele und Petra Hermer, Universität Erlangen/Nürnberg, haben in einer Untersuchung über Optimismus erkannt, *daß negative Stimmungen ein sehr egozentrisches Selbst-Konzept herstellen.* »Bei negativer Stimmung richtet sich die Aufmerksamkeit stärker auf die eigene Person.« Wenn ein Mensch jedoch glücklich und optimistisch ist, dann wird sein

Selbst-Konzept breiter als sein Ego, d. h., er ist fähig, sich gleichsam mit fremden Seelen zu verschmelzen. Oder anders ausgedrückt:

Ein stabiles Glück ist die Ursache für Expanded Self.

Lassen Sie mich jetzt versuchen, die wichtigsten Faktoren des Symbiotic Sellings zusammenzufassen. Die folgende Übersicht zeigt, daß es fünf Faktoren sind, die das Fundament für das zukünftige Verkaufen etablieren:

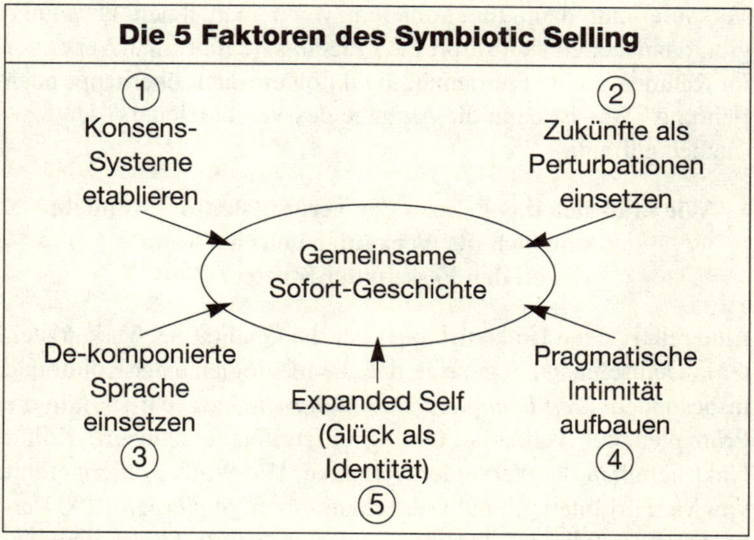

Es ist klar, daß derartig grundsätzliche Veränderungen viele Diskussionen entfachen, z. B. über die Frage »*Wie muß man einen Verkäufer führen?*«. Es ist auffällig, wie viele Fachartikel, besonders in der amerikanischen Business-Welt, jetzt veröffentlicht werden zum Thema »Neues Verkäufer-Training« und »Der ideale Verkaufsleiter«.

Wie sieht er nun aus, der ideale Verkaufsleiter? Und ergänzend gefragt, durch welche Führung wird der Verkäufer erfolgreicher? *Wie führt man den Verkäufer so, daß er fähig wird, Symbiosen zu organisieren ... und damit das spontane Produkt herzustellen*?

Die erste Antwort ist hoffentlich bereits sichtbar geworden: Die Strategie muß weg! Selbst im Marketing gibt es immer mehr Stimmen, die fordern, daß die Epoche der Strategie nun vorbei sei. Aber das gilt natürlich für das Verkaufen in noch viel höherem Maße. Dort bedeutet Strategie *das Verhindern von mentalen Partnerschaften.*

Aber es gibt noch einen zweiten Aspekt, der genauso wichtig ist: Den *Trend zur transformatorischen Führung.* Wenn es stimmt, daß Verkäufer nur dann funktionieren, wenn man ihnen Freiräume gibt, dann stellen sich sofort die Fragen: Wie führt man Verkäufer im Rahmen dieser Freiräume? Funktioniert dann überhaupt noch Führung? Was ist dann die Aufgabe des Verkaufsleiters? Und zusätzlich gefragt:

Wie muß sich das Prinzip der Verkaufsleitung wandeln, damit sich der Verkäufer befreien kann von den Fesseln der Strategie?

Eine relativ neue Untersuchung über die Qualität der Verkaufsleiter in Deutschland hat gezeigt, daß die Ideologien einer Kultur und insbesondere *die Ideologien eines Unternehmens* sehr stark in die Prinzipien der Verkaufs-Führung eingreifen. Die innere Kultur lenkt heimlich das Verkäufer-Verhalten. Die Studie, durchgeführt von Mercuri International Deutschland (befragt wurden 1500 Verkäufer aus Belgien, Dänemark, Deutschland, Großbritannien, Finnland, Frankreich, Norwegen, Schweden und Spanien), zeigt, »daß die deutschen Verkaufsleiter im Vergleich zu ihren Kollegen in anderen westeuropäischen Ländern zwar sehr gute Manager sind, daß sie aber in der Beurteilung ihrer Führungsleistung schlecht wegkommen«.

Und zugleich zeigt die Studie, daß das bisher geübte Verfahren, die besten Verkäufer mehr oder weniger automatisch zum Verkaufsleiter zu machen, »antiquiert und schädlich ist«. Der Verkaufsleiter wird dann nicht ein Teamführer, sondern bleibt ein »*Oberverkäufer*«.

Im Prinzip erkennen wir hier also zwei Sackgassen. Die eine entsteht immer dann, wenn gute Verkäufer Verkaufsleiter werden, aber unfähig sind, sich zu guten Menschenführern zu entwickeln. Die zweite Sackgasse tritt dann auf, wenn gute Manager aufgefordert werden, Verkäufer zu führen, also den Vertrieb zu managen. Meistens bleiben es dann gute Strategen, aber keine guten Menschenführer. Etwas verkürzt ausgedrückt:

In der ersten Sackgasse dominiert der Oberverkäufer.

In der zweiten Sackgasse dominiert der Stratege.

Beides blockiert den Weg zum Symbiotic Selling.

Auf dem Weg zum Symbiotic Selling brauchen die Verkäufer weder den besserwissenden (oft frustrierten) Oberverkäufer, der immer wieder darauf hinweist, wie er es in »seinen Zeiten« richtiger und besser gemacht hat. Aber sie brauchen auch keinen Strategen, der versucht, aus Verkäufern, die das spontane Produkt im Markt herstellen sollen, *Plan-Erfüllungs-Roboter* zu machen. Es muß also einen dritten Weg geben, einen neuen Weg zu einer Verkaufsleitung, die die Prinzipien des Symbiotic Selling in den Mittelpunkt stellt. Und das ist die *transformierende Führung*.

Schon wieder ein neues Wort. Transformierende Führung. Was ist das? Auf diesem Gebiet haben sich in letzter Zeit unterschiedliche Theoretiker, Berater und Praktiker analytisch engagiert, so z. B. Marvin A. Jolson. Seiner Meinung nach wird der kommende Verkäufer erst dann wirklich gut geführt werden, wenn man grundsätzlich berücksichtigt, in welcher anderen symbiotischen Situation er handelt. Seiner Meinung nach *sind Verkäufer prinzipiell anders als die sonstigen Mitarbeiter* des Unternehmens.

Sie arbeiten im Außendienst völlig autonom, sie sind auf sich gestellt, sie sind in der Regel physisch und auch psychisch von den übrigen Angehörigen des Unternehmens isoliert. Und wenn sie Symbiosen organisieren sollen, dann sind sie mit einem Bein permanent in fremden Welten. Es ist deshalb das Wesen des symbiotischen Verkäufers, ein großes Stück »*mentale Illoyalität*« in bezug auf die eigene Company zu leben:

Ein guter Verkäufer lebt ein Doppel-Leben.

Dementsprechend zeigen auch die (überwiegend amerikanischen) Analysen, daß die meisten erfolgreichen Verkäufer ausgesprochen *viel Wert auf diese Isolation legen*. Diejenigen, die Verkäufer werden, wollen diesen Job, weil sie unbewußt oder bewußt erkannt haben, daß diese Tätigkeit »nicht so routiniert und standardisiert ist wie die sonstigen Arbeiten in den anderen Unternehmens-Teilen«. Man will also die Autonomie und damit auch die isolierende Distanz:

Der gute Verkäufer ist in erster Linie ein Repräsentant seiner eigenen Autonomie.

In einer amerikanischen Untersuchung wurde das deutlich bestätigt: 86 Prozent der befragten Verkäufer antworteten, daß sie vorrangig »ihre eigenen Wege gehen wollen« bei einem Minimum an Aufsicht und Kontrolle (Berry/Abrahansen).

Auf der anderen Seite ist *das Verhalten der Verkäufer aber total transparent*, besonders was seine Ergebnisse betrifft. Ganz anders als die anderen Mitarbeiter in den unterschiedlichen Abteilungen des Unternehmens »agieren Außendienstler in einem gläsernen Käfig« (Jolson). Ihre Verhaltensweisen und insbesondere ihre Ergebnisse können permanent bis ins kleinste überprüft werden. Alle Diskrepanzen zwischen den Zielvorgaben und den Ergebnissen lassen sich exakt messen.

Gleichzeitig übernehmen die meisten Verkäufer eine *grundsätzliche Kontakt-Funktion* zwischen Markt und Unternehmen, so daß viele Beschwerden, Probleme und Unzufriedenheiten sich über diese personale Brücke artikulieren und darstellen. Verkäufer sind also, wie Jolson zu Recht analysiert hat, permanente »Grenzgänger«, und gute Symbiosen entstehen nur dann, wenn die Verkäufer befähigt werden, »*die Rolle dazwischen*« perfekt zu spielen.

Das ist in ganz kurzen Worten das Arbeitsumfeld eines Verkäufers. In diesem Arbeitsumfeld soll er nun das spontane Produkt erstellen. Das bedeutet für ihn: Er allein wird zum Produzenten des spontanen Produkts, und sein Produktions-Prozeß sind die Symbiosen. Dabei stellt sich nun die Frage: »Welche Art von Führung ist hierfür am besten?«

Laut J.M. Burns und B.M. Bass kann der Führungsstil für Verkäufer entweder »*transaktional*« sein oder »*transformierend*«. Die transaktionale Führung ist im Verkauf das Übliche, die Norm. Sie ist *aufgabenorientiert* und nicht beziehungsorientiert. Und sie ist *leistungsabhängig*, d. h., man führt durch Vergütungen. Die allermeisten amerikanischen und europäischen Verkaufsleiter und Top-Manager operieren mit dieser Führung. Sie vertrauen darauf, daß die leistungsbezogene Belohnung den Außendienst am meisten motiviert.

Und sie verkennen dabei, daß sie damit eine strikt *aufgabenorientierte Rolle* aufbauen, während der symbiotische Verkäufer genau das verhindern soll. Der Verkäufer soll Beziehungen und Symbiosen herstellen, ja, er soll sogar ein *Meister der spontanen Symbiotik* werden, aber er wird geführt durch eine aufgabenorientierte Ideologie und durch eine leistungsabhängige Führung. Fazit:

Die neue Rolle paßt nicht zur alten Führung.

Damit haben wir das wichtigste Problem bereits erkannt:

Wenn sich das Verkaufen in einer grundsätzlichen Form verändert, nämlich von der Strategie zur Symbiose, dann ist die transaktionale Führung destruktiv.

Inzwischen häufen sich auch in den internationalen Zeitschriften die Buchbesprechungen und Fachartikel zum Thema »*Warum Incentive-Systeme versagen*«. In Deutschland macht das Buch von Reinhard K. Sprenger »Mythos Motivation« (Frankfurt 1991) seit vielen Monaten Furore. Und Alfie Kohn analysiert in seinem Buch »The Trouble with Gold Stars«, daß die Incentive-Systeme, also die leistungsabhängigen Vergütungen, im Prinzip nichts anderes sind als »*vorübergehende kleine Hochs*«. Sie bauen keine grundsätzliche Leistungsverbesserung auf. Kohn dazu: »Es gibt nur eine zeitweilige Bereitwilligkeit zu mehr Leistung.«

Aber wenn es darum geht, »nachhaltige Veränderungen im Verhalten des Verkäufers herbeizuführen«, dann bewirken Belohnungen genausowenig wie Bestrafungen. Dann ist die transaktionale Führung, die überall so beliebt ist, ausgesprochen schädlich und ineffizient.

Neuere wissenschaftliche Studien zeigen, daß das *Führen über materielle Anreize* »nicht nur weniger bewirkt als andere Strategien, sondern oft sogar schlimmere Folgen hat, als wenn gar nichts unternommen worden wäre« (Kohn).

Und dennoch glauben die meisten Manager und Verkaufsleiter an die Wunderwaffe von Incentives und Belohnungen. Sie beharren stur auf den Prinzipien der transaktionalen Führung, also: klare Zielvorgaben, klares Controlling und eine leistungsabhängige Vergütung.

Aber dieses *Spiel mit Zuckerbrot und Peitsche* paßt nicht zum Symbiotic Selling, weil es weder ein dauerhaftes Engagement der Verkäufer bewirkt, noch weil es dem Verkäufer die Erlaubnis gibt, sich von dem Gefängnis der strategischen Vorgaben zu befreien. Ganz im Gegenteil:

**Je transaktionaler die Führung,
um so schwieriger wird es für die Verkäufer,
über Symbiosen zu verkaufen.**

Und es ist noch irrationaler: Andere Untersuchungen haben gezeigt, »*daß Bezahlung nicht motivierend wirkt*« (W. Edward Deming), sondern daß Belohnungs-Systeme, wenn sie kontinuierlich durchgeführt werden, subjektiv bald als Strafsysteme erlebt werden. Und noch interessanter: Die Analysen, die an der Graduate School of Management, University of Utah, durchgeführt wurden, zeigen, daß immer dann, wenn ein Verkäufer eine Belohnung *nicht* erhält, mit der er aber insgeheim gerechnet hatte, das als eine direkte persönliche Bestrafung erlebt. Mit anderen Worten:

Bestrafung und Belohnung sind die zwei Seiten derselben Medaille:

»Beide haben eine schädliche Wirkung, weil sie manipulativ sind.« (Kohn)

Ein weiterer Aspekt ist der, daß die transaktionale Führung die Verkäufer insofern falsch führt, weil die eingesetzten Incentives *Ursachen und Wirkungen grob mißachten* und mittelfristig bis langfristig die Risikofreude und die Spontanität der Verkäufer schwächen. Wenn nun aber der Verkäufer der Zukunft der Hersteller des spontanen Produkts sein soll, dann ist die transaktionale Führung mit ihren Incentive-Systemen sehr schädlich:

Führung über Belohnung verbietet dem Verkäufer das positive Hin-und-Her-Wechseln zwischen Konsumenten-Kultur und Unternehmens-Kultur.

Nun kann man sagen, das sind alles mehr oder weniger akademische Theorien. Es geht nun mal nicht ohne transaktionale Führung. Verkäufer handeln autonom, oft viele hundert Kilometer von der Zentrale entfernt, und da muß man sie eben durch klare Strategien führen und durch Incentives motivieren.

Aber genau dieses Denken paßt nicht zum Symbiotic Selling, ja, es hat noch nicht einmal zum Hard-Selling gepaßt. Eine Studie, die von der Deutschen Verkaufsleiterschule im Zeitraum 1991 bis 1992 durchgeführt wurde (befragt wurden 1000 Verkaufsleiter und 1000 Verkäufer), beweist das eindringlich. Nur 19 Prozent der befragten Verkäufer fühlen sich von ihrem Verkaufsleiter permanent zu Spitzenleistungen angespornt. *Die meisten fühlen sich von der Verkaufsleitung demotiviert und gebremst.*

Nur 30 Prozent der befragten Verkäufer geben an, daß es intern eine Beziehungs-Kultur gäbe, also so etwas wie einen Teamgeist in der Verkaufs-Mannschaft. Und 73 Prozent der Verkäufer sagen, daß die *»Zielvorgaben nicht gerecht und fair vereinbart worden seien«*. Jeder vierte Verkäufer bekommt seine Vorgabe ohne jegliche Mitwirkungs-Möglichkeit, also als »rücksichtslosen Befehl«.

Nur 29 Prozent der Verkäufer geben an, daß ihre Leistungen durch den Verkaufsleiter fair und gerecht beurteilt werden. Interessant ist, daß allerdings 67 Prozent der befragten Verkaufsleiter dieser Meinung waren. Und 60 Prozent der Verkaufsleiter sind auch der Ansicht gewesen, daß ihre Verkäufer absolut leistungsmotivierend entlohnt werden. Aber das haben nur 19 Prozent der befragten Verkäufer bestätigt. Zusammengefaßt:

Die Verkäufer werden durch die strategische, transaktionale Führung blockiert und verschlissen.

Also: Mit der transaktionalen Führung wird das Symbiotic Selling nicht gelingen. Das heimliche Prinzip, das nämlich hinter dieser beliebten Führungs-Theorie steht, lautet: *»Keine Aufträge, kein Geld.«* Und genau das ist die falsche Basis für Verkäufer, die mentale Zukunfts-Partnerschaften organisieren sollen. Denn das kann man nur, wenn die Verkaufsleitung darauf ausgerichtet ist, *»die Qualität der Selbststeuerung permanent zu verbessern«* (Jolson). Anders ausgedrückt: Das neue Prinzip der Verkaufsleitung konzentriert sich in erster Linie auf die Verbesserung und Unterstützung des Selbst-Managements der Verkäufer:

Das Führen der Verkäufer wird zum Prozeß ihrer Selbst-Entfaltung.

Genau das ist die transformierende Führung. Was heißt das im einzelnen? Zuerst einmal heißt es *so zu führen, daß Verhaltens-Änderungen geführt werden.* Es geht also darum, den Verkäufer zu coachen und somit seine latenten Bedürfnisse in aktuelle Wünsche umzuwandeln. Das wiederum verlangt von dem Verkaufsleiter, daß er permanent *den Horizont seiner Verkäufer erweitert*, daß er ihnen permanent neues Wissen und neue Zukünfte vermittelt, damit die Verkäufer im Markt Co-Evolution betreiben können. Die Konsequenz:

Der Verkaufsleiter wird zum Dienstleister für das Zukunfts-Wissen seiner Verkäufer.

Anders gesagt: Die symbiotische Verkaufsleitung ist eine Mischung aus geistiger Anregung, Zukunfts-Vermittlung und individueller Förderung (Coaching). Und noch eine Aufgabe kommt auf den symbiotischen Verkaufsleiter zu, wenn er die transformierende Führung einsetzt: *Er muß seinen Verkäufern helfen, glücklicher zu werden.* Denn wie ich erklärt habe, entsteht das Expanded Self nur dann, wenn der Verkäufer Glück als persönliche Identität aufweist. Und das Expanded Self wiederum ist, wie wir gesehen haben, die wichtigste *psychologische Aura*, die jeder Verkäufer haben muß, um spontane Symbiosen herstellen zu können.

Alles in allem übernimmt der Verkaufsleiter eine Art Mentor-Rolle. Darunter ist eine Mischung aus Stimulation, Fürsorge und Coaching zu verstehen. Und es gehört auch die Funktion des Forderns dazu. Aber es ist *ein anderes Fordern* als bei der transaktionalen Führung. Man fordert nicht bestimmte Mengenvorgaben, sondern man fordert von dem Verkäufer, »über seine eigenen mentalen Grenzen zu gehen«.

Alles in allem wird sichtbar, daß das Symbiotic Selling mit dem transaktionalen, harten Stil der Führung überhaupt nicht klar kommt. Transaktionale Führung ist im Grunde immer ein mehr oder weniger offener Vertrag über Leistung und Geld. Deshalb gibt es in der letzten Zeit immer mehr Trend-Impulse in Richtung des transformierenden Stils der Führung. Hier steht nicht mehr die Strategie im Mittelpunkt, sondern die Vision. Und das ist nicht nur ein verbaler Unterschied. Bei der Strategie kämpft der Verkäufer einen permanenten Kampf mit den Zielvorgaben und gegen die Zielvorgaben. Bei der Vision entwickelte der Verkäufer sich zum Spezialisten der Co-Evolution:

Er wird zum Inszenierer von möglichen Zukünften.

Er wird zum praktizierten Visionär.

Man kann es auch anders ausdrücken. Das gesamte Spektrum des Verkaufens rutscht immer mehr in die Eigen-Dynamik der *Kompu-*

tations-Kultur. Die Komputations-Kultur entsteht durch die telematische Revolution, also durch die neuen *elektronischen Medien* und ihre permanent wachsenden Vernetzungen. In der Komputations-Kultur dominieren vier Faktoren:

1. **Multi-Nationalität.**

2. **Permanente Vernetzung aller Netzwerke.**

3. **Virtualität (inszenierte, modische Als-ob-Realität).**

4. **Selbststeuerung.**

Das ist die neue Eigen-Dynamik, die auf das Verkaufen zukommt. Und daraus kann man heute schon einen generellen Trend ableiten:

Alles läuft in Richtung Network-Selling.

Nun gibt es unterschiedliche Formen von Network-Selling, z. B. das *Non-Store-Selling* oder das *Multi-Level-Verkaufen*, also z. B. Struktur-Vertrieb. Aber das sind nur neuere und alternative Formen des Verkaufs. Auch dort, wo man im klassischen Sinne verkauft, also z. B. im Warenhaus ebenso wie bei Fachverkäufern und Repräsentanten, wird das Networking immer wichtiger werden. Es lassen sich daraus einige Konsequenzen ableiten:

1. Beziehungen erzeugen die Realität.

2. Szenen und Moden erzeugen den Kontext für Qualität und Attraktivität.

3. Spontane Codes werden wirksamer als die übliche, lineare Kommunikation.

4. Der Handel wird zum Produzent von Bewußtseins-Moden.

5. Die Verkäufer-Organisation wird zum Instrument für Zukunfts-Partnerschaften.

6. Die Verkaufsleitung bekommt die neue Rolle, mit denjenigen Szenen zu kooperieren, die die neuen Codes erfinden und durchsetzen.

Alles in allem: Handel und Verkäufer werden Hersteller von neuen Welten – und Mitgestalter von Co-Evolutionen. Daraus lassen sich wiederum einige praktische Konsequenzen ableiten:

1. Das Vernetzen mit Szenen wandert immer stärker in die Verkaufs-Konzepte und Verkaufsleitung ein.

2. Virtualität und Zukunft (Edge) werden zum neuen Themen-Repertoire des Verkäufers.

3. Risiko (Kontingenz) wird zum Instrument der Vernetzungen, also zum Anlaß für Gemeinsamkeiten innerhalb von Beziehungs-Systemen.

Was somit am Horizont auftaucht, ist auch ein grundsätzlich *neues Zusammenspiel zwischen der zentralen Verkaufsleitung und den autonom agierenden Verkäufern*. Wenn es stimmt, daß die Verkäufer immer stärker die symbiotische Funktion übernehmen, dann muß die Verkaufsleitung auf der anderen Seite immer deutlicher *die Vernetzungs-Funktion* vorbereiten. Die Verkaufsleitung wird so zum Gestalter der Netzwerke, zum *Erzeuger von Vernetzungen.*

Was sind nun die wichtigsten Merkmale dieser *Netzwerk-Dynamik*? Es lassen sich hier fünf Attraktoren feststellen:

1. *In den Netzen steuern Moden (Emergenzen) die Form, die Struktur und den Charakter der Netze.*

   Jedes Netz repräsentiert damit einen spontan fluktuierenden Fokus. Jedes Netz ist damit ein »interner Evolutions-Prozeß«.

2. *Je mehr Widersprüche (Rhizom-Charakter) ein Netz hat, um so vitaler und haltbarer ist ein Netz.*

   Wenn in einem Netzwerk parallele Welten als »erlebte Gleichzeitigkeit« dominieren, hat das Netzwerk eine lange Entwicklungs-Zukunft vor sich. Es ist deshalb für Symbiotic Selling von wachsender Wichtigkeit.

3. *Die Identität der Netzwerke wird an ihrer jeweiligen Edge plaziert.*

   Jedes Netzwerk zelebriert seine eigene Zukunft als Show. Erst dann, wenn ein Netzwerk seine eigene »Zukunfts-Show« nicht mehr inszenieren kann, verliert das Netzwerk seine verhaltenssteuernde Bedeutung für Konsumenten.

4. *Die Kommunikation in den Netzwerken verläuft spontan und selbstorganisiert.*

   Das Verhalten des Netzes erzeugt die Botschaften für das Netz. Deshalb ist es wichtig, daß die zentrale Verkaufsleitung Interfusion betreibt. Statt die Verkäufer mit z. T. irrealen Zielvorgaben zu bestrafen und sie gleichzeitig durch fragwürdige Incentive-Programme »motivational hochzukitzeln«, ist es besser, wenn *die Verkaufsleitung das Verhalten der Netzwerke sponsert*, um das spätere symbiotische Verkaufen leichter und effizienter zu machen.

5. *In den Netzwerken ersetzen Codierungen die Konventionen.*

   Die Bedeutsamkeit eines Produkts wird innerhalb eines Netzwerkes zur Verhandlungssache. Für den symbiotischen Verkäufer ist es deshalb wichtig, wenn seine Verkaufsleitung die Codierungs-Funktionen übernimmt. Hier wird in Zukunft ein

heftiger Rollen-Streit entstehen zwischen Verkaufsleitung und Marketing-Leitung.
Meiner Meinung nach werden Teile des bisherigen Marketing-Spektrums eindeutig in die Verkaufs- und Vertriebsebene hineingetragen werden müssen, aber nicht nur, um dem Vertrieb wieder »neue Macht für regionale Prozesse« zu geben, wie in letzter Zeit häufig gefordert wird, sondern damit der Verkäufer in vorbereitete Netzwerke hineingehen kann, und zwar mit den Themen, Ambitionen und Zukünften, die die Netzwerke benötigen und verlangen.

Die Netzwerke sind durch drei Faktoren gekennzeichnet, nämlich Sprunghaftigkeit (Nicht-Linearität), Trend-Abhängigkeit (Trail-Blazer) und Virtualität (Oberflächen-Schein). Je mehr nun die Netzwerke durch Elektronik gestützt und optimiert werden (und damit muß in der Multimedia-Gesellschaft in den nächsten fünf bis 15 Jahren gerechnet werden), um so mehr wird sich in den Netzwerken ein *»expressives Handeln«* (Manfred Faßler) entwickeln. Und dieses expressive Handeln wird das Credo der Strategie auflösen, denn dadurch dominiert keine Ziellogik mehr.

In den Netzen gibt es keine Konsumlogik mehr, auf die sich das Unternehmen und die Verkaufsleitung strategisch einstellen könnte. Es gibt also nicht mehr die Anpassung an einen strukturierten Bedarf. Mit anderen Worten:

Netzwerk-Management ist mit Marketing-Strategien nicht machbar.

Gehen wir einen Schritt weiter. Simulieren wir einmal, was in zehn Jahren sein wird. Die PC-Quote in den Haushalten wird dann zwischen 50 und 80 Prozent liegen. Rund die Hälfte der PC-Besitzer wird sich aktiv in elektronischen Netzwerken bewegen. Netzwerke werden damit zur *»großen Konventions-Maschine«* der Menschen und virtuellen Familien. Und genau das wird das Verkaufen extrem verändern. Lassen Sie mich auf drei wichtige Rollen hinweisen, die diese elektronischen Netzwerke übernehmen werden:

1. *Das Netzwerk dient als imaginärer Verkaufsraum.*

   Die Tendenzen gehen also in Richtung TV-Shopping-Clubs oder Team-Group-Selling.

2. *Das Netzwerk dient als Verkäufer.*

   Das ist das, was heute bereits unter Struktur-Vertrieb mit wachsendem Erfolg gemacht wird, also eine Mischung zwischen Schneeball-Prinzipien und Freundschafts-Verkauf.

3. *Das Netzwerk entwickelt sich zum Instrument der Marken-Inszenierung.*

   Das Netzwerk definiert über seine internen Codes »das imaginäre Produkt über dem Produkt«.

Nun, wir erkennen also, daß das Verkaufen in einer ganz grundsätzlichen Form auf Symbiotik und Networking umgeschaltet werden muß. Je mehr sich die *Multimedia-Kultur* durchsetzt, um so inniger wird die Umarmung, die zwischen Verkäufern und Netzwerken zu beobachten sein wird. Im Prinzip sind es drei Wandlungen, die man heute schon erkennen kann:

1. **Der Kaufort wird ersetzt durch die Evolutionen des Netzes: Das Edge-Erlebnis koppelt sich ab vom realen Ort des Verkaufens.**
2. **Die Faszination der Ware wird ersetzt durch die Inszenierung einer gemeinsamen Zukunft: Virtualität erzeugt den Wert eines Angebotes.**
3. **Das Hard-Selling wird ersetzt durch Zukunfts-Partnerschaften: Symbiotic Selling erzeugt das spontane Produkt.**

Natürlich haben die elektronischen Netzwerke sehr unterschiedliche Auswirkungen auf die einzelnen Typen des Handels. Bei den *Fachgeschäften* z. B. wird es mit Sicherheit eine Transformation geben in Richtung Totem und Limbo (= Gefühls-Identität). Die amerikanischen Fashion-Ketten Gap und Banana Republic sind bereits ein Stück weit auf diesem Trip, und zwar mit gutem Erfolg. Sie verkaufen in erster Linie Gefühls-Welten und sie inszenieren *exklusive Gefühls-Moden*.

Bei den *Warenhäusern* wird es mit Sicherheit eine Transformation in Richtung *Life-Service-Centren gehen*, bei den Versandhäusern mit Sicherheit in Richtung Entertainment-Sender, also eigene Medien. Und bei den Direkt-Vertreibern (wie z. B. Avon-Cosmetics) wird es eindeutig in Richtung *Selfware* gehen. Stichwort: Personal Coaching als Dienstleistung.

Sucht man einen gemeinsamen Nenner für diese kommende Network-Dynamik, dann könnte man folgendes Credo formulieren:

Ohne Inszenierung existiert im Netzwerk nichts.

Das alles verlangt eine neue, intelligente Form der Zusammenarbeit zwischen zentraler Verkaufsleitung und dezentralem Verkauf. Die zentrale Verkaufsleitung organisiert den Eintritt der Produkte in die Netzwerke und organisiert über Szenen-Sponsoring u. ä. die Bewußtseins-Moden und die neuen Codes. Die dezentral operierenden Verkäufer wiederum organisieren die Co-Evolution vor Ort, erzeugen so das spontane Produkt.

Es stellt sich nun die Frage: Was macht dann das Marketing? Meiner Meinung nach löst es sich auf zugunsten von Interfusion. Und parallel dazu: Aus dem Product-Management wird ein Trend-Management. Denn die generelle Entwicklung folgt der Vision:

Man erfindet Trends durch Beziehungs-Systeme: Moderne Beziehungs-Systeme leben von einer permanenten Produktion spontaner Codes.

Alles in allem: Die elektronische Medien-Revolution, die aus einer strukturierten Gesellschaft *eine Gesellschaft der spontanen Vernetzungen* machen wird, befreit das Verkaufen grundsätzlich vom Dogma der Hardware (Produkt) und zugleich von der Abhängigkeit vom Ort (Shop). Aber zugleich fordert diese Entwicklung *den kreativen Einstieg in Interfusion* (Beziehungs-Systeme) und Symbiotic Selling (mentale Partnerschaften).

Und so erscheint am Horizont *eine neue Ära für das Markt-Management* in den Zeiten des »Hyper-Wettbewerbs« (D'Aveni), das die folgende Übersicht zu beschreiben versucht:

Das neue Markt-Management
1. Interfusion statt Marketing.
2. Invention statt Strategie.
3. Szene statt Zielgruppe.
4. Fraktale Marke statt Mono-Marke.
5. Mikro-Medien statt Massen-Medien.
6. Codierung statt Kommunikation.
7. Mythos statt Marken-Kern oder Image.
8. Symbiotic Selling statt Hard-Selling.
9. Networking statt Manipulation.
10. Transformierende Verkaufsleitung statt transaktionale Führung.

Anhang

Das Institut für Zukunfts-Beratung Worpswede/Miami

Das Institut für Zukunfts-Beratung hat sich zur Aufgabe gemacht, der Wirtschaft weltweit wichtige zukunftsweisende Trends in qualifizierter und regelmäßiger Form zu präsentieren. Basis ist das RADAR-SYSTEM, daß als Analyse-Verfahren Anfang der 80er Jahre von Gerd Gerken entwickelt wurde, um die Komplexität und Dynamik von Trends systematisch erfassen zu können.

Das RADAR-SYSTEM basiert derzeit auf 26 Mega-Trends und beobachtet kontinuierlich die dynamischen Verläufe von rund 160 Trends. Darüber hinaus werden globale Meta-Trends diagnostiziert und ganzheitliche Trend-Landschaften beschrieben, diese besonders für Parteien und Groß-Unternehmen.

Die Methodik des RADAR-SYSTEMS beruht auf drei Säulen der empirischen Sozial-Forschung:

1. Inhalts-Analysen von Medien mit frühen Inhalten.
2. Experten-Auskünfte.
3. Teilnehmende Beobachtung, dieses besonders in Szenen, Subkulturen und avantgardistischen Initiativen.

Das RADAR-SYSTEM fokussiert den internationalen Raum und konzentriert sich dabei hauptsächlich auf kulturelle, soziale und kollektiv-psychologische Trends. Darüber hinaus werden »öffentliche Feelings« und nationale Orientierungs-Metaphern diagnostiziert, die wiederum wichtig sind, um die Dynamik der »Soft-Factors« in einem Wirtschafts-Raum prognostizieren zu können.

Auf dieser Basis berät das Institut für Zukunfts-Beratung seit vielen Jahren Unternehmer, Manager und Entscheidungsträger in Parteien und Institutionen. Im einzelnen umfaßt das Beratungs-Programm folgende Bereiche:

1. Der schriftliche Service: MIND-MANAGEMENT

Es wird 1 x im Monat ein *Mind-Letter* zugeschickt, der ca. 24 bis 28 Seiten Umfang hat. Analysiert werden diejenigen Trends aus den Bereichen Brain und Mind, die den Führungskräften helfen, ihr Bewußtsein methodisch zu qualifizieren. Der Mind-Letter verbindet also die *moderne Gehirnforschung* mit allen Aspekten von *New Management* und ist in dieser Form einmalig in Europa und den USA. Er bietet den Unternehmen damit einen umfassenden Coaching-Service.

Ergänzt wird dieser schriftliche Service durch drei spezielle *Jahres-Workshops,* die exclusiv und gratis für die Abonnenten durchgeführt werden.

2. Visions-Beratung durch Zukunfts-Konferenzen

Das Institut für Zukunfts-Beratung und Gerd Gerken bieten Unternehmen und Managern eine progressive Beratung, bezogen auf Zukunfts-Projekte und Langfrist-Planungen. Dabei werden alle relevanten Zukunfts-Aspekte in szenarischer Form, das heißt im Rahmen einer *Zukunfts-Landschaft,* entwickelt und präsentiert, hauptsächlich bezogen auf

- die Zukunft der Führung
- die Zukunft der Organisation
- die Zukunft der Personal-Politik
- die Zukunft der Fortbildung und Personal-Entwicklung
- die Zukunft von Marketing und Interfusion
- die Zukunft der Öffentlichkeits-Arbeit / Issue-Politik
- die Zukunft der Lobby-/Verbands-Arbeit
- die Zukunft der Produkt-Entwicklung/Innovation
- die Zukunft von Design- und Identity-Architektur
- die Zukunft der Marken.

3. Exklusives Trend-Monitoring per Abonnement

Dieser Service beinhaltet eine »*maßgeschneiderte Trend-Diagnose*«, die als laufender Service von Top-Managern und Entscheidungs-Trägern genutzt wird. Entsprechend den strategischen Zielsetzungen des Unternehmens wird eine Exklusiv-Diagnose aller relevanten Trend-Signale durchgeführt, um damit dem Management verläßliche Orientierungs-Daten für zukunftsgerichtete Entscheidungen zu geben.

Das Monitoring ist exklusiv, es kann also pro Branche nur einmal vergeben werden. Das RADAR-Team diagnostiziert die Trend-Strömungen kontinuierlich.

Präsentiert werden die Ergebnisse 2-3 mal im Jahr, durch Gerd Gerken im Rahmen eines jährlichen Service-Vertrages.

4. Persönliches Coaching für Unternehmer und Manager

Darüber hinaus bietet das Institut für Zukunfts-Beratung in Worpswede innovative Konzepte für ein qualifiziertes Trainings-Programm an, und zwar für die mentale Qualifizierung von Managern entsprechend den Regeln des MIND DESIGN. Hierfür steht ein eigenes Coaching-House mit vielfältigen Programmen und Systemen zur Verfügung.

5. Der Visions-Tag

Der Visions-Tag ist ein exklusiver Workshop, der einmal pro Jahr in München durchgeführt wird. Er vermittelt in erster Linie *paradigmatische Aspekte*, also »das Denken jenseits der Normen«.

6. Ein Service speziell für die fraktale Marken-Führung: das Marken-Tuning

Dieser Service wandelt klassische Marken um in moderne, fraktale Marken. Ausgangs-Punkt ist eine morphische Diagnose der Marken-Substanz. Danach wird eine Mythen-Planung für die Marke durchgeführt. Auf dieser Basis werden die fraktalen Prozesse geplant, die der Marke die Magie des Zeitgeistes (Evolution) vermitteln. Das Ergebnis ist eine fraktale Marke, die die Bewegungen (Streams) der Kultur nutzt, um zur Kult-Marke zu werden.

Mind Design
Das Trainings-Programm für den besseren Geist

Ich habe in meinen Büchern sehr häufig beschrieben, daß Geist und Bewußtsein zum zentralen Instrument des modernen Managements werden, weil das Management aufgrund der Kinetik unserer Welt immer mehr gezwungen wird, aktiv Bewußtsein zu formen. Es gibt sehr unterschiedliche Wege, um sich diese *Kompetenz der Bewußtseinsformung* anzueignen. Meistens sind es jedoch eher zufällige oder krisenhafte Prozesse, die den Manager zur besseren Mind-Kompetenz führen.

Das System MIND DESIGN ist ein Trainings-System, das den Zugang zur Mind-Kompetenz methodisch erschließen will. Es basiert auf der Neuro-Programmierung, wie sie von dem Neuro-Forscher John C. Lilly entwickelt und beschrieben worden ist. Das Ziel ist eine

spezifische Meta-Programmierung für Unternehmer und Manager.

Unter Meta-Programmierung versteht man den Prozeß, durch den der persönliche Geist (Mind) sich selbst erweiternd programmiert, so daß dasjenige geglaubt werden kann, was bisher als »unwahr« erschien, und das entdeckt werden kann, was bisher im »blinden Fleck« verborgen war. Durch die Meta-Programmierung erhält der Mind eine höhere Regie-Ebene für seine permanente Umgestaltung.

Daraus wird sichtbar, wie sehr die Meta-Programmierung helfen kann, die folgenden drei Zielsetzungen,

- **den Geist neu machen,**
- **den Geist schneller machen,**
- **den Geist erhöhen,**

zu erfüllen.

Diese drei Zielsetzungen ergeben zusammen die Basis für das angestrebte *Tao-Bewußtsein*, das wichtig ist für die Lenkung von komplexen und zugleich dynamischen Prozessen in den Märkten und in den Unternehmen.

Das Trainings-Programm MIND DESIGN steht auf drei Säulen:

1. **Zugang zu bisher blockierten persönlichen Mental-Ressourcen (»Öffnung der geistigen Kraft«)**
2. **Erschließung der mentalen Zukunfts-Kompetenz**
3. **Flexibilisierung des Geistes, d. h. Training der Komplexitäts-Intelligenz**

Das Trainings-Programm MIND DESIGN nutzt unterschiedliche Erkenntnisse der Gehirnforschung, so z. B. geht es davon aus, daß die Selbst-Programmierung nicht kausal, nicht logisch und auch nicht linear vollzogen werden kann, sondern analogisch. Im Raum des Geistes gibt es nicht die Logik des Intellekts. Deshalb funktionieren die Ursachen-Wirkungs-Gesetze nur begrenzt. Dementsprechend ist MIND DESIGN auf die Prinzipien der Selbstreferenz und der Selbstverstärkung aufgebaut.

Das bedeutet, daß »komplexe Muster« in Form einer meditativen Selbst-Programmierung verinnerlicht werden. Besonders der »meditative Aspekt« ist dabei wichtig, weil es darum geht, die komplexen Muster so tief zu »ankern«, daß sie ein Teil der persönlichen Identität werden (Selbst-Konzeptualisierung).

Dementsprechend kann MIND DESIGN nicht rational und kognitiv vermittelt werden, also z. B. in der üblichen Seminar-Form durch Vortrag und Diskussion. Und deshalb kann MIND DESIGN auch nicht sukzessiv trainiert werden, also z. B. ab und zu am Wochenende, wenn man Lust und Zeit hat.

Vielmehr benötigt das Trainings-Programm MIND DESIGN einen komprimierten ungestörten Prozeß in einer dafür speziell hergestellten Atmosphäre. Nur durch diese Intensität kann es gelingen, die neuen Elemente der Meta-Programmierung mit der persönlichen Identität so zu verschmelzen, daß der Manager zum autonomen Regisseur seiner zukünftigen Mind-Programme wird.

Eine weitere wichtige Dimension ist der Verzicht auf intellektuelle und kausale Inhalte, weil die Meta-Ebene besser erreicht werden kann durch Allegorien, Symbole, Mythen und Metaphern. Dort, in diesem »Raum der Sprachlosigkeit«, sind diejenigen Energien plaziert, die den Manager befähigen, Zukünfte zu entwerfen.

Das MIND DESIGN konzentriert sich deshalb auf diejenigen *Symbole und Mythen*, die besonders viel Kraft zur mentalen Selbstorganisation aufweisen. Das sind nach Spencer Brown (»Laws of Form«, New York 1969) diejenigen Mental-Muster, die

Geborgenheit mit Überschreitung

kombinieren. MIND DESIGN nutzt also die Kraft des folgenden Paradoxons:

mehr Ruhe in mehr Dynamik.

Auf dieser Meta-Ebene wird der Manager fähig, in seine eigenen Mind-Prozesse jederzeit korrigierend einzugreifen, um sein Bewußtsein permanent der Komplexität und dem Tempo des Marktes anzupassen. Das Ergebnis ist eine spezielle *mentale Fitneß*, die dem Manager die generell wichtigste Kompetenz gibt:

optimale Zukunfts-Intelligenz

Das Trainings-Programm läuft über eine Woche (6 Tage) und beinhaltet pro Tag ca. 12 Stunden mentale Übungen, unterstützt durch ein exklusives Audio-Mythen-System und Brain-Machines. Das Training wird von Gerd Gerken durchgeführt.

Weitere Informationen über die Ziele und Services sowie Probehefte sind unter folgender Adresse zu erhalten:

Institut für Zukunfts-Beratung
Muditax GmbH
Postfach 12 30
D-27723 Worpswede

Tel.: 0 47 92 / 26 56 oder 48 10
Fax: 0 47 92 / 26 86

Personen- und Sachregister